新时代出版企业
商业模式转型与创新

主　编	李　兵
编　委	黄　嗣　　蒋海鸥　　杨宁巍　　刘　平　　王子依
	顾　斌　　毕名铭　　张　瑶　　谢　琴　　张　超
	梅若冰　　林宇晴

华中科技大学出版社
http://press.hust.edu.cn
中国·武汉

内 容 简 介

在数字化浪潮的冲击下,传统出版商业模式持续受到影响。出版行业正面临这一难得的从内容到运营全方位革新的历史机遇,也遭遇了新模式探索、商业模式构建、社会价值实现的挑战。

本书从商业模式模型入手进行对比研究,揭示传统出版与数字出版的融合趋势以及数字化转型的必然性;深入探讨传统出版和数字出版的产业商业模式联结,提出了商业模式创新的评估方法和评价模型;提出出版企业商业模式的创新策略,为出版企业商业模式创新的落地提供了具体的指导和建议。

图书在版编目(CIP)数据

新时代出版企业商业模式转型与创新 / 李兵主编. -- 武汉:华中科技大学出版社,2024.8.
ISBN 978-7-5772-1129-9

Ⅰ. G239.23

中国国家版本馆 CIP 数据核字第 2024KK2558 号

新时代出版企业商业模式转型与创新   李 兵 主编
Xinshidai Chuban Qiye Shangye Moshi Zhuanxing yu Chuangxin

策划编辑:靳 强 程宝仪
责任编辑:董文君
责任监印:曾 婷
出版发行:华中科技大学出版社(中国·武汉)   电话:(027)81321913
         武汉市东湖新技术开发区华工科技园   邮编:430223
录　排:华中科技大学惠友文印中心
印　刷:武汉市洪林印务有限公司
开　本:787mm×1092mm　1/16
印　张:11.5
字　数:232 千字
版　次:2024 年 8 月第 1 版第 1 次印刷
定　价:58.00 元

序

在数字化浪潮的冲击下,尤其是大数据、云计算、人工智能、区块链等新技术的广泛运用,传统出版商业模式持续受到影响,出版也不再局限于原有的狭义概念。出版企业作为内容提供方,所创造的产品也从纸质图书、期刊等拓展至电子书、数据库、服务平台、定制产品等。可以说,出版行业正面临难得的从内容到运营全方位革新的历史机遇,也遭遇了新模式探索、商业模式构建、社会价值实现的挑战。

为此,国家 2010 年就出台了《关于加快我国数字出版产业发展的若干意见》,2014年发布《关于推动新闻出版业数字化转型升级的指导意见》,2015 年又印发了《关于推动传统出版和新兴出版融合发展的指导意见》,明确指出推动传统出版和新兴出版融合发展是出版业履行文化职责的迫切需要,也是自身生存发展的迫切需要。

随着我国出版产业数字出版业务的高速发展,大量的互联网和 IT 企业在该领域获得了成功,但传统出版企业向数字出版转型的步伐却显得非常缓慢。虽然出版社拥有内容资源优势,但几乎所有的出版社都没有探索出较为成功的商业模式,开展的数字化业务也大都出现亏损。分析其根源,问题主要出在两个方面:一是出版企业对出版产业的高质量发展没有前瞻性,墨守成规,依然按照做内容产品的思维在发展数字出版业务;二是出版企业大都按照传统出版的模式运营数字出版业务,没有意识到随着技术的更新、移动互联网的发展和出版价值链条的不断延伸,出版机构的商业模式应越来越多元化,收益来源和分配方式也应逐渐多样化。

近几年,国家又发布了《"十四五"数字经济发展规划》《关于推动出版深度融合发展的实施意见》《关于推进实施国家文化数字化战略的意见》等一系列重要文件,对新时代深入推进出版深度融合发展做了全面安排,为出版企业探索融合发展新模式、新业态、新领域提供了行动指南。同时,也把如何将传统出版的内容与数字出版"融为一体、合二为一",如何利用技术满足阅读需求,创新商业模式,应对元宇宙、AIGC(artificial intelligence generated content,生成式人工智能)快速迭代所带来的冲击等问题摆在了出版企业的面前。

根据多年的出版实践,笔者分析,目前我国出版产业在商业模式、产业集中度、营销方式、集团化、数字化和全球化等方面都存在着不容忽视的结构性差异,这些差异无时不在影响着企业的经营和发展。同时,出版企业在公司战略、产品线、市场营销等方面同构化、同质化问题非常突出,很大程度上制约着出版产业的发展。笔者认为,出版行业是一个重视创新和积累的行业,进入新时代,在国家的大力倡导和扶持下,出版行业要坚定地推动出版融合发展,通过数字化、数字资产化、资产产品化等发展战略,推动出版企业的转型与升级,将新时代的要求融入出版人的血液,扛起文化自信的旗帜,化挑战为机遇,探索出适合新时代出版企业的商业模式。

因此,在本书中,笔者将从企业管理的奥斯特瓦尔德的九要素模型等商业模式模型分析入手,对价值创造模块、用户定位模块、运营模块和营收控制模块等所涉及的商业模式要素进行对比研究,重点比较不同出版模式下产业链的概念、发展背景、主体构成、标准规范和管理引导等方面,揭示传统出版与数字出版的融合趋势以及数字化转型的必然性。同时,笔者基于教育出版、专业出版、大众出版三大板块,深入探讨传统出版和数字出版的产业商业模式联结,剖析了生产对象和受众的变化,提出了商业模式创新的评估方法和评价模型。最后,结合出版实践,从思维与方法、数据驱动的商业模式、生态合作与开放创新等方面,提出出版企业商业模式的创新策略,即数据与数字资产化战略驱动的商业模式创新、新技术的应用与商业模式创新、跨界合作与内容创新、产品营销创新等,并从实施路径与推进策略等方面,为出版企业商业模式创新的落地提供了具体的指导和建议。

总之,本书既是对过去经验的总结,也是对未来发展的展望,对新时代出版企业商业模式创新展开了一次全面、深入的探讨。

在此,笔者谨感谢所有为本书付出努力的作者和编辑。因研究与实践经验有限,本书存在缺漏与不足,欢迎读者批评指正。

愿这本书能够成为出版业发展道路上的一盏明灯,引领我们共同探索商业模式创新的无限可能。让我们携手并进,共同迎接出版业的美好未来!

目　　录

第一章　出版企业商业模式创新的背景

生产力的变革往往是商业模式创新最主要的驱动因素。传统商业模式被颠覆，适应了新生产力水平的商业模式随着技术市场化的进程逐渐崛起。数字时代来临后，信息生产力在社会经济生活中的地位因技术的发展而大幅提高，其对于社会分工网络与生产消费匹配机制的作用也越发凸显。随着全球范围内的社会分工的不断深化和拓展，生产环节内部的分工是否合理，生产与消费之间的关系是否协调，成为备受关注的焦点。信息技术革命，如同汹涌的浪潮，正深刻地塑造着我们这个时代。它不仅催生了新的商业模式，加速了旧模式的消亡，同时也在不断地对现有商业模式进行革新与优化。这些变化反映了一个事实：随着技术的进步和市场需求的变化，企业必须尽快适应以保持竞争力。信息技术的变革不是只简单地改变了商业运作的方式，而是推动了整个社会生产力的跨越式提升。在这场变革中，信息不仅仅是数据，它变成了财富、创新的源泉，以及获得竞争优势的基石。因此，我们可以说，信息技术是商业模式发展演变过程中最为关键且不可或缺的重要动力之一。

近年来，随着外部环境的变化，以及大数据、人工智能等新技术不断诞生，企业的交易方式也在逐渐拓展。现行商业模式无法与外部环境相匹配、难以持续为企业创造价值的问题十分普遍且愈演愈烈，企业内部组织模式的惯性、路径依赖、机制冲突等不断考验商业模式原型的有效性。为了实现可持续发展，保持竞争优势，企业必须进行商业模式创新，以应对可能发生的各种冲突。越来越多的企业将传统的交易方式与新技术、新渠道、顾客的新要求相结合，形成新的交易模式，也为新的商业模式设计奠定了基础。①

学界通常认为，商业模式是描述客户价值主张、价值创造和价值获取等活动连接的架构，涵盖企业为满足客户价值主张而创造价值，最终获取价值的概念化模式。② 对商业模式的创新不仅仅是在企业交易过程或者工作流程上进行"范式的转

---

① 吴晓波，赵子溢. 商业模式创新的前因问题：研究综述与展望［J］. 外国经济与管理，2017，39（1）：114-127.

② 魏江，刘洋，应瑛. 商业模式内涵与研究框架建构［J］. 科研管理，2012，33（5）：107-114.

变",更是从根本上重新构建交易本身以及重新界定企业与产业的分界线。①

原国家新闻出版广电总局副局长邬书林指出,出版的发展史是积极应用科技成果的历史,以区块链、大数据、人工智能等为代表的信息技术应用是当前中国出版业高质量发展面临的新机遇,传统出版机构要积极探索和布局融合发展之路,努力实现技术变革为出版赋能,利用信息技术变革在出版实践各环节中的创新,构建全新生态模式。② 为实现上述目标,传统出版企业须在适应环境发展变化、削弱路径依赖、实现技术商业化、新增利润增长点、化解外来攻势、传递社会价值等多个方面转变思路,构建适应新时代高质量发展要求的出版企业商业模式。吴晓波等学者在商业模式创新的前因问题研究中概括了驱动在位企业商业模式创新的主要因素。本章将结合传统出版企业的特征,重点介绍宏观环境变化、政策规制引导、技术范式变革、行业发展趋势等在传统出版企业商业模式创新过程中起到重要驱动作用的背景因素。

第一节　宏观环境变化

一、百年未有之大变局下的路径选择

当今世界正经历百年未有之大变局,化解人类面临的突出矛盾和问题,需要依靠物质的手段攻坚克难,也需要依靠精神的力量诚意正心。③ 习近平总书记在文化传承发展座谈会上提出"建设中华民族现代文明"的重大时代课题,指明我们在新时代新的文化使命。

20世纪90年代以来,日益加剧的全球化竞争导致企业的经营环境更加复杂多样。在我国实现第一个百年奋斗目标并向第二个百年奋斗目标迈进的新征程中,经济高质量发展面对全球产业链供应链收缩、大国博弈加剧等外部挑战,以及新一轮科技革命和产业变革等新机遇的影响,加快构建新发展格局已经成为我国应对新发展阶段的机遇和挑战、贯彻新发展理念、全面建设社会主义现代化国家的路径

---

① 吴晓波,赵子溢. 商业模式创新的前因问题:研究综述与展望 [J]. 外国经济与管理,2017,39 (1):114-127.

② 黄先蓉,常嘉玲. 融合发展背景下出版领域知识服务研究新进展:现状、模式、技术与路径 [J]. 出版科学,2020,28 (1):11-21.

③ 新华社. 习近平复信希腊学者 [EB/OL]. (2023-02-21) [2023-11-15]. http://www. xinhuanet. com/politics/leaders/2023-02-21/c_1129382028. htm.

选择。①

　　创新作为经济高质量发展的重要驱动力，历来受到国家的高度重视。2012 年党的十八大明确提出实施创新驱动发展战略；2015 年《中共中央 国务院关于深化体制机制改革加快实施创新驱动发展战略的若干意见》出台，强调科技创新需要和商业模式创新等相结合进行全面创新；2021 年国务院发布《"十四五"数字经济发展规划》；同年，工业和信息化部出台了《"十四五"信息化和工业化深度融合发展规划》等一系列重要文件和政策。这些文件提出需要加快培育新业态、新模式，推动数据技术产品和商业模式等的协同创新。② 今天，我们国家的数字经济正在飞速发展，颠覆式的科技创新层出不穷。以云计算、大数据、物联网等为代表的新一代数字技术，正推动着产业的数字化发展。数字科技产生的蝴蝶效应，促使传统消费向数字化消费转型，消费领域也随之出现了一些新现象，如定向广告投放、无接触消费、多场景消费等。

　　基于这一背景，出版领域涌现了用户画像、知识服务、移动客户端、AR（augmented reality，增强现实）出版、VR（virtual reality，虚拟现实）出版、定制化出版等依托大数据、区块链、5G 网络、人工智能等前沿技术进行的出版流程改造和形态创新。在当前的宏观环境下履行好新时代的文化使命，为建设中华民族现代文明作出应有贡献，实现社会效益、经济效益在出版企业价值主张、价值创造、价值传递、价值获取过程中的正向牵引和健康发展，通过对要素之间的协调与匹配构建系统整合视角下的新型商业模式，是新时代赋予出版企业的全新课题。

二、数字经济催生转型需求

　　中国信息通信研究院于 2023 年 4 月发布的《中国数字经济发展研究报告（2023年)》显示：2022 年我国数字经济规模达到 50.2 万亿元，同比名义增长 10.3%，已连续 11 年显著高于同期 GDP 名义增速，数字经济占 GDP 比重达到 41.5%，这一比重相当于第二产业占国民经济的比重。互联网、大数据、人工智能等数字技术更加突出赋能作用，与实体经济融合走深向实，产业数字化探索更加丰富多样，产业数字化对数字经济增长的主引擎作用更加凸显。2022 年，产业数字化规模为 41 万亿元，占数字经济的 81.7%。③

---

　　① 裴长洪，刘洪愧. 构建新发展格局科学内涵研究 [J]. 中国工业经济，2021 (6): 5-22.
　　② 方奇凤，向永胜. 商业模式创新的动因、路径与类型：理论回顾与整合分析框架 [J]. 企业经济，2022，41 (10): 76-84.
　　③ 中国信息通信研究院. 中国数字经济发展研究报告（2023 年）[EB/OL]. (2023-06-26) [2023-11-17]. http://www.caict.ac.cn/kxyj/qwfb/bps/202304/P020230427572038320317.pdf

在数字经济浪潮下，国内外各行业的数字化使能者与颠覆者不断涌现[1]，其中不仅包括诸多互联网科技企业，也不乏直面挑战的传统在位企业。数字技术和产业深度融合的趋势驱动传统企业加快数字化转型脚步。众多在位企业已经将数字战略视为战略发展的首要议程。然而，企业数字化转型不仅需要完成战略部署[2][3]，也同样需要在审视数字化转型的本质基础上，颠覆传统价值创造和价值捕获的底层逻辑[4]，从而设计出适应数字化情境的商业模式[5]。

值得注意的是，人工智能作为原生的数字化产物，是数字技术的高级应用形式，并业已成为产业技术范式变革乃至新一轮科技革命的重要驱动力量。2022年末，由 ChatGPT 掀起的关于生成式人工智能的讨论热潮更是延续至今。在当前的出版产业实践中，人工智能技术对选题策划、内容编辑、设计制作、印制发行、营销变现等一系列流程[6][7]都产生了赋能效应，并与多种媒介融合，呈现出多种形态与交互方式，逐渐勾勒出智能出版的生态轮廓。基于数字化技术的出版流程再造，以及涉及价值传递、价值获取的后续过程，通过商业模式创新将其中的各个构成要素整合成一个稳定的系统，进而以一致、互补的方式关联运行，最终实现持续的价值创造活动，是出版企业商业模式创新的实质和其作为计划工具的最大优势。[8][9][10]

三、后疫情时代倒逼模式创新

国际经济学者普遍认为，在后疫情时代，各个行业的数字化进程都会更进一步。就与企业生存竞争联系最为紧密的消费领域来说，数字技术加速助推消费市场

---

① 钱雨，孙新波. 数字商业模式设计：企业数字化转型与商业模式创新案例研究 [J]. 管理评论，2021，33（11）：67-83.

② Singh A，Klarner P，Hess T. How do Chief Digital Officers Pursue Digital Transformation Activities? The Role of Organization Design Parameters [J]. Long Range Planning，2020，53（3）：1-14.

③ Warner K S R，Wäger M. Building Dynamic Capabilities for Digital Transformation：An Ongoing Process of Strategic Renewal [J]. Long Range Planning，2019，52（3）：326-349.

④ Kohtamäki M，Parida V，Gebauer P，et al. Digital Servitization Business Models in Ecosystems：A Theory of the Firm [J]. Journal of Business Research，2019（11）：380-392.

⑤ 钱雨，孙新波. 数字商业模式设计：企业数字化转型与商业模式创新案例研究 [J]. 管理评论，2021，33（11）：67-83.

⑥ 王晓光. 人工智能与出版的未来 [J]. 科技与出版，2017（11）：4-6.

⑦ 孙庆生. 让出版事业与人工智能共舞 [J]. 中国出版，2017（17）：16-20.

⑧ 张敬伟，王迎军. 商业模式与战略关系辨析——兼论商业模式研究的意义 [J]. 外国经济与管理，2011，33（4）：10-18.

⑨ 魏江，刘洋，应瑛. 商业模式内涵与研究框架建构 [J]. 科研管理，2012，33（5）：107-114.

⑩ 方奇凤，向永胜. 商业模式创新的动因、路径与类型：理论回顾与整合分析框架 [J]. 企业经济，2022，41（10）：76-84.

的变革，催生无接触经济，倒逼各类经济主体加快数字化创新进程。通过数字化转型推动商业模式创新已成为企业寻求适应性发展、获得竞争优势的重要通路。[①] 同样地，图书出版业也面临前所未有的变局，亟待突破。中国作为推动世界出版发展的重要市场，其数字出版乃至数字文化产业的发展，必须由粗放式的成长方式转向健康、多元、可持续的创新发展系统，并在战略布局上更加国际化、更具开放性，让中国在世界数字内容体系中发挥更大的创新、引领作用。从某种意义上来说，这是一次出版业的全面转场、升维创新之旅。在疫情的影响下，我国图书出版产业结构、商业模式等方面的深层问题都显现出来，迫使人们对整体思维模式进行变革，并开展一系列有针对性的实践探索，既进一步发挥社会效能、传递社会正能量，又主动以用户需求为中心，密切关注产业链供需关系与实施细节，并将技术、环境、流量等要素有机地结合起来，以达到效益最大化。

在"创意者经济"时代，人的创造力是创意经济之源，数字生态的构建应该更加开放包容，多方共建。出版企业作为数字文化产业的主体，虽然面临新旧模式转变的压力，但传统出版领域仍有生存空间可以挖掘。对于由平台向生态的功能转变，出版企业应以生态思维来重构出版的核心价值、竞争优势和产业定位[②]，在此基础上进行的商业模式创新才能成为持续创造价值的机制保障和动力来源。

第二节　政策规制引导

相比其他行业，我国传统出版业信息化水平较低，数字化转型升级步伐缓慢。为加快推动传统出版业的数字化转型升级，促进出版产业持续健康发展，国家出台了一系列导向性、支持性政策，对推动传统媒体和新兴媒体融合发展进行了顶层设计，作出了战略部署，提供了制度保障，为出版产业持续发展注入了新动能。

作为重要的生产要素，当下数据的创新引擎作用愈发凸显，利用信息技术手段实现数据的深度互联互通成为出版业融合发展的关键。文档、图片、音频、视频等内容数据是出版业的核心数据，在传统出版中以非结构化的数据形式存在，其数据价值未能充分利用。出版业融合发展意味着产业链上的出版企业、技术提供商、内容运营商、终端设备服务商等各主体之间共享特定资源，实现"融为一体、合而为一"。为此，确保标准的兼容性与开放性，在相关国家标准、行业标准和地方标准

---

① 包振山，常玉苗，万良杰.数字经济时代零售商业模式创新：动因、方法与路径［J］.中国流通经济，2022，36（7）：12-21.
② 任翔.后疫情时代的数字生态共建：2020年欧美出版产业发展评述及展望［J］.出版广角，2021（2）：27-31.

中采用统一的开放数据集、产品通用平台接口、终端适配要求等技术标准，确保内容、平台与终端的共享融通，以有效整合行业内各种媒介资源与生产要素，是迫切需要解决的问题。近年来，在国家有关部门、标准化机构、出版企业和技术企业的共同努力下，我国出版业数字化转型升级工作取得明显进展，多项政策文件、数据类标准规定发布实施。①

一、顶层制度设计

2014 年 8 月，中央全面深化改革领导小组第四次会议审议通过了《关于推动传统媒体和新兴媒体融合发展的指导意见》。习近平总书记在会议上强调，要"坚持传统媒体和新兴媒体优势互补、一体发展""推动传统媒体和新兴媒体在内容、渠道、平台、经营、管理等方面深度融合"。2015 年 3 月，国家新闻出版广电总局、财政部联合印发了《关于推动传统出版和新兴出版融合发展的指导意见》。2019 年 1 月，习近平总书记在十九届中共中央政治局第十二次集体学习时的讲话中进一步强调，推动媒体融合发展、建设全媒体成为我们面临的一项紧迫课题；要运用信息革命成果，加快构建"融为一体、合而为一"的全媒体传播格局。此后，相关的政策加紧出台，媒体融合发展步伐明显加快。

2019 年 8 月，科技部、中央宣传部、中央网信办等六个部门共同发布了《关于促进文化和科技深度融合的指导意见》。该文件总体部署了深度融合的战略，以数字化、网络化、智能化为技术基点，提出要支持出版产业应用创新服务和智能技术，着重推动新闻出版等领域的系统集成与技术研发。

2020 年 9 月，中共中央办公厅、国务院办公厅印发《关于加快推进媒体深度融合发展的意见》，明确提出"要以先进技术引领驱动融合发展，用好 5G、大数据、云计算、物联网、区块链、人工智能等信息技术革命成果，加强新技术在新闻传播领域的前瞻性研究和应用，推动关键核心技术自主创新"，并阐明要以先进技术引领和驱动媒体融合向纵深发展，进一步强调在媒体融合工作中敏锐把握信息技术前沿方向、拓宽信息技术前瞻视野的重要性。② 同年 10 月，党的十九届五中全会通过的《中共中央关于制定国民经济和社会发展第十四个五年规划和二〇三五年远景目标的建议》对"十四五"期间的文化建设作出全面部署，明确将文化强国建设纳入 2035 年远景目标，并提出要实施文化产业数字化战略，加快发展新型文化企业、文化业态、文化消费模式，壮大数字出版等新兴文化产业。

2021 年 5 月，国家新闻出版署印发《关于组织实施出版融合发展工程的通知》，启动实施出版融合发展工程，强调推动出版业深度融合发展是一项系统工程，要以出

---

① 郎彦妮. 推进标准体系建设　助力出版融合发展［J］. 传媒，2020（19）：9-11.
② 卢迪，庄蜀丹. 以先进技术推动媒体深度融合［N］. 中国社会科学报，2022-04-28（1）.

版融合发展工程为重要抓手，聚焦重点领域和关键环节打造示范样本，引导带动全行业深化认识、提高站位，主动推进、系统谋划，形成融合发展、高质量发展的内驱动力和有效行动。同年 12 月，国家新闻出版署印发《出版业"十四五"时期发展规划》，对深入推进出版强国建设作出全面部署，提出"系统推进出版深度融合发展，壮大出版发展新引擎"，为开启全面建设社会主义现代化国家新征程、向第二个百年奋斗目标进军的第一个五年，擘画了出版工作的时间表、路线图和任务书。①

2022 年 4 月，中共中央宣传部印发《关于推动出版深度融合发展的实施意见》，作为一项高位推进出版融合发展的重要文件，它对新时代深入推进出版深度融合发展作出了全面部署，确立了目标要求与任务路径。②

这些政策、措施的陆续出台体现了国家对媒体融合发展的重视与期望，也标志着在国家和主管部门政策引导下图书出版等产业数字化转型进一步走深走实。

二、标准体系建设

近几年来，随着人工智能、大数据等技术突飞猛进地发展和在出版上的研究成果有效转化，国家和行业层面都及时制定出台了与之配套的标准，引导并帮助出版工作在依托数字技术转型的关键环节上逐步建立起协同共享的行业生态，使其进一步的规模化发展有规可依。

国家标准层面：2019 年 12 月，国家市场监督管理总局（国家标准化管理委员会）批准发布《新闻出版 知识服务》（GB/T 38376—38382）系列国家标准，对主题分类词表编制、知识资源建设与服务基础术语、知识元描述等新闻出版知识服务领域进行规范。在此基础上，2021 年 11 月又发布了《新闻出版 知识服务 知识对象标识符（KOI）》（GB/T 40989—2021）作为补充。同年，还发布了《数字版权保护可信计数技术规范》（GB/T 40949—2021）等 3 项国家标准，对数字资源的版权保护及可信交易保护管理作出了规定。在大数据出版方面，《国家文化大数据标准体系》确立了文化大数据基础应用标准体系、监管标准体系、供给端标准体系、生产端标准体系、云端标准体系以及需求端标准体系，对数字出版标准体系的完善具有积极作用。③

2022 年 4 月，《数字教材 中小学数字教材元数据》（GB/T 41469—2022）、《数字教材 中小学数字教材质量要求和检测方法》（GB/T 41470—2022）、《数字教材 中

---

① 方卿. 新时代出版业发展的新要求、新目标、新任务与新举措——对《出版业"十四五"时期发展规划》的几点认知 [J]. 出版科学，2022，30（2）：5-12.

② 李淼. 赋能新时代出版业深度融合发展——基于《关于推动出版深度融合发展的实施意见》的观察与思考 [J]. 中国出版，2022（10）：6-9.

③ 王芳，张新新. 数字出版标准治理：概念界定、现状成效与优化路径 [J]. 出版广角，2023（9）：53-59.

小学数字教材出版基本流程》（GB/T 41471—2022）发布，为中小学数字教材产品开发、数据库建设、出版流程及质量管理提供标准依据。此外，《基于互联网的个人知识服务通用要求》（GB/T 41306—2022）、《人工智能 知识图谱技术框架》（GB/T 42131—2022）等与数字出版服务对象、服务内容高度相关的国家标准也相继发布实施。

行业标准层面：2019 年 5 月，国家新闻出版署批准发布了《数字图书阅读量统计》（CY/T 176—2019）、《报纸新媒体内容传播量统计》（CY/T 177—2019）、《出版物 AR 技术应用规范》（CY/T 178—2019）、《专业内容数字阅读技术 标准体系表》（CY/T 179—2019）、《专业内容数字阅读技术 阅读功能与标签》（CY/T 180—2019）、《专业内容数字阅读技术 产品封装》（CY/T 181—2019）、《专业内容数字阅读技术 多窗口数据通讯》（CY/T 182—2019）、《有声读物》（CY/T 183—2019）（共 3 部分）等 10 项具有极强针对性的数字出版行业标准，涉及数字图书、报纸新媒体、出版物 AR 技术、数字阅读以及有声读物等多种媒体融合应用场景。2020 年 11 月，《新闻出版数字内容对象存储、复用与交换规范》（CY/T 102—2020）（共 6 部分）发布，替代 2014 年发布的标准（CY/T 102—2014），将适用范围由单一图书出版物类型扩展为多种类型出版物。发布《出版资源内容部件数据元》（CY/T 235—2020）（共 10 部分），对新闻出版文本资源的基础数据元描述及维护管理等方面作出了规定，为新闻出版行业出版资源的规划、采集、存储、交换、共享及利用提供了行业标准；发布《图书出版发行物联网平台总体结构》（CY/T 231—2020），规定了图书出版发行物联网平台的架构、数据采集与应用等方面的内容，为平台的设计、开发及使用提供了标准框架。2021 年，《知识关联服务编码》（CY/T 236—2021）等 5 项行业标准出台，为知识、资源间关联关系编码的应用与管理提供标准。此外，《中小学数字教材管理与服务平台建设要求》等 5 项行业标准获批立项，数字出版标准化工作走向全域化。[①]

通过建立与出版融合相适应的标准体系，可有效发挥标准在出版行业数字化转型升级进程中的统一规范作用，促进全要素、全业务、全流程的融合共生，为出版融合发展的管理决策、创新共享和可持续发展提供引导和支撑，助推出版融合向更高、更广发展。[②]

三、版权法制保障

依托大数据、人工智能、区块链等数字技术的数字化信息和知识中，享有著作

---

① 中国数字出版产业年度报告课题组；崔海教，王飚，等．2021—2022 中国数字出版产业年度报告——"十四五"开局之年的中国数字出版（摘要）［J］．出版发行研究，2022（11）：17-23.

② 郎彦妮．推进标准体系建设 助力出版融合发展［J］．传媒，2020（19）：9-11.

权并受到《著作权法》保护的这部分的各类版权客体，在获得授权进入使用环节后，能够有效地提升版权相关产业的效能，显著降低成本、优化产业结构。[①]

2010年，《著作权法》进行了第二次修正，将信息网络传播权纳入著作权之中，并适时修订了《信息网络传播权保护条例》，以适应互联网发展要求，为各类作品在网络上的传播和使用提供了法律依据。[②] 2021年，新《著作权法》的实施开启了我国版权保护的新时代，其中规范性的制度条款也为出版行业的版权实践提供了理论支撑与法律依据，为我国出版业与版权产业的更进一步繁荣发展提供了有力的法制保障。随着数字化转型的不断深入，数字出版行业面临前所未有的机遇与挑战。为了适应这一变革，相关的立法工作迅速推进，法律法规和司法解释等一系列政策文件相继发布，它们共同构成了解决数字出版标准问题的坚实基石。在这些法律框架之下，数字产品的版权识别、交易方式，以及登记流程等也得到了细致的梳理和规范。这些探索和实践不仅有序地推进了数字出版标准治理的进程，而且为未来的发展方向提供了明确的指导和参考。通过这样的努力，数字出版行业有望建立起更加公平、透明的市场秩序，同时更好地保护创作者和消费者双方的合法权益。[③]

目前，区块链技术凭借唯一、不可篡改和可溯源等特点，作为数字作品确权、固定证据的技术手段，为版权保护提供了更高效的实现途径。点对点传输、哈希函数算法、非对称加密技术、共识机制等区块链核心技术，可为版权产业现在确权难、授权难、维权难等问题提供新的解决方案。在版权确权方面，区块链基于自身难篡改、易溯源等特点，融合可信时间戳及哈希值校验等多种技术，在证据保全方面得以广泛运用，并得到司法部门的认可。在版权管理环节，区块链技术可以有效厘清版权权利及授权状况，降低了版权交易的成本，尽可能消除版权多头授权或无效授权的风险。在能够证明其真实性的情况下，区块链技术保护方式可获得司法部门的认可。2020年11月，最高人民法院印发的《关于加强著作权和与著作权有关的权利保护的意见》明确提出，"完善知识产权诉讼证据规则，允许当事人通过区块链等方式保存、固定和提交证据，有效解决知识产权权利人举证难问题"。2021年9月24日，中央网信办等17个部委发布《关于组织申报区块链创新应用试点的通知》，在"区块链＋版权"特色领域试点中，提出鼓励相关行业主管部门共同制定版权信息接入标准，并以公信力节点接入等形式深度参与版权区块链建设，探索运用技术手段固定权属信息，完成版权认证、登记、转让等操作，加快溯源取证流

---

　　① 阎晓宏. 数字经济中的版权力量 [J]. 中国出版，2023（8）：3-6.

　　② 阎晓宏. 数字经济中的版权力量 [J]. 中国出版，2023（8）：3-6.

　　③ 王芳，张新新. 数字出版标准治理：概念界定、现状成效与优化路径 [J]. 出版广角，2023（9）：53-59.

程，降低版权质押融资认证难度。

通过区块链网络平台进行版权确权和版权监测，明晰版权权属，基于区块链技术的可追溯性、不可篡改性、公开性、分布式等特点，将侵权行为和侵权作品进行证据固化，便于著作权人、出版方、读者维权，切实有效地进行版权保护。随着未来内容版权领域数字化创作、传输和利用的进一步加速，区块链技术有望在版权创造、运用、保护、管理、服务等各个具体场景发挥更大的作用，而作品版权权属明晰、版权交易市场的繁荣发展、作品维权成本和维权难度的下降，能够进一步激励文化创新，激发创新活力。[①]

第三节　技术范式变革

技术本身的特点会影响商业模式的创新以及商业模式的成本结构，新技术的商业化必须有合适的商业模式来配合。技术创新催生了把技术推向市场的要求，创造了满足消费者潜在需求的机会，技术创新和商业模式创新之间存在着相互促进的关系。在这一过程中，技术范式的变革是企业进行商业模式创新的重要推动力。[②] 根据上述逻辑，我们从数字技术、数字创新、产业数字化和商业模式创新等方面逐步深入，讨论技术范式变革作为前因之一对出版企业商业模式创新起到的驱动作用。

一、数字技术与数字创新

数字技术本质上包含信息数字化和处理数据两个部分，具有两个本质特征，即数据同质化（data homogenization）和可重新编程性（reprogrammable functionality）。数据同质化特征是指数字技术把所有的声音、图片等信息均操作为二进制数字 0 和 1 进行处理，在这个操作的过程中，具有二进制特征的数据被同质化处理；而可重新编程性是指数字技术使得对数据进行处理的程序同样被作为数据进行存储和处理，这一性质使得对程序的编辑或重新编程更加容易。而这两个本质特征使得数字技术具有可供性（affordance），即不同的组织和个体可以利用同样的数字技术来实现不同的目的。例如企业对用户在手机上使用社交媒体的大数据进行分析可以实现降低成本或者个性化推荐等不同目的。[③]

① 刘禹. 区块链技术对版权保护的新探索 [J]. 出版广角，2023（6）：41-46.
② 吴晓波，赵子溢. 商业模式创新的前因问题：研究综述与展望 [J]. 外国经济与管理，2017，39（1）：114-127.
③ 刘洋，董久钰，魏江. 数字创新管理：理论框架与未来研究 [J]. 管理世界，2020，36（7）：198-217＋219.

　　数字创新即在创新过程中采用信息（information）、计算（computing）、沟通（communication）和连接（connectivity）等技术的组合，以带来新的产品、改进生产过程、变革组织模式以及创建和改变商业模式等。在认可数字技术的数据同质化、可重新编程性和可供性的基础上，研究者们已基本达成共识，认为数字创新有以下两种特性：第一，数字创新具有收敛性（convergence），即数字创新使得产业边界、组织边界、部门边界甚至产品边界等变得模糊且重要性降低，如整合了数字技术和传统物理实体产品的智能产品突破了原有产品使用范围，新的数字化产品边界不再明确；第二，数字创新具有自生长性（generativity），由于数字技术是动态的、可自我参照的、可延展的、可编辑的，数字创新可以持续地不断变化、改进，最典型的例子是 App 等数字产品可以根据用户的反馈及运营过程中出现的各种问题进行迭代创新。[①]

　　数字技术的迅猛发展逐渐模糊了传统意义上过程创新与产品创新之间的界限。在这种背景下，学术界也重新审视和界定了数字创新的概念。一些研究者通过对相关文献的计量分析和共词分析，试图揭示数字创新的多维度特性。他们将这些创新活动划分为数字产品创新、数字过程创新、数字组织创新以及数字商业模式创新四个主要领域。这样细致的分析，有助于理解数字创新如何塑造现代企业的运作方式并指导创新管理策略的。下面，我们基于这四大领域的创新路径从不同维度诠释数字技术对于企业发展的强大推动力。

　　有研究者提出，数字产品创新通过将物理部件与数字部件相结合来改变产品的体系架构，使其具有数字实体特性（digital materiality）；另一些研究者总结了传统创新管理理论的基本假设在数字经济时代受到的挑战：数字技术使得创新结果的边界不甚清晰，创新主体很难被预界定，创新过程和创新产出的过程不再清晰。换句话说，数字创新管理的过程不再如传统创新管理的基本流程那样由创意产生、研究开发、商业化等各个边界清晰的环节组成，而是各个参与主体之间的动态交互过程。从产品结构的角度讨论，数字创新所形成的产品一般包含三个部分：物理部件（如传统机械部件）、数字部件（如软件）和互联部件（如无线连接协议）。物理部件和数字部件的结合让物理部件本身的价值得以强化，互联部件则让产品有可能连接互联网上所有相关信息和基础设施，进而提升数字产品的价值。[②] 例如，在读者阅读一本纸质图书（物理部件）时，可以使用手机扫描书上展示的二维码（互联部件），将图书内容与互联网上的知识服务产品（数字部件）进行链接，由此，纸质

---

　　①　刘洋，董久钰，魏江．数字创新管理：理论框架与未来研究［J］．管理世界，2020，36（7）：198-217＋219.

　　②　刘洋，董久钰，魏江．数字创新管理：理论框架与未来研究［J］．管理世界，2020，36（7）：198-217＋219.

图书的知识服务边界也因数字技术得到拓展。

数字过程创新是指综合利用信息、计算、沟通和连接等数字技术对原有创新流程框架进行改善乃至重构。在数字经济时代，创意产生、产品开发、产品试制与制造以及物流和销售等环节都可能被数字技术所改造。数字过程创新总体上有三个方面的特征：第一，数字过程创新的时间和空间边界变得模糊，例如 3D 技术的使用让不同的参与者在不同时间和地点都可以参与创新过程；第二，数字技术让过程创新和产品创新之间的边界变得模糊；第三，数字技术的可重新编程性使得数字过程创新中出现许多衍生创新（derivative innovation）。[①] 就出版来说，数字技术帮助读者、作者、出版方冲破时间与空间的阻隔，需求和创意不断交互延伸，使得出版活动的价值主张、价值创造、价值传递、价值获取路径等相互影响，并在这一过程中衍生出更多创新的可能。

数字组织创新指数字技术对组织形式或治理结构的改变，更进一步来说，数字技术能够影响诸如交易、决策、办公等企业的治理方式甚至改变企业原有形态。数字创新中的数字化转型流派认为组织流程、组织文化、组织变革等均受到数字技术的显著影响。[②] 例如，传统企业利用数字化办公平台，极大程度地畅通了沟通渠道，办公效率得到显著提升。

数字商业模式创新指数字技术通过嵌入企业价值创造及价值获取过程，对原有商业模式进行改造与创新。有研究者提出了一个开放价值空间框架模型（open-ended value landscape），认为价值空间是一个不断发展的数字资源网络，企业在其中获取和创造价值，并寻求其价值主张；在这一价值空间中，数字资源是数字创新的组成模块，资源有潜力通过组合创新同时成为多个价值路径的组成部分。[③] 基于这一逻辑，我们推断数字技术可以赋能出版企业的多种价值创造路径，进而对商业模式进行改造和创新。因此，运用数字技术是出版企业不可回避的时代课题，也是要重点研究的问题。

二、数字技术与产业数字化

数字技术运用其所具有的开放性、分布性、可编辑性、可重组性、可访问性和生成性改变传统价值创造的逻辑和方式，并通过新的数字服务、组织结构和商业模

---

① 刘洋，董久钰，魏江. 数字创新管理：理论框架与未来研究 [J]. 管理世界，2020，36（7）：198-217＋219.

② 刘洋，董久钰，魏江. 数字创新管理：理论框架与未来研究 [J]. 管理世界，2020，36（7）：198-217＋219.

③ 刘洋，董久钰，魏江. 数字创新管理：理论框架与未来研究 [J]. 管理世界，2020，36（7）：198-217＋219.

式来具体呈现转型的结果。具体而言，数字技术从四个方面对组织的价值创造活动产生深刻影响。其一，数字技术影响资源向价值转化的路径，促进形式和功能之间的去耦化，从而降低资产异质性在调节价值链中权力和依赖关系的重要性，这表明由数字技术产生的数据资源发挥价值的关键在于"共享"而非"占有"。[①] 其二，数字技术赋予参与者更多的灵活性与主动权，促进了去中介化，降低了价值链中间商的力量，并赋予产品和服务提供商更大的自由度，以配置活动系统来提供产品和服务。[②]其三，数字技术帮助企业感知和捕获更多来自消费者的异质性资源，使得企业能够更加精准地掌握需求、偏好的变化，重塑其创造、交付和获取价值的方式，激发商业模式的创新。[③④] 其四，数字技术通过促进企业培育新的数据资产或数字能力，开辟新的业务模式，激活更为广泛的创造力[⑤]，能够使企业协调地理位置分散的受众，从而聚焦于更加广阔的生态视域，开辟新的方式构建和利用平台能力[⑥⑦]，通过促进不同主体之间资源的嫁接实现价值的创造与传递。[⑧] 简言之，企业要想完成数字化转型，就需要激活数字化科技的特性与效用，不断重构传统的价值创造逻辑与过程。

随着互联网、智能终端等的普及应用，传感器等信息采集终端的广泛布局，作为信息技术发展最新成果的数字技术在信息社会发展中扮演着越来越重要的角色，但也使信息逐渐呈现更加明显的海量、低价值、非结构化、动态化特征；与此同时，由于数字技术发展环境下的信息对社会生产、分配、交换和消费的更深介入，对信息处理能力、传输能力、时效性、质量与价值的要求也随之提升，其中海量信息处理和传输对计算基础设施及网络服务的需求尤为强烈。自 2006 年谷歌提出概念

---

① Yoo Y，Henfridsson O，Lyytinen K，et al. Research Commentary—The New Organizing Logic of Digital Innovation：An Agenda for Information Systems Research ［J］. Information Systems Research，2010，21（4）：724-735.

② Autio E，Nambisan S，Thomas L D，et al. Digital Affordances，Spatial Affordances，and the Genesis of Entrepreneurial Ecosystems ［J］. Strategic Entrepreneurship Journal，2018（3）：72-95.

③ Autio E，Nambisan S，Thomas L D，et al. Digital Affordances，Spatial Affordances，and the Genesis of Entrepreneurial Ecosystems ［J］. Strategic Entrepreneurship Journal，2018（3）：72-95.

④ Amit R，Han X. Value Creation through Novel Resource Configurations in a Digitally Enabled World ［J］. Strategic Entrepreneurship Journal，2017（9）：228-242.

⑤ 孙新波，苏钟海，钱雨，等. 数据赋能研究现状及未来展望 ［J］. 研究与发展管理，2020，32（2）：155-166.

⑥ Nambisan S. Digital Entrepreneurship：Toward a Digital Technology Perspective of Entrepreneurship ［J］. Entrepreneurship Theory and Practice，2017，41（6）：1029-1055.

⑦ Yoo Y，Boland R J，Lyytinen K，et al. Organizing for Innovation in the Digitized World ［J］. Organization Science，2012，23（5）：1398-1408.

⑧ Amit R，Han X. Value Creation through Novel Resource Configurations in a Digitally Enabled World ［J］. Strategic Entrepreneurship Journal，2017（9）：228-242.

以来，"云计算"已经迅速发展成现代社会中不可或缺的信息基础设施。这种创新的信息系统架构不仅彻底改变了信息互动的方式，还重塑了信息服务的提供模式。通过云计算，企业和个人用户能够以前所未有的高效率和低成本获取计算资源和网络服务。云计算使得信息基础设施的建设变得更加灵活和经济，推动了数字世界的快速扩张，为人工智能、大数据分析、区块链以及物联网等前沿数字技术的发展提供了强大的支撑。如今，数字技术广泛应用于社会生活，数字经济时代正式来临，数字技术更呈现出多样化的发展态势，并逐渐延伸到各个关联行业。由数据、信息、算法织就的数字网络正加速铺开，并在参与者的不同时空中穿插交织成新的产业生态，企业主体即在其中不断转型、升级以适应环境变化，并蜕变为新的疆界开拓者。

在数字技术设施基础上诞生的数字平台（digital platform）是一种"能够使能外部生产者和消费者进行价值创造交互的，包含服务和内容的一系列数字资源组合"。典型的数字平台及生态系统有交易平台、知识共享平台、众包平台、众筹平台、虚拟空间、数字创客空间和社交媒体等，凭借其灵活性、开放性、可供性等逐渐渗透进各类行业，并成为许多企业创新活动的中心。值得注意的是，企业所具有的特征很大程度上决定了企业的数字创新方向；因此，数字平台及生态系统一般被认为是数字创新的一种重要支撑。需要说明的是，数字平台及生态系统的定义现在还未统一，有许多文献把数字平台和生态系统视作一种商业模式创新或者数字创新战略。①

从更加宏观的层面来说，"数据"和"网络"是组成数字社会的核心，随着数字世界与物理世界不断地融合共生，各国都加快了数字化的脚步。在实际的市场中，云端软件借助网络平台持续收集消费数据，企业据此实现精准营销与决策。5G技术的高传输速率极大降低了数据传输的时间成本，进一步放大了数据云服务的优势。近几年数字技术的发展，进一步突破了物理距离的阻隔，推动人类进入数字孪生乃至"元宇宙"时代。② 2021年末出现的"元宇宙热"，既是虚实交互技术发展的体现，也是后疫情时代情感结构的反映。事实上，元宇宙构思是基于"虚拟现实"和"增强现实"两项技术的社交体验升级。虽然对这一概念本质的理解及发展趋势的预测一直存在广泛争议，但其却实实在在引发了人们对数字映射、区块链、人工智能、物联网等技术的实际应用场景的想象与思考，并为其所赋能的传统业态以及催生的新兴业态预先进行战略化技术布局提出了可能的方向。

---

① 刘洋，董久钰，魏江. 数字创新管理：理论框架与未来研究 [J]. 管理世界，2020，36（7）：198-217＋219.

② 苗争鸣，尹西明，陈琪. 后疫情时代数字技术的负责任应用体系 [J]. 上海交通大学学报（哲学社会科学版），2023，31（5）：85-99.

三、数字技术与商业模式创新

商业模式是将技术转化为经济价值的中介，技术创新需要依靠商业模式创新来实现产品商业化的过程，没有合适的商业模式，就难以充分实现技术的价值。当前，数字技术的蓬勃发展与普及为创造新的商业模式提供了大量机会，而商业模式创新作为一种全新的范式创新，将与技术创新一道共同改变企业业务层面潜在的思维方式。[①②] 在如今快速变化的市场环境中，技术创新者和企业主体都面临着一个至关重要的挑战：如何在不断推进技术创新的过程中，挖掘出那些能够带来丰厚利润的商业机会。为了实现这一目标，这些创新者必须探索出创造和获取价值的最佳途径，并最终形成一种既能反映市场需求又能持续成长的新型商业模式，以便在激烈的竞争中保持领先地位并实现可持续发展。数字技术改变商业模式主要有以下三种路径。一是自动化和数字增强（automation and digital enhancement），即使用数字技术增强现有商业模式；二是数字化扩展（digital extension of traditional business models），即企业使用数字技术支持新的业务流程以补充现有活动和流程，进而改变原有商业模式；三是数字转型（digital transformation of business models），即企业利用数字技术开发出新的商业模式以替代传统商业模式。[③]

数字经济的发展改变了传统的产业分工格局，企业组织所在环境的不确定性明显提高，商业模式创新的方法与路径也更加多样化和随机化。企业已有的商业模式原型所创造的经验无法有效支撑能够适应环境变化的发展模式；数字经济在逐步实现去中心化过程中构建的共享共建平台，使数据内容的获取途径更加趋向多元，信息在被获取的过程中也会产生传播效应。因此，数字经济时代的商业模式动态性明显增强，且企业之间采用相同商业模式的可能性大大降低。在与数字技术共同演进的过程中，构成商业模式的传统元素逐渐被改造、替代，以价值创造为主的商业逻辑与原有的以商业资源为主的商业逻辑不断融合，商业资源的固定模式向流动模式演化，形成新的商业逻辑，即数字生态、资源整合与跨领域协作。[④]

上述逻辑决定了数字平台及生态系统的运行机制对企业数字创新方向起到了导向性作用，有效设计并构建数字平台及生态系统已成为企业数字创新过程中的关键任

---

① 马蓝，王士勇，张剑勇. 数字经济驱动企业商业模式创新的路径研究 [J]. 技术经济与管理研究，2021（10）：37-42.

② 张敬伟，王迎军. 商业模式与战略关系辨析——兼论商业模式研究的意义 [J]. 外国经济与管理，2011，33（4）：10-18.

③ 刘洋，董久钰，魏江. 数字创新管理：理论框架与未来研究 [J]. 管理世界，2020，36（7）：198-217＋219.

④ 马蓝，王士勇，张剑勇. 数字经济驱动企业商业模式创新的路径研究 [J]. 技术经济与管理研究，2021（10）：37-42.

务。由于数字技术嵌入数字平台及生态系统中，参与数字创新主体的价值创造路径与传统创新存在显著差异，企业或组织能够利用相同的数字工具来设计和控制多个产品或子系统。有研究者证明，在数字平台及生态系统中，企业选择使用开放的外部合作而不是封闭的垂直整合来进行创新，价值创造的轨迹已从企业内部转移到外部。随着公司拥有了更多标准化的数字基础设施来设计、生产甚至支持整个组织及其价值链中的产品和服务，数字平台及生态系统能够跨越组织边界来共享更多数据和程序，这种横向创新活动意味着组织必须越来越多地创建使知识、技术、能力以及创新思想自生成的平台，企业内与企业间的边界概念也由此变得愈加模糊。^① 与此同时，随着数字化技术的不断革新，企业的业务边界不断被突破，消费者逐渐加入企业的价值创造过程中，企业在获得规模效益的同时，也将更多地受益于价值定位的改变。

第四节　行业发展趋势

一、传统出版遭遇破坏性创新

企业始终在具有市场动态性、技术动态性及产业竞争动态性的环境中运行。根据组合创新理论，企业竞争优势的获取和保持是通过企业组合创新的过程得以实现的。^② 商业模式各要素间的协同程度决定了企业组合创新是否能够得到实质性推进，并最终帮助企业获得和保持竞争优势，因而商业模式内部各过程的组合创新是企业应对市场变化及行业竞争的关键。^③

在成熟的产业中，新技术会对产业的主导设计或企业商业模式原型产生威胁，这也解释了一项好的技术不能马上被市场化的原因。^④鲍尔和克里斯坦森首次提出破坏性技术的概念，解释在位企业如何因破坏性技术和市场变化的有机结合而陷入困境或走向失败。破坏性技术能够提供与主流技术不同的价值，它们在那些对主流消费者来说最为重要的性能上最初要劣于主流技术，基于技术的维持性和破坏性，克里斯坦森首次将创新分为持续性创新和破坏性创新两种类型。为了进一步拓展破坏

---

① 刘洋，董久钰，魏江. 数字创新管理：理论框架与未来研究 ［J］. 管理世界，2020，36（7）：198-217＋219.

② 郭斌. 基于核心能力的企业组合创新理论与实证研究 ［D］. 杭州：浙江大学，1998.

③ 魏江，刘洋，应瑛. 商业模式内涵与研究框架建构 ［J］. 科研管理，2012，33（5）：107-114.

④ 吴晓波，赵子溢. 商业模式创新的前因问题：研究综述与展望 ［J］. 外国经济与管理，2017，39（1）：114-127.

性的概念，克里斯坦森和雷纳将破坏性的应用从技术产品延伸到了服务和商业模式中。①

就破坏性创新的具体表现来说，新产品或服务对新市场的开辟或对现有市场的侵蚀过程，最终通过新产品吸引主流市场顾客群体或创造新的顾客群体的过程来体现。这个过程一旦发生，必定会破坏现有市场或创造新的市场。② 让消费者的选择从维持性创新转变到破坏性创新的关键原因是主要维度的性能改进所导致的边际效用是递减的，新产品或服务要在简单应用市场立足或对主流市场顾客具有吸引力，必须能够提供不同于现有产品的一系列属性特征，以帮助用户完成特定工作任务，而这些属性特征无法自动生成，需要通过特定的技术、流程、商业模式才能实现。③④ 技术创新与商业模式创新有着根本的不同，商业模式创新所涵盖的范围要比技术创新更加宽泛，因此当技术创新被囊括进商业模式创新时，破坏性创新在描述整个现象时要比破坏性技术更加适合。⑤ 由于数字技术可以根本地改变消费者的行为和预期，颠覆在位者的竞争格局等，许多研究都强调数字技术的破坏性属性，也就是把数字创新作为一种破坏性创新。⑥

据工业和信息化部的统计，截至 2023 年底，我国移动电话用户达到 17.27 亿户，固定宽带接入用户达到 6.36 亿户，5G 移动电话用户 8.05 亿户。2022 年的第二十次全国国民阅读调查结果显示，2022 年我国成年国民图书阅读率为 59.8%，包含网络在线阅读、手机阅读、电子阅读器阅读、平板电脑阅读等的数字化阅读方式的接触率为 80.1%，各媒介综合阅读率近年来持续稳定增长，且数字化阅读方式接触率增幅高于纸质图书阅读率。进一步对各类数字化阅读载体的接触情况进行分析发现，成年国民通过手机阅读的占比为 77.8%，通过网络在线阅读的占比为71.5%，通过电子阅读器阅读的占比为 26.8%，通过平板电脑进行数字化阅读的占比为 21.3%。数字化阅读倾向进一步增强，手机移动阅读已成为主要形式，而通过"听书"和"视频讲书"方式读书是人们新的阅读选择。调查结果还显示，在传统纸质媒介中，2022 年我国成年国民人均每天读书时间为 23.13 分钟；在数字化媒介

① 林春培，张振刚，薛捷．破坏性创新的概念、类型、内在动力及事前识别 ［J］．中国科技论坛，2012（2）：35-41．

② 林春培，张振刚，薛捷．破坏性创新的概念、类型、内在动力及事前识别 ［J］．中国科技论坛，2012（2）：35-41．

③ 林春培，张振刚，薛捷．破坏性创新的概念、类型、内在动力及事前识别 ［J］．中国科技论坛，2012（2）：35-41．

④ 薛捷．破坏性创新理论述评及推进策略 ［J］．管理学报，2013，10（5）：768-774．

⑤ 薛捷．破坏性创新理论述评及推进策略 ［J］．管理学报，2013，10（5）：768-774．

⑥ 刘洋，董久钰，魏江．数字创新管理：理论框架与未来研究 ［J］．管理世界，2020，36（7）：198-217＋219．

中，人们每天接触手机的时间最长，为每人每天 105.23 分钟；纵向对比发现，成年国民手机阅读的时间越来越长，而深度阅读则有待加强。[①]

我国数字出版总体经济规模在 2009 年首次超过图书出版，总产出为 799.4 亿元。经过十余年的迅速发展，二者之间的差距不可同日而语。国家新闻出版署 2023 年 2 月发布的《2021 年新闻出版产业分析报告》显示，2021 年我国图书出版营业收入为 1082.2 亿元，而同一时间数字出版产业营业收入为 12762.6 亿元。值得庆幸的是，传统书报刊数字化收入增幅持续上升且保持稳定增长态势。此外，在"双减"政策的引导下，数字教育正在不断探索新的业务增长点，2021 年在线教育收入规模达到 2610 亿元。[②]

通常，在位企业大多管理完善、结构完整、系统运行稳定、资源禀赋优越，拥有足够的开发破坏性技术的能力和条件，因而，其遭受破坏性创新冲击致使行业领导地位受到挑战，并非管理水平低下或资源能力缺乏造成的。[③] 在克里斯坦森看来，破坏性创新可能会破坏在位企业已经建立起的市场联系，进而对其市场地位构成严重威胁[④]，这一来自外部的影响，或许是大部分在位企业因破坏性技术的市场化而受到剧烈冲击的根本原因。从前述数据不难看出，在出版产业发展进程中，技术的进步推动了工具的迭代，使得受众接收信息的手段和渠道日益丰富，知识服务产品形式也随之日趋多元，以纸质图书为主要产品类型的传统出版产业整体遭受了由数字技术带来的破坏性创新的冲击。

二、价值网络参与者的身份转换

企业的商业模式通常会受到其价值网络中其他参与者的影响，上游供应商、互补者的商业模式可以使企业从价值网络中获得经验、互补资产等不同资源，当互补资产的价值主张发生变化，企业自身的价值主张和价值创造模式也将主动或被动地随之转变；另外，当企业竞争对手的商业模式发生改变时，企业也可能对竞争对手的成功商业模式进行学习和模仿。与此同时，若价值网络中其他主体逐步转变商业模式和相互关系，企业也将随之作出相应调整，以适应价值创造网络整体的改变，调整其价值创造与传播的路径，最终达到商业模式创新的目的。

---

① 中国新闻出版研究院全国国民阅读调查课题组，魏玉山，徐升国．第二十次全国国民阅读调查主要发现［J］．出版发行研究，2023（3）：13-17．

② 中国新闻出版研究院全国国民阅读调查课题组，魏玉山，徐升国．第二十次全国国民阅读调查主要发现［J］．出版发行研究，2023（3）：13-17．

③ 张敬伟，王迎军．商业模式与战略关系辨析——兼论商业模式研究的意义［J］．外国经济与管理，2011，33（4）：10-18．

④ Christensen C M. The Ongoing Process of Building a Theory of Disruption［J］．Journal of Product Innovation Management，2006，23（1）：39-55．

　　克里斯坦森认为，企业所嵌入的价值网络往往是导致曾经非常成功的企业失败的根源：价值网络限定了企业看问题的视角，造成了盲区；企业文化等内部选择机制使破坏性技术很难在在位企业中获得资源支持，因而阻碍了破坏性技术在在位企业内部的进一步成长或发展。① 由于企业嵌入特定的价值网络，加之内部选择机制的刚性，原有的资源与能力优势很难发展成企业创建新的顾客价值优势的基础。在位企业在破坏性技术面前败下阵来的根本原因就在于：它们没能从商业模式角度去思考企业的发展战略问题，没有及时进行商业模式创新（而非技术创新），从而眼睁睁地看着新企业凭借新的商业模式把自己赶下了行业领导者的位置，甚至剥夺了自身的生存机会。企业要想在这个瞬息万变的商业世界中保持竞争力，就必须勇敢地迎接破坏性技术的挑战。这不仅要求它们理解并适应这些技术的新特点，而且还需要依托这些技术来发掘新的市场机遇。通过构建一个全新的价值链乃至价值网络，更灵活地适应不断变化的市场需求。它们必须学会接受与以往不同的新成本结构以及利润水平，同时也要努力通过商业模式的创新来规避破坏性创新带来的冲击。这种商业模式的革新可能涉及重新定义产品或服务、调整定价策略甚至是改变运营模式等多个层面。只有这样，企业才能在面对日益激烈的市场竞争时，保住甚至抢占市场领导者的地位。②

　　从数字创新的角度来说，其应用过程要求组织重新定义价值网络，数字技术通过减少交流成本而增加了创新网络的连接性，增加了网络中知识的异质性和整合异质性知识的需求；同时，创新网络连接性的提升可以使得更多的利益相关者（如客户）成为价值共创者。③ 数字平台构建消费群并提供产品需求的交流条件，由于信息传播方式和渠道的日益多元便捷，传播成本降低，碎片化传播媒介弱化了传统传播渠道的效果，去中心化趋势愈加明显，消费群逐渐扩大成自组织、自媒体的参与者与传播者，借助数字平台和技术不断提高网络的使用率和价值创造率。数字经济时代，消费者从企业原有的传播媒介和分销渠道末端脱离，在数字技术的帮助下通过物流平台自组织地减少分销渠道成本和中心化成本，企业与消费者进行直接交易成为日益重要的商业模式。④

　　通常，消费者的需求价值包含使用价值和交易价值。使用价值是消费者想要获得的产品特性，这是消费者的主观判断，和消费者的喜好有关，也和使用产品的效

　　① Christensen C M. The Innovator's Dilemma：When New Technologies Cause Great Firms to Fail ［M］. Boston，MA：Harvard Business School Press，1997.
　　② 张敬伟，王迎军. 商业模式与战略关系辨析——兼论商业模式研究的意义［J］. 外国经济与管理，2011，33（4）：10-18.
　　③ 刘洋，董久钰，魏江. 数字创新管理：理论框架与未来研究［J］. 管理世界，2020，36（7）：198-217＋219.
　　④ 马蓝，王士勇，张剑勇. 数字经济驱动企业商业模式创新的路径研究［J］. 技术经济与管理研究，2021（10）：37-42.

率有关；交易价值是消费者客观上的感知价值，消费者在交换商品的时候需支付的资金，就是其用于购买所感知到的使用价值而付给卖家的产品金额。[①]增加消费者被感知的使用价值是企业获取利润的重要途径，运用数字技术经由信息网络的构建提升被感知使用价值的转换率成为企业提升核心竞争力的主要手段。[②]在数字经济时代，更需要关注使用价值被消费者感知和体验的程度，基于数字技术，尽可能向消费者提供体验和参与的条件，加深其对产品的认可和了解程度，产品的需求价值随着体验感的增强逐步提升。通过构建价值创造的信息网络，消费者感知产品使用价值的转换率快速提高，而企业与消费者间的传输成本则进一步降低。[③]数字技术的发展不断提升着消费者对产品的认可程度，使用价值成为数字化产业体系成长的核心动力。[④]数字化的市场交易关系趋向是企业与整体市场的信息网络协作，企业之间通过数字技术构建数据流，由此形成了数字化协作空间，在数字网络平台的基础上互相支撑，并彼此提供互补资源。在这个过程中，消费者主导的业务逻辑也被信息网络的发展拓宽，企业也将通过新型的价值供应网络弥补消费者需求价值的缺口。[⑤]

前文已讨论过数字化情境下传统中介机构（如代理人）的作用被削弱，企业利用数字技术直接让上游资源与下游客户建立关联，"直连"的方式取代了传统的利用信息优势在上游资源持有者和下游客户之间套利的行为，开始围绕终端用户需求提供搜索、个性化推荐或大规模定制等附加值服务。资源基础理论与网络理论都强调了互补性的重要性，数字创新商业模式的连接性意味着企业加强了与下游用户群体的交互强度，数字平台中的互补资源组合越多，平台能够吸引的用户规模就越大，平台的价值创造能力就越强。[⑥]在以数字技术为基础的商业模式中，任何一个消费者都是信息的接收者和传播者，也是信息和数据联接的节点集合。通过技术跨界，我们打破了垄断，构建了符合消费者需求的平台，借助已建立的平台实现跨界的合作与协同。数字技术可以将网络平台的连接壁垒消除，大大提升数据和信息的

---

① 马蓝，王士勇，张剑勇．数字经济驱动企业商业模式创新的路径研究［J］．技术经济与管理研究，2021（10）：37-42.

② 张艳，王秦，张苏雁．互联网背景下零售商业模式创新发展路径的实践与经验——基于阿里巴巴的案例分析［J］．当代经济管理，2020，42（12）：16-22.

③ 马蓝，王士勇，张剑勇．数字经济驱动企业商业模式创新的路径研究［J］．技术经济与管理研究，2021（10）：37-42.

④ 张晓，吴琴，余欣．互联网时代企业跨界颠覆式创新的逻辑［J］．中国工业经济，2019（3）：156-174.

⑤ 马蓝，王士勇，张剑勇．数字经济驱动企业商业模式创新的路径研究［J］．技术经济与管理研究，2021（10）：37-42.

⑥ 钱雨，孙新波．数字商业模式设计：企业数字化转型与商业模式创新案例研究［J］．管理评论，2021，33（11）：67-83.

使用效率，获得连接红利；企业为消费者创造更多的价值，才能获得市场的认可，进而获得更多的连接红利。数字技术打破企业进入市场的壁垒，让更广泛的跨界成为新的商业模式，打造以数字空间为传播渠道的竞争环境；数字引导生产要素的流动进行价值供给，数字化连接促进供给者和需求者之间的知识共享，让产业间的竞争焦点向不断提高技术的创新模式发展。企业通过学习和完善知识，挖掘数据中的抽象特征以适应市场需求，实现技术价值的扩散。在数字化的生产空间，商业化的产业生态系统不仅影响深层次的需求要素构建，也影响着商业模式的创新，依托数字化的管理和流程改变了产业组织内部和各组织之间的商业逻辑，同时也连接了共享协同的数字化产业生态系统，促进了该系统包括生产、消费和流通在内的闭环价值网络进一步强化。[①]

在这一过程中，数字价值获取的重要性愈加凸显。数字价值获取是指企业利用数字技术从创造的价值中获取利润并将其分配给客户和合作伙伴等的过程。传统价值获取主要取决于企业与合作伙伴在协作之前、协作期间对要创建的价值类型的预期。[②][③] 根据资源依赖理论，合作伙伴自身稀有或关键资源决定了其议价能力[④]，除核心企业外的合作伙伴的价值分配几乎孤立于终端用户的价值生成。传统价值获取的弊端在于解释预期的难度较大，利益相关者必须不断问自己将要交付什么类型的结果以及如何创造这类结果才能持续获取想要获取的价值[⑤]。然而，由于价值创造本质逻辑向客户中心偏转，参与者的价值获取逻辑也发生了两个方面的变化。一方面，由于价值网络的去中介化，合作伙伴与用户之间建立直接资源交换关系，信息的高度对称使得为用户创造的价值与参与者最终获取的价值紧密相联，这意味着合作伙伴创造的价值预期可以从用户这里得到答案，其议价能力的强弱并不完全由其自身资源基础决定，而更多地取决于用户的反馈。在这种情况下，价值获取体现为一种由客户价值生成决定的动态激励机制，即用户创造的价值越多，则相关合作伙

---

① 马蓝，王士勇，张剑勇. 数字经济驱动企业商业模式创新的路径研究 [J]. 技术经济与管理研究，2021（10）：37-42.

② Ulaga W. Capturing Value Creation in Business Relationships：A Customer Perspective [J]. Industrial Marketing Management，2003，32（8）：677-693.

③ Reypens C，Lievens A，Blazevic V，et al. Leveraging Value in Multi-Stakeholder Innovation Networks：A Process Framework for Value Co-Creation and Capture [J]. Industrial Marketing Management，2016，56（7）：40-50.

④ Rai A，Tang X. Leveraging IT Capabilities and Competitive Process Capabilities for the Management of Interorganizational Relationship Portfolios [J]. Information Systems Research，2010，21（3）：516-542.

⑤ Reypens C，Lievens A，Blazevic V，et al. Leveraging Value in Multi-Stakeholder Innovation Networks：A Process Framework for Value Co-Creation and Capture [J]. Industrial Marketing Management，2016，56（7）：40-50.

伴分享的剩余利润越多。另一方面，数字技术的发展为企业带来了创新价值分配机制的新机遇，使得价值的创造与分配变得更加高效和灵活。核心企业利用这些先进的技术手段，不仅能够降低自身在价值形成过程中的成本损失，还能通过这种方式激励合作伙伴共同努力，以实现成本的进一步压缩与效率的显著提升。更进一步说，企业能够根据用户的不同生命周期，设定量化的价值分配机制，确保每一阶段的价值都得到合理回报。这种动态的分配机制，让企业在追求价值产出最大化时，也兼顾了对用户生命周期的关怀与维护。涉及数字平台时，企业可以创建一个基于双边或者多边的互动平台，为参与者提供全新的交互体验，从而创造出更多元的价值。[①] 同时，数字化服务及移动化、场景化交付方式已成为满足个人服务消费需求的重要手段。[②]

三、走向数字与智能的出版产业

媒介作为存储和传播信息的物质工具，早在远古时代就已产生并发挥着记录信息、人际交流和扩散知识等功能。随着媒介技术的升级发展，互联网与传统媒体开始走向深度融合，视频产品的传播形式也不断革新，以视觉化、碎片化为特征的短视频逐渐进入公众视野，为主流媒体提升影响力和竞争力提供了新的可能。[③]

第 52 次《中国互联网络发展状况统计报告》显示，截至 2023 年 6 月，我国短视频用户增长至 10.26 亿，用户使用率为 95.2%。随着智能手机和 5G 技术的普及，用户情景体验式消费需求持续高涨，图像在一定程度上取代了文字并占据了主导地位，用户从专注于文字阐释转向偏爱直观的图像，"眼球经济"成为时代的新法则，线上视觉化记录生活轨迹成为常态，短视频成为分享身边趣事的新方式。短视频及相关平台为普通人面向全网分享生活状态提供了工具和平台，拥有智能手机的用户按下拍摄键的同时就开始了内容创造，技术迭代升级充分释放了网络用户的主体性和参与能力，各短视频网站上涌现的普通用户既是内容创作者也是传播者。[④] 视频类应用正在凭借着技术、用户以及海量内容成为目前最受欢迎的应用类别。在科技驱动下，视觉信息的传播得到全面发展，既能够为用户提供更加强烈的沉浸感，也让视觉内容的生产、管理、传播和分发等模块出现了新的发展机遇。短视频以其独特的魅力，结合背景音乐、精心设计的字幕以及令人眼花缭乱的特效，巧妙地展现了人们忙碌生活中的碎片化瞬间。与传统的文字描述和静态图片相比，它不仅在信

---

① 钱雨，孙新波. 数字商业模式设计：企业数字化转型与商业模式创新案例研究［J］. 管理评论，2021，33（11）：67-83.

② 赵京桥. 信息技术变革下的商业模式演进［J］. 商业经济研究，2022（6）：5-8.

③ 田仁碧，邹雪. 新媒体时代短视频传播表征与启示［J］. 电影评介，2022（13）：109-112.

④ 田仁碧，邹雪. 新媒体时代短视频传播表征与启示［J］. 电影评介，2022（13）：109-112.

息传递上更为直观、易于理解，而且大大降低了接收信息的门槛。这种形式的内容能够跨越语言和地域的界限，使不同背景的观众都能轻松地融入，分享彼此的故事和情感体验。[①]

这种倚重"图像、叙事、历史如在眼前的现实性、同步性、贴近性、即刻的满足和迅速的情感回应"的网络活动逐渐战胜了"逻辑、序列、历史、解说、客观性、超脱和纪律"的印刷世界。[②] 可以说，从文字表达到视频表达是内容形式的变革，也是社会表达主体的换位。[③]

数字化、智能化是近年来传媒领域技术转型的两个主要方向。2012 年，国家相关部委发布一系列发展规划，为下一代互联网、云计算、物联网等技术的发展指明了方向，而后数字化浪潮逐渐席卷各个行业，除了互联网平台，传统媒体及相关企业也开始尝试用数据来重构业务。以智能算法为驱动的应用发展迅速，今日头条、抖音等迅速崛起，字节跳动也在短时间内将业务拓展至文娱、社交、企业服务、教育培训、金融、电子商务等多个领域，成为继百度、阿里巴巴、腾讯之后的又一行业领导者。一时间，基于数据的个性推荐成为用户黏性之密钥。2019 年，5G 让传媒各领域打开了新的空间，人们对传媒数字经济与实体经济的结合有了更多期待；在互联网消费场景中，短视频、智能家居、虚拟现实等也都乘势而上，迎来良好的发展；人工智能在新闻传播领域的应用从浅尝走到磨合，虽不尽成熟，但对财经、体育等信息的报道，以及强调时效性的报道方面，已经表现出了得天独厚的优势。[④] 2021 年，"元宇宙"概念的兴起，更是给了虚拟现实、人工智能、脑机接口等技术的整合应用情境。

刚刚过去的十年，也是传统出版行业寻求转型发展、运用数字技术进行创新的重要十年。随着社会向"媒介化"发展，出版的外延不断延伸，出版行业内部的融合变革也使其内涵不断演变。在互联网技术的推动下，出版行业的媒介新形态、媒体新业态不断涌现，出版行业积极融合转型，通过优化组织结构、丰富内容形式、提升传播手段、丰富收入模式，确保了传统出版行业的健康发展；互联网平台具有技术、资本优势，近年来与实体经济融合，呈现出蓬勃发展之势。传统出版行业与互联网平台的融合发展助推我国出版事业在守正与创新之路上不断向前，出版产业数字经济作为数字经济的一部分，在 5G 应用场景下加速发展，未来将进入以数据

---

① 田仁碧，邹雪. 新媒体时代短视频传播表征与启示 [J]. 电影评介，2022 (13)：109-112.

② （美）尼尔·波斯曼. 技术垄断：文化向技术投降 [M]. 何道宽，译. 北京：中信出版社，2019：15.

③ 喻国明，曲慧. 边界、要素与结构：论 5G 时代新闻传播学科的系统重构 [J]. 新闻与传播研究，2019，26 (08)：62-70＋127.

④ 崔保国. 中国传媒产业十年发展的成就与生态之变 [J]. 传媒，2022 (21)：11-14＋16.

为基础、以科技为驱动、产业结构不断优化的发展新常态。①

随着出版行业的版图不断扩大，发展日新月异，整体呈现了融合、创新的发展大趋势，传统出版行业新业务领域的探索日见成效，继续发挥着主流媒体的价值，并努力在互联网生存逻辑下寻找发展空间。但在当前网民红利逐渐减少的情况下，平台竞争从简单的流量获取向内容精品化、服务高质量化发展，这又进一步挤占了传统出版以质取胜的优势。从技术到产业的变革、转型、升级，是一个渐进的过程，对出版生态的观察需要有时空观。出版生态在数字化、智能化的创新环境下的发展日趋活跃，读者需求端和产业供给端实现精准对接，出版的连接价值在万物互联时代得到了充分体现。综合来看，出版行业紧跟国家整体融合的战略规划，积极拥抱互联网和数字技术，同时也逐渐意识到其本身重要价值之所在，在深耕内容的同时，一些出版企业也逐渐探索出了网络空间的生存之道。②

四、数字技术驱动下的未来出版

无论是自身数字化转型、融合发展的实际需求，还是着眼于建设全国统一大市场，畅通生产、分配、流通、消费各环节，提高市场运行效率，都要求出版业进一步提升数据整合、处理与运用能力。因此，在今后一个时期内，出版行业新型基建的重心将是根据自己的业务与管理需要搭建相应的数据系统。通过数据驱动出版全流程和全产业链的联动变革，切实建立起融合的发展机制，推动出版内容要素、业务、渠道、机构的相互融合；在此基础上，充分发掘数据的巨大价值，加速推动数据资源的累积，把数据资源转变为可以量化、交易和使用的数据资产，推动业务的持续增长。以数据为核心的增长模式将引导出版行业对生产链、业务链、价值链进行全方位、多角度的彻底重塑，这不仅是未来出版融合发展的阶段性目标，更是前行的明确方向。③

从数字技术的视角审视出版业，流程再造、流程重塑是必经的转型之路。以大量的自动化、智能化系统取代人力资源的投入将会成为主要趋势。目前出版的编辑、审查、校对、印制、储运、销售等环节仍然依赖人力资源的大量投入，传统出版与数字出版的流程一体化目标仍然没有全面实现。《新一代人工智能发展规划》中多次提到群体智能，包括四个方面的基础理论研究任务和八个方向的关键共性技术研究任务。实践表明，群体智能在其他领域已经得到了充分运用：基于群体编辑的维基百科、基于群体开发的开源软件、基于众问众答的知识共享、基于众筹众智

① 崔保国.中国传媒产业十年发展的成就与生态之变[J].传媒，2022（21）：11-14＋16.
② 崔保国.中国传媒产业十年发展的成就与生态之变[J].传媒，2022（21）：11-14＋16.
③ 中国数字出版产业年度报告课题组，崔海教，王飚，等.2021—2022中国数字出版产业年度报告——"十四五"开局之年的中国数字出版（摘要）[J].出版发行研究，2022（11）：17-23.

的万众创新、基于众包众享的共享经济等。群体智能对出版流程再造最大的启发在于互联网环境下出版社内部编校共同体的数字化协同生产，以群体智能为理念先导、以知识体系构建为核心的出版流程再造将会在人工智能时代大放异彩：①在选题创意环节，基于对知识体系的查缺补漏进行策划、约稿，将会在很大程度上发挥"蓝海战略"的优势；②在审校环节，按照知识点对章节、段落进行知识标引，将会实现纸书、电子书、知识库等多种产品的同步上线、协同生产；③协同编纂系统的充分使用，将会促进数字化校对业态的出现，推动内校、外校、作者校三位一体、协同开展；④基于知识标引的海量数据，通过知识计算、深度搜索和可视交互核心技术，实现对知识持续增量的自动获取，构建动态、开源的出版业知识服务大数据，形成跨学科、跨领域、跨数据类型的跨媒体知识图谱。群体智能理念指导下的出版流程再造的最终目标是使出版企业拥有一套先进、完善的数字化生产流程，这种生产流程能够支持纸质产品印制、数字图书上线和知识库的封装上市，从而大大提高新闻出版行业的生产效率，有效避免"先纸质书后数字化"的大量重复劳动和滞后工作。[①]

　　数字技术对出版行业的改造当然不仅有对出版流程的优化，还体现于甚至重点作用于销售环节。《新一代人工智能发展规划》共有 24 处提及"大数据"，涉及农业大数据、金融大数据、工厂大数据、教育大数据、城市大数据、健康大数据等。[②]应该说，我国出版体制的特点，决定了每个行业、领域都有相应的出版机构提供知识服务支撑，以上几个领域的大数据构建，不可避免地会延伸到专业出版、教育出版和大众出版大数据的建设。2017 年 3 月 8 日，新闻出版大数据应用工程入选发展和改革委员会大数据发展重大工程，这意味着国家层面的新闻出版大数据正式步入启动和实施阶段。从数据类型来看，新闻出版大数据主要包括内容数据、用户数据和交互数据，也包括基于专业出版、部委出版社所产生的条数据和基于地域性出版机构所产生的块数据。新闻出版大数据的构建，要结合新闻出版业条数据与块数据并存、各有千秋的特点和规律，以数据为生产要素，重塑新闻出版数据的采集、存储、标引、计算、建模和服务体系。长久以来，传统出版业将每一本书作为一个产品、一个数据单元进行销售，每本书动辄二三十万字，从数据价值的角度来说，是一种较大的浪费。换句话说，传统纸质图书的数据价值没有被重视和挖掘，这在以数据作为能源、作为生产要素的人工智能时代，是需要着力改进和提升的。把数据当作一种生产元素，一册书籍可以视具体情形被分割成几十甚至几百个单位，在此

　　① 张新新，刘华东. 出版十人工智能：未来出版的新模式与新形态——以《新一代人工智能发展规划》为视角［J］. 科技与出版，2017（12）：38-43.

　　② 张新新，刘华东. 出版十人工智能：未来出版的新模式与新形态——以《新一代人工智能发展规划》为视角［J］. 科技与出版，2017（12）：38-43.

基础上作为数码商品出售时，它的价值要远远大于书籍本身的价值。[①]

在数字技术的驱动下，出版由传统的"物流"信息组织方式转变为数字化的"信息流"，内容管理从机械的"定量出版"到便利的"按需出版"。与此同时，数字出版也改变了传统出版生产和传播的方式，传递模式由单向传递转变为双向互动模式，一直以读者身份出现的受众群体变为了动态的用户群体。从读者到用户的身份变化，实际是大数据时代人类阅读方式与传受模式的变革。[②] 从阅读者角度来看，大数据时代的到来，一方面为人们日常获取资讯等提供了更加多元的渠道，另一方面则是将每日激增的碎片化信息呈现于人们面前。[③] 在快节奏下生活的人们不仅有了自主选择阅读的空间，也不得不在仅有的阅读时间里对碎片内容进行筛选。多元化的信息与多元化的传播方式，改变了人们的阅读方式，电子产品如平板电脑、电子阅读器、手机等已经成了大众阅读终端的主要选择，阅读方式多样化，阅读时间也趋于碎片化。[④] 从传播者角度来看，传统纸媒的编辑往往根据市场调研进行图书的策划与开发，而在出版后将图书的选择权与阅读权交给读者；随着数字出版的深入发展，昔日的读者变成了用户甚至是服务对象，图书变成了产品，设计得稍不合心意便有人不会买账。在此情况下，数媒编辑不仅更加注重出版前的市场调研与创新策划，也对出版后的延升性服务更加关注。[⑤] 互联网时代的传受关系，由先前的单向传递变为了双向互动，阅读者在进行内容选择、获得更加个性化服务的同时，也加强了与传播者之间的交流沟通，编辑也为提升服务意识及打造出更加多元化的产品作出了相应的调整。[⑥]

数字技术赋能出版业发展，读者对于阅读内容的丰富度、阅读形式与渠道的便利度、阅读媒介的配套服务完善度等有了更高的要求。[⑦] 传统出版企业粗放式的经营方式、以纸质产品为主的传统业态，导致内容数据的价值没能被充分挖掘、用户数据的积累不足以及交互数据基本没有被采集等；未来出版的大数据构建，需要以

① 张新新，刘华东．出版＋人工智能：未来出版的新模式与新形态——以《新一代人工智能发展规划》为视角 [J]．科技与出版，2017 (12)：38-43.

② 张叶婷．比较视野下传统出版与数字出版融合发展路径探究 [J]．东岳论丛，2021，42 (9)：104-110.

③ 张玉洁．我国城市报台全媒体转型中的问题与发展对策——基于齐鲁电视台及楚天都市报全媒体运作实践的研究 [D]．武汉：华中科技大学，2015.

④ 张叶婷．比较视野下传统出版与数字出版融合发展路径探究 [J]．东岳论丛，2021，42 (9)：104-110.

⑤ 张叶婷．比较视野下传统出版与数字出版融合发展路径探究 [J]．东岳论丛，2021，42 (9)：104-110.

⑥ 张叶婷．比较视野下传统出版与数字出版融合发展路径探究 [J]．东岳论丛，2021，42 (9)：104-110.

⑦ 周蔚华，陈丹丹．2021 年中国出版融合发展报告 [J]．科技与出版，2022 (5)：60-69.

知识体系为基础，以知识标引为关键，研究数据驱动与知识引导相结合的人工智能新方法，以自然语言理解和图像图形为核心的认知计算理论和方法，以知识计算引擎和知识服务技术为枢纽，通过各行业、领域、学科的知识的标引、计算和模型建构，最终建成一个跨学科、跨领域、跨媒体的新闻出版业超级大数据。[①]

未来出版产业将会因为越来越多的数字技术应用而呈现智能化发展前景和具体形态。

在知识服务领域，大规模、高质量的数据是知识标引的基础，是知识图谱的素材，也是知识计算作用于专业数据的前提。以知识计算引擎为核心的前端技术将得到大范围应用，进而推动知识服务向着纵深方向发展。[②]《新一代人工智能发展规划》旗帜鲜明地将知识计算引擎与知识服务技术作为"关键共性技术体系"的第一项列出，明确指出要"重点突破知识加工、深度搜索和可视交互核心技术，实现对知识持续增量的自动获取，具备概念识别、实体发现、属性预测、知识演化建模和关系挖掘能力，形成涵盖数十亿实体规模的多源、多学科和多数据类型的跨媒体知识图谱"。知识计算的类型主要包括属性计算、关系计算和实例计算，其作用在于通过海量知识数据的统计分析，挖掘出隐性知识；根据知识体系，研发知识元，构建知识元库。运用知识计算工具，可对海量数据进行属性、关系和实例计算，进而实现知识发现的预期目标；而单个领域的知识库，可通过与其他知识体系的连接，形成跨领域、跨媒体、跨数据类型的知识图谱，进而为全社会提供全方位、立体化、多层次的知识服务，包括信息服务、知识产品和知识解决方案等。这种涵盖数十亿实体规模的跨媒体知识图谱，更有助于满足人民对美好生活的向往，有助于解决知识服务不平衡、不充分的问题。中国新闻出版研究院已经正式组建了国家知识资源服务中心，其"1＋N"（一个国家知识资源服务中心＋多个支撑中心）的模式，是最有可能成功构建跨媒体知识图谱的具体路径。[③]

在增强现实和虚拟现实领域，已有的 3D 建模、虚拟建模，智能建模等会被快速推广和迭代。随着 AR 模型有了大量数据的积累，其参数、指标、规格、尺寸、比例等方面的共通性原理将被揭示，人机交互的体验感将更加友好，输出展示终端将进一步个性化和常态化，AR 出版将会进一步由教育出版、大众出版向专业出版渗透和延伸。AR、VR 技术应用于出版，目前在企业标准、行业标准研制上取得了

---

①　张新新，刘华东．出版＋人工智能：未来出版的新模式与新形态——以《新一代人工智能发展规划》为视角［J］．科技与出版，2017（12）：38-43.

②　张新新，刘华东．出版＋人工智能：未来出版的新模式与新形态——以《新一代人工智能发展规划》为视角［J］．科技与出版，2017（12）：38-43.

③　张新新，刘华东．出版＋人工智能：未来出版的新模式与新形态——以《新一代人工智能发展规划》为视角［J］．科技与出版，2017（12）：38-43.

阶段性进展，且具有了一定的市场规模。关键共性技术方面，建模的智能化将覆盖虚拟对象实体、虚拟对象的行为，增强了虚拟对象行为的社会化、智能化和交互性，而不是停留在简单的交互层面。随着 AR、VR 的高性能建模技术取得突破性进展，虚拟环境和实际环境深度协同融合，将大大提高人机交互的灵活性和逼真性，加速实现 AR、VR 与人工智能技术的高效互动与有机融合，进而促进 AR 动态出版的发展与繁荣，使得出版业态与博物馆等展览展示业态相互融合，也将推进网络文学演变为"阅读＋沉浸式体验"的虚拟与现实并存的新生业态，这种新生业态将会以"AR＋LBS"游戏的面貌出现在消费者的生活中。[①]

在智能教育领域，大数据技术运用将催生以学习者为中心、以交互式为主要特点的智能教育新形态。如今，人工智能广泛应用于教育领域，如从智能教育学科的设立、智能教育人才的培养、智能教育环境的营造到智能教育政策体系的搭建，无所不包。未来的在线智能教育平台将通过追踪每个学习者的学习时长、性格特征、高频错误知识点等，进行知识计算和大数据分析，找出学习者的学习规律，进而为每个学习者提供"线上＋线下"的个性化、定制化教育服务，真正做到因人施教、因材施教，进而从技术层面推动教育的实质公平。此外，智能助理应用了文字和语音识别技术，具备较强的交互性，能够提供对话式服务，还可集中于专业领域，提供信息和咨询服务。2022 年底问世的现象级聊天机器人 ChatGPT 让人们感受到了更加智能的智能助理服务于信息咨询的巨大潜力。在未来，智能教育助手的发展应该还是以会话式服务及文本语音识别为主，并且还将与海量的教育服务和学习者个人的信息数据库相结合，通过分析统计学习者的学习行为，为他们提供快捷、智能、全面的教育服务。[②]

未来的出版形态，无论是知识服务、智能 AR 及 VR，还是智能教育，必将以大数据为基石[③]，也必将持续受益于数字技术这一强大引擎。

---

① 张新新，刘华东．出版＋人工智能：未来出版的新模式与新形态——以《新一代人工智能发展规划》为视角［J］．科技与出版，2017（12）：38-43．

② 张新新，刘华东．出版＋人工智能：未来出版的新模式与新形态——以《新一代人工智能发展规划》为视角［J］．科技与出版，2017（12）：38-43．

③ 张新新，刘华东．出版＋人工智能：未来出版的新模式与新形态——以《新一代人工智能发展规划》为视角［J］．科技与出版，2017（12）：38-43．

第二章　出版产业链结构转型分析

在技术更迭的时代背景下，传统出版产业链在与数字出版产业链的磨合中发生了深刻变化。剖析传统出版产业链与数字出版产业链两种不同类型的产业链的主体结构、标准、引导机制，是我们进行商业模式分析的基础。

第一节　出版产业链概述

一、出版产业链发展背景

（一）传统出版产业链的形成与发展

传统出版产业链的形成与发展经历了手工作坊式的生产、现代工业化生产、数字化转型等多个阶段。出版产业经历了多次变革，极大地提高了书籍的生产效率，降低了成本，使得书籍更加普及和可负担。在这一过程中，内容创作者、编辑人员、印刷厂、发行商和读者等各环节紧密协作，共同构成了完整的出版产业链。

在内容创作方面，作者是产业链的起点，他们的创作是整个出版活动的基石。编辑、校对、美编等人员的介入则确保了内容的质量和适宜性，他们通过筛选、编辑加工、校对和装帧设计等，使内容更加符合市场需求。随后，印刷厂利用各种先进印刷技术将编辑好的内容制作为实体书籍。这一环节经历了多次技术的发展，如雕版印刷、活字印刷及现代的数码印刷等。发行商在传统出版产业链中扮演着重要角色，他们负责将印制完成的书籍分销至各个销售渠道，如实体书店、批发商、在线零售商等。随着零售渠道的拓展和市场竞争的加剧，发行商的角色也愈发复杂，他们不仅要管理库存和物流，还要参与市场营销，以提高产品的知名度和销售量。最终，购买书籍的读者成为产业链的终端，他们的反馈和评价对出版物的推广和再版至关重要。图书馆在这一过程中也扮演了重要角色，它们不仅是知识保存和传播的场所，也是出版物流通的重要途径。

进入 21 世纪后，互联网和数字技术的飞速发展对传统出版产业链造成了巨大冲击。数字出版物的出现改变了内容的创作、分发和消费方式，导致传统出版的某些环节发生了根本性的变化。电子书、在线杂志、数字音频和视频等新型出版产品迅速崛起，使得出版产品的分发不再受地理空间的限制，并且可以实时更新和传播。

面对数字化媒体带来的竞争压力，许多出版企业积极应对新技术和市场变化，成功地开辟了包含数字出版在内的多元化经营模式。他们通过提高内容创作、品牌建设和专业编辑等核心竞争力，不断提升产品质量和服务水平来满足读者日益多样化的需求。因此，尽管面临数字化媒体的压力，传统出版产业链依然在很多方面保持着其重要性和影响力。

（二）数字化媒体对传统出版产业链的冲击

数字化媒体给传统出版产业链带来了深刻的影响和冲击。

在内容创作方面，数字工具和平台降低了写作和编辑的门槛，使更多的个人和小型出版社能够参与到内容创作中来。

在发行上，数字化媒体的广泛应用使得传统出版物的发行渠道受到挑战，电子书和在线文章流行起来。

在营销和宣传方面，数字化媒体改变了出版物的推广方式，社交媒体和搜索引擎成为关键的宣传工具，而传统的广告和公关等手段则逐渐被边缘化。

销售模式方面，数字化媒体的兴起导致了订阅服务和按需购买等新型销售模式的出现，改变了消费者的支付习惯和出版商的营收结构。

版权管理方面，数字化媒体的易复制性给版权保护带来了巨大挑战，DRM（digital rights management，数字版权管理）技术和区块链等新兴技术正在被用来应对这一挑战。同时，在读者互动和社区建设方面，数字化媒体促进了读者之间的交流，形成了以内容为中心的在线社区，增强了读者的参与度和忠诚度。

在教育领域，数字化媒体推动了教育资源的数字化和在线化，使得远程教育和自主学习成为可能。

在环保和可持续发展方面，数字化媒体的推广减少了纸张的使用，有利于环境保护，但同时也引发了电子废弃物的环保问题。

二、出版产业链概念对比分析

（一）传统出版产业链的概念及特征

出版业作为文化产业的一部分，具有文化传播、宣传等功能，除具有一般产业的特点外，还具有精神属性，是以知识、信息为主体的特殊产业，具有文化积累和思想传播等重要功能。

产业链是一个产业中众多企业基于价值增值所构成的有机整体。出版产业链是指以出版价值链为基础的具有连续追加价值关系的出版关联企业组成的企业联盟。企业联盟是出版产业链的表现形式，价值增值是出版产业链的基础和归宿。从定义可以看出，出版产业链是各种出版资源组合到一起所形成的，而且这种组合不是杂乱无章的，而是紧紧围绕价值增值这一核心，有连续追加价值关系的。

产业链中企业的关联方式，有纵向关联、横向关联、混合关联等几种。传统的出版关联企业主要包括出版社、印刷厂、图书经销商，涵盖了出版过程中的编辑、复制、发行三个主要环节；随着新技术的产生与应用，越来越多的其他类型企业也加入了出版产业链，使得传统出版产业链发生了很大的变化，产业链也有了新的面貌。

传统出版产业链同其他产业的产业链一样，也是一条价值链，而传统出版产业链的延伸，就是一个价值不断增加的过程。编辑、印刷、发行各个环节都围绕着最终的出版物在创造并不断追加价值，出版物进入市场、完成销售，也就实现了整个产业的价值以及各个环节自身的价值。在产业链的延伸过程中伴随着各种信息的交换和交流，信息交换是否通畅、及时、准确，决定了整个出版产业链的效率。构成产业链的各个企业作为相互独立的市场主体，它们之间是合作的关系，从整个出版产业的宏观角度看，它们构成了一个利益共同体，市场共有、利益共享，只有各个环节通力合作，才能实现整个产业的发展，同时也才能更好地让各个环节获利。传统出版产业链中上下游环环相扣，相互依存，是一个有机的整体。每个环节都是不可或缺的，任何一个环节都可能对整个产业的发展产生重要影响。信息技术的发展使得不同产业的关联性增强，如出版、信息、网络等产业逐渐联合起来，之前没有联系的产业现在的联系日益紧密，并呈现重合、替代、交叉等趋势。

（二）数字出版产业链的概念及特征

党的十九大报告明确提出："经过长期努力，中国特色社会主义进入了新时代，这是我国发展新的历史方位。"党的十九大报告还明确指出，我国的社会主要矛盾已转化为"人民日益增长的美好生活需要和不平衡不充分的发展之间的矛盾"。这意味着我国在经济发展模式、经济增长形式等方面将发生重大改变。一是从经济发展模式上看，中国经济增长将加快从粗放向集约的转变；二是经济增长形式将由高增速向高质量转变。高质量增长有两层含义：一是科技创新驱动代替要素驱动，建设创新型国家；二是坚持绿色发展理念，建设人与自然和谐共生的绿色经济发展模式。对于出版企业来说，就是要重视科技进步对企业发展的推动作用，认真研究数字出版、数字平台、全版权运营等工作。

数字出版是数字技术和出版产业融合发展而成的出版形式，数字出版产业是依托数字出版这种形式而形成的。数字出版产业的产品和服务既可以是内容产品和数字出版服务，也可以是电子书阅读器等有形产品及相关的售后服务。数字出版产业链就是生产、发行、销售这些产品和服务的主体单位和相关企业整合构建的关系链。这些主体单位和相关企业属于战略联盟关系，分工开展数字出版活动，分享产业链产生的利润。虽然主体角色可能重合，但是主体单位和相关企业之间并不是隶属关系，而是彼此独立的。数字技术是推动数字出版产业形成和发展的主要因素，贯穿整个数字出版产业链。也就是说，产业主体之间存在紧密的技术联系，数字出版产业链呈现显著的技术关联性特征。与传统出版的单一产品供给不同，数字出版提供的产品和服务能够融合文本、图片、动画、音频、视频等多种媒介形式，数字出版产业链由此有产品多元化供给的特征。数字出版产业链在形成和演变的过程中，呈现生产环节一体化、分销一体化等发展态势。与传统出版产业链清晰的纵向分工形态相比，数字出版产业链的分工界限较为模糊，呈现平台化、扁平化、异构性的特征。

第二节　出版产业链发展主体

一、传统出版产业链主体构成分析

（一）内容创作与获得环节

在传统出版产业链中，内容创作与获得环节是整个产业链的起点和核心。这个环节主要涉及以下几类主体。

（1）作者（作家）：内容的创造者，负责撰写书稿、文章、研究报告等各类作品。作者的创作是出版产业链中不可或缺的一部分。

（2）文学代理人：帮助作者管理出版事务的专业人士，主要工作是寻找出版社、协商合作条款、推广作品等。他们为作者提供市场信息和谈判支持，帮助作者实现其作品商业价值的最大化。

（3）出版社：发掘、购买和编辑内容，后期会将这些内容制作成图书或其他出版物。出版社通常会进行内容筛选，确保所出版的作品符合市场需求和出版社的品牌定位。

（4）版权代理人：管理和销售作品版权的专业人士，例如将外国的作品的版权销售给国内的出版社，或者将国内的作品的版权出售给国外的出版商。

（5）编辑：在内容创作与获得环节扮演着重要角色，参与内容的筛选，对作者提交的书稿进行审阅、修改等，以提高作品的质量和吸引力。

（6）学术机构和研究组织：开展学术研究，并与出版社合作将研究成果转化为学术论文、会议论文集等发布。

这些主体共同存在于传统出版产业链的内容创作与获得环节，他们的互动和协作确保了内容的生产、加工和传播。

（二）　出版环节

在传统出版产业链中，出版环节是连接内容和消费者的重要纽带，涉及多个主体的协同作业。以下是该环节的主要参与者。

（1）出版社：作为核心主体，负责内容的编辑、设计、制作或数字化，还要承担市场调研、营销策略的制定以及品牌建设等工作。

（2）印刷厂：实体书籍生产的关键参与者。它们将出版社提供的文件制作成纸质书籍，并提供裁切、装订等服务。

（3）数字出版服务提供商：随着数字阅读的普及，提供电子书格式转换、在线销售平台搭建、数字版权管理等服务的企业已经开始扮演着越来越重要的角色。

这些主体利用各自的专长，共同推动出版物的生产，形成了复杂的、相互依赖的产业链网络。

（三）　发行与推广环节

在传统出版产业链中，发行与推广环节至关重要，涉及多个主体，它们通过各自的方式推动书籍和其他出版物的销售。

（1）分销商和批发商：批量购入出版社的书籍，再分发给零售商或给大型零售连锁店供货。同时，须做好库存管理、物流优化等工作。

（2）零售商：包括独立书店、连锁书店以及超市等，有实体销售点供消费者选购出版物。

（3）出版社直销部门：一些出版社设有自己的销售团队，直接与消费者或特定客户群体进行交易。

（4）在线书店和电子商务平台：如当当网等，通过互联网销售出版物，有搜索、评价和即时购买等功能，极大地方便了消费者的购买。

（5）公共图书馆与教育机构：图书馆购买并收藏书籍供公众借阅；教育机构等则采购教材、参考书等用于教学活动。

（6）营销与广告公司：为出版社提供市场调研、广告创意和投放、公关活动策划等服务，帮助出版社提升品牌知名度和书籍销量。

（7）媒体：包括传统媒体（如报纸、杂志、电台、电视台等）和新媒体（如博客、社交媒体、视频网站等），通过多种形式推广。

（8）作者：可通过签名售书、开讲座、进行社交媒体互动等活动直接促进书籍的销售。

（9）促销活动和书展等：举办促销、图书展览等活动，吸引潜在消费者。

（10）在线社区和读书会：参与成员通过讨论、分享和推荐书籍，影响其他读者的阅读选择和购买行为。

（11）评论家和博主：对出版物的评价和推荐可以影响潜在读者的购买决策。

（12）社交媒体用户：在社交媒体上分享阅读体验、推荐书籍和发布书评能够迅速传播，推动销售。

这些主体通过各自的功能，共同构建了一个有效的销售、推广网络，确保出版物能够传递给更广泛的受众，以实现书籍销售和文化传播的双重目标。

（四）读者

在传统出版产业链中，读者是最终接收和消费出版物的群体。这个环节对出版产业的健康发展至关重要，因为读者的需求和喜好直接影响出版物的内容、形式和市场策略。

（1）一般读者：出版物的使用者，通过购买、借阅或免费获取等方式获得出版物。

（2）学生和教育工作者：学生是教科书和其他学习资料的主要使用者，教育工作者是教育类出版物的主要使用者。

（3）专业人士：通过专业书籍和期刊来获取最新的行业信息。

（4）收藏家和书籍爱好者：出于个人兴趣或收藏目的购买特定类型的出版物，如珍本、限量版图书等。

（5）企业和政府机关：会为了特定目的而购买特定的出版物。

读者环节的反馈对出版产业链上端各个环节都有重要的指导作用。出版社和其他相关主体一般会通过市场调研、销售数据分析和读者反馈来调整内容创作方向、编辑策略、营销手段和分销方式等，以更好地满足市场需求。

（五）政府主管部门

在传统出版产业链中，政府主管部门扮演着制定政策和监管的关键角色。各部门通过制定、发布新闻出版、著作权管理方面的规章和重要管理措施，进行行政指导等，确保出版产业的正常运行，同时保护知识产权、维护市场秩序和促进文化多样性。

（1）制定出版法规：政府主管部门负责起草和修订与出版相关的法律法规，如《著作权法》《出版管理条例》等，为出版物的创作、出版和发行提供法律依据和规范。

（2）审查与许可：对出版内容进行审查，确保其不违反国家法律法规和有悖于社会主义核心价值观。出版单位需要获得政府颁发的许可证才能合法运营。

（3）版权保护：查处非法出版物和非法出版行为，保护作者和出版机构的合法权益。

（4）制定行业标准：制定出版行业的质量标准和操作规程，如印刷质量、装帧设计等的标准，以提升行业整体水平。

（5）市场监管：对出版物市场实施监督管理，防止不公平竞争和垄断行为，确保市场竞争的公平性和透明性。

（6）扶持与引导：通过资金补贴、税收优惠等措施扶持出版产业，鼓励出版企业出版与中华优秀传统文化、科学技术和儿童教育等相关的图书。

（7）推动国际交流合作：通过国际书展和版权贸易等活动，推动与其他国家和地区的出版交流合作，促进文化产品的出口。

（8）教育与培训：开发相关课程，为出版行业培养专业人才，提升从业人员的专业技能和素养。

这些活动体现了政府主管部门在维护出版产业秩序、促进产业发展和文化繁荣方面的重要作用。

二、出版产业发展主体的对比分析

（一）传统出版商的演变

1. 传统出版商的业务模式和运营方式

传统出版商的业务模式和运营方式有一系列固定的流程和盈利方式，主要包括以下几个方面。

（1）版权采购：通过与作者或其代理人签订合同，向作者支付一次性稿酬或按销售数量支付版税，获得作品的独家出版权。

（2）编辑加工：编辑团队对稿件进行审读、编辑等，以提高作品质量，确保内容适合目标读者群。

（3）设计与排版：美术编辑和排版人员负责书籍的封面设计和内页排版等。

（4）印刷与制作：将编辑好的文稿发送至印刷厂，进行实体书籍的印刷、装订和包装等。

（5）分销与物流：通过分销商、批发商销售书籍或直接向零售商（如书店）供货。

（6）营销与推广：制定营销策略，开展媒体宣传、举办作者签售会、发布书评、投放广告等，促进书籍销售。

（7）销售收入：主要收入来源于书籍销售。

（8）版权管理：管理作品的海外版权，通过许可、转让等方式来获取收益。

（9）库存管理：妥善管理库存，避免积压或缺货。库存管理直接关系到成本控制和现金流管理。

（10）维护读者关系：通过建立读者俱乐部、提供售后服务和搭建读者反馈通道等，维持与读者的良好关系。

传统出版商的运营模式依赖于实体书籍的销售，并且受到供应链、库存、零售渠道分布等因素的影响；随着数字出版的兴起，许多传统出版商也在探索数字化转型的路径，以适应市场变化和满足消费者的需求。

2. 传统出版商的数字化转型和多元化发展

面对数字化时代的挑战，传统出版商正在积极探索数字化转型和多元化发展的路径。以下是一些主要的策略和实践。

（1）数字化转型。

①电子书和数字出版物：将纸质书籍转化为电子书，以便读者在电子设备上阅读；开发其他数字出版物，如数字期刊、数字报纸等，以满足读者需求。

②多渠道发布内容：利用各种在线平台和社交媒体进行内容发布；与搜索引擎公司和社交媒体公司合作，以使其产品能够被更广泛的受众发现。

③个性化推荐和数据分析：借助大数据和人工智能技术分析读者的喜好，为他们提供个性化的阅读服务。这样不仅可以提高读者的满意度，还可以帮助出版商更好地了解他们的目标受众，优化内容策略。

（2）多元化发展。

①跨界合作与品牌授权：寻求与其他行业公司的合作机会，以拓展业务范围、增加收入。例如将图书 IP（intellectual property，知识产权）授权给电影、电视或游戏公司，创造出跨媒体的产品。

②自建电商平台：为了降低对第三方零售商的依赖，有些传统出版商正在建立自己的电子商务平台，以直接向读者销售图书和其他产品，提高利润率和客户满意度。

③参与社区建设：一些传统出版商通过在线论坛、读者活动、社交媒体等与读者积极互动，鼓励读者分享他们的阅读体验。

④国际化战略：通过翻译和输出原创内容，进入其他国家的市场，并与国际出版商合作，共同推广优质图书，以扩大影响力和增加市场份额。

⑤可持续发展实践：采用环保材料和绿色印刷技术来生产图书，并推广数字化阅读和二手书交易等，以降低对环境的污染。

只有不断地创新和变革，传统出版商才能够在激烈的市场竞争中保持领先地位，并为读者提供更加优质、多样化的阅读体验。

（二）自助出版平台的兴起

1. 自助出版平台作为新兴力量崛起

所谓自助出版，是指在没有第三方如出版社、经纪人等参与的情况下，作者借助互联网平台自行出版的行为，与常规的由出版社主导的出版活动区别较大。自助出版自 2003 年之后发展迅猛，2018 年美国自助出版的图书接近 160 万种。作为数字时代发展最为迅猛的新兴出版业态之一，自助出版在海外的发展日渐成熟，出现了一批著名的自出版平台，如美国的 CreateSpace、亚马逊 Kindle 自助出版（KDP，Amazon Kindle Direct Publishing）、巴诺出版（Barnes & Noble Press）、Smashwords、Lulu、Blurb 等。

自助出版在国内虽然仍处于探索阶段，但也出现了一些具有中国特色的自助出版形态。比如以维基出版为范本的"百度文库模式"，以网络文学为核心的"盛大模式"，以小众文学为主、以社区平台为基础的"豆瓣模式"，以电商为技术平台的"京东模式"，以出版社为背景的"来出书平台"，以社交网络为平台的"微信出版模式"，等等。这些自助出版平台的迅速发展，使得中国的出版业获得了新的生机。

2. 自助出版平台的优势和特点

自助出版平台为作者提供了独立出版的机会和自主权，使更多的作品得到展现。自助出版平台的优势和特点如下。

（1）低成本：自助出版平台提供自助式的出版服务，无需支付高昂的出版费用，极大降低了作者的经济压力。

（2）广泛传播：自助出版平台可以通过网络来传播作者的作品，获得更广泛的读者群体。

（3）独立掌控：在自助出版平台上，作者可以自主决定作品的内容、出版时间和定价等。

（4）增加收入：自助出版平台为作者提供了多种收益模式，如作品销售、广告合作、电子书租赁等，为作者创造更多的收入。

自助出版平台的兴起为作者提供了更多的作品发表机会和收益渠道，提升了创作的多样性和创新性。同时，也使得读者可以更方便地获取更多优质的作品。

（三）数字化出版与阅读平台的发展

1. 数字化出版与阅读平台崛起的影响

数字化出版与阅读平台的崛起对整个出版行业产生了巨大的影响，不仅影响了内容的创作、分发和消费，还深刻地改变了出版业的商业模式和运营方式。

（1）全球化的内容分发：数字化平台消除了地理界限，能将出版物迅速分发给全球读者。这种即时性和广泛性让我们看到了市场的巨大潜力，尤其有利于小众市场和国际市场的开拓。

（2）个性化的阅读体验：数字阅读平台通过收集用户的阅读习惯和喜好，运用先进的数据分析技术，为用户定制个性化的阅读推荐。这种个性化服务大大提升了用户的满意度和黏性。

（3）创新的商业模式：随着数字化平台的兴起，出版业出现了多种商业模式。例如，基于订阅的服务（如 Kindle Unlimited 和 Scribd）允许用户以固定的月费无限量阅读电子书；按需购买模式让用户能够根据兴趣随时购买电子书；还有广告支持的模式，用户可以通过观看广告来免费或低价获得内容。

（4）版权保护的难题：数字化内容易于复制和传播，这给版权保护带来了挑战。出版商不得不采用 DRM 等技术手段来限制非法复制，尽管这有时会影响用户的阅读体验。

（5）读者社区的建设：数字化平台为读者间的互动和讨论创造了空间，形成了活跃的在线社区。这些社区不仅能提升读者对特定作品的忠诚度，还能为出版商提供宝贵的市场反馈意见和用户需求。

（6）数据驱动出版策略：出版商现在能够实时跟踪和分析用户的阅读行为，从而作出更加精准的市场预测和内容策划决策，有效提高出版物的市场表现和盈利能力。

（7）教育领域的数字化转型：数字化阅读平台在教育领域也扮演着越来越重要的角色。它们提供丰富的教育资源和工具，如互动教科书、在线课程和教育应用程序等，使得学习变得更加灵活和个性化。

（8）环保与可持续性问题：虽然数字化出版减少了纸张的使用，但也引发了关于电子设备的生产和废弃对环境影响的讨论。出版商需要在推广数字阅读的同时，探索更加环保的技术。

2. 数字化出版与阅读平台对出版产业链的影响

数字化出版与阅读平台对出版产业链的影响表现在以下几个方面。

（1）内容创作与编辑：自助出版平台允许作者直接上传和发布作品，不经历传统的出版流程；数字工具和平台使得编辑和校对工作更加高效，如使用专业的文字处理软件和在线校对软件等，可以有效提高文稿质量。

（2）内容分发：数字渠道使产品和服务的全球分销变得容易且成本降低；云计算和数据中心使得内容存储和传输更加高效，确保了用户访问的流畅性。

（3）营销与宣传：社交媒体和搜索引擎成为重要的营销工具，能将出版物推送给潜在读者；数据分析工具帮助出版企业了解市场趋势和用户行为，以便企业制定更有效的营销策略。

（4）销售模式：订阅服务和会员制模式为读者提供了更多样的付费方式，同时也为出版商带来了稳定的收入流；电子书和有声书等开拓了新的销售渠道，满足了不同用户的需求。

（5）版权管理：DRM和其他版权保护技术被用来防止非法复制和分发数字内容；区块链技术的应用为版权追踪和交易提供了透明和安全的新方法。

（6）读者互动与社区建设：数字平台促进了读者之间的交流，形成了以内容为中心的社区，增强了用户的参与度和忠诚度。

（7）教育与培训：数字化教材和在线课程适应了现代教育的需要，学习方式也因此更加多样化。虚拟现实和增强现实等技术的应用为学习者带来了沉浸式的体验。

（8）环保与可持续性：数字化出版与阅读平台的推广，减少了纸张的使用，有利于环境保护；出版商也开始探索使用可再生能源和开展绿色供应链管理，以减少对环境的影响。

第三节　出版产业标准规范的变化对比分析

一、出版产业标准化的重要意义

《标准化工作指南 第1部分：标准化和相关活动的通用术语》（GB/T 20000.1—2014）对"标准化"的解释为："为了在既定范围内获得最佳秩序，促进共同效益，对现实问题或潜在问题确立共同使用和重复使用的条款以及编制、发布和应用文件的活动。"这些活动包括标准的编制、发布、实施及修订等。实践证明，标准化工作在经济发展中起着不可替代的作用，它为社会化大生产建立最佳秩序，通过无偏见的约束实现技术和管理的协调统一，维护公平竞争，保障产品质量，保护消费者权益，提高市场信任度并为科技创新提供支撑。

标准化为出版创新搭台。习近平总书记指出，标准助推创新发展，标准引领时代进步。首先，标准化构成了创新的基础。标准的约束力促使技术不断满足先进标准的要求，推动技术的革新。其次，标准化能够提高创新效率。数字化技术在出版业中的广泛应用加剧了出版企业的竞争。在这场创新较量中，提高创新效率是占领市场、形成竞争优势的关键。标准化帮助新产品进行系列化、模块化开发，最大限度提高创新效率，并规避技术创新中的风险，降低创新成本。再次，标准化为创新转化提供了平台。技术创新的目的是将创新成果转化为商品，实现其价值。利用标准的科学性和权威性，更易于将创新成果扩散并转化为商品、产生效益，增强创新的动力。

标准化为出版产品和服务提供质量保障。"不以规矩，不能成方圆"，标准化与质量关系密切。习近平总书记指出："标准决定质量，有什么样的标准就有什么样的质量，只有高标准才有高质量。"标准是质量的依据，标准的水平决定了产品和服务的水平。在质量管理中，无论是戴明、朱兰等提出的传统的质量管理理论，还是六西格玛管理法、全面质量管理等现代质量管理理念，都绕不开标准化这一重点。国际标准化组织（international organization for standardization，简称 ISO）更将标准化、计量、合格评定作为构成国家质量基础设施的重要因素，可见标准化在质量管控中的威力。

标准化帮助出版企业建立读者信任。读者信任是形成出版品牌的基础。读者通过与出版企业交互、对话，体验其产品和服务，理解品牌的内涵并得到满足，进而在对出版品牌产生好感和依恋的过程中形成读者信任。出版企业根据标准推出产品和服务，而标准是统一的描述语言，可以在人们需要互联互通时提供保障和信心。

标准化促进出版业质量提升。截至 2019 年底，出版业现行有效的国家标准有约 90 项、行业标准约 260 项。这些标准在规范出版产品制作、促进出版品质提升、推动行业技术发展和产品创新等方面发挥了作用。

在传统出版领域，2019 年，全国新闻出版标准化技术委员会组织制定了《学术出版规范表格》（CY/T 170—2019）、《学术出版规范图书出版流程管理》（CY/T 172—2019）等标准；2023 年，国家新闻出版署发布了《图书编校质量差错判定和计算方法》（CY/T 266—2023）、《汉字字体使用要求》（CY/T 264—2023）等行业标准，为提高传统出版物编辑加工质量，规范加工流程提供了指南。

在印刷方面，2018 年，国家标准《纸质印刷产品印制质量检验规范》（GB/T

34053）开始实施，规定了各类出版印刷产品的质量要求、检验方法和判定规则，为一般性图书、期刊、报纸及中小学教科书的印制质量的检验、检测和监督管理提供了依据。

在数字出版领域，2019 年，《出版物 AR 技术应用规范》（CY/T 178—2019）、《专业内容数字阅读技术产品封装》（CY/T 181—2019）、《有声读物》（CY/T 183—2019）等发布；2023 年，《出版业区块链技术应用标准体系表》（CY/Z 32—2023）、《出版物虚拟现实（VR）技术应用要求》（CY/T 272—2023）、《出版物二维码应用管理要求》（CY/T 267—2023）等一批行业标准发布，为行业新技术、新产品、新业态、新模式的发展应用提供了规范和支持。

二、传统出版标准规范及管理引导

为切实保障图书出版质量，国家制定、出台了一系列法规和规章，如《图书质量保障体系》《出版管理条例》《图书质量管理规定》《关于进一步加强图书审读工作的意见》《图书出版管理规定》《关于进一步加强学术著作出版规范的通知》等。这些法规和规章，对出版组织机构、编辑出版专业人员的资格条件、编辑责任制度、图书质量的监督管理方面，内容质量、编校质量、设计质量、印制质量方面，出版物审读工作和建立审读体系等方面作了规定和说明，提出了管理标准。

图书质量是出版社的生命线，无论哪一个环节出现失误，都会影响图书的整体质量。根据《图书质量管理规定》，图书质量包括内容质量、编校质量、设计质量和印制质量，其中，内容质量和编校质量是重点。

（一）图书内容质量标准

图书是一种具有双重属性的产品，既属于物质产品，又属于精神文化产品，这决定了图书产品质量是一个比较宽泛的概念。《图书质量管理规定》第三条明确界定：图书质量包括内容、编校、设计、印制四项。ISO9000 系列标准中，对质量作出了明确定义，指"一组固有特性满足要求的程度"，其中"特性"即为可区分的特征。对于图书而言，图书具有双重属性，而精神文化属性是图书的本质属性。图书最重要的可区分特征也应该是图书内容所承载的精神文化属性特征。图书内容质量取决于书中表现出来的思想性、科学性、艺术性、知识性等，它们综合体现了图书产品的核心价值。

图书内容是图书精神文化价值的重要反映，图书内容质量需要满足以下几点要求。

1. 政治导向正确

指书稿中所持的政治立场、政治观点和倾向等正确，对涉及国家、政党、国家领导人、外交、民族、宗教、特殊历史事件等的现实政治问题的立场正确。书稿必须遵守正确的政治导向、方针、政策，宣传正确的思想内容，符合国家的相关政策。

2. 图书内容安全

指图书涉及国家安全，国家统一、主权和领土完整，文化安全，未成年人健康、安全等内容时导向正确；不能出现有可能对国家安全、文化发展及未成年人成长造成不良影响的内容。

3. 有一定的文化价值

图书内容必须具有一定的精神文化价值。图书作为一种精神文化产品，是传承文化、传播知识和进行文化交流的重要载体和工具，必须承担文化责任，坚持文化立场。对"三俗"、淫秽色情等毫无营养和文化价值的作品要坚决抵制。

4. 具有科学性

图书内容要尊重历史，尊重事实，透过现象揭示事物的本质和规律；准确表述各门学科的基本概念、基本定律和规律；正确使用和解释科学术语；认真分析和选择材料，引证真实准确的材料。

5. 具有艺术性

图书要对读者有美的熏陶。

6. 具有创新性

包括图书内容和形式两方面的创新。在内容上的创新主要是指图书内容所阐述的思想、表达的观点与他人的观点有一定的差别，以新思维、新发明和新描述为特征。形式的创新指图书不盲目跟风，出版形式和装帧形式与图书内容相统一，包括技术创新、艺术创新等。

7. 具有适读性

图书的表述方式和行文特征适合目标读者群，不会给读者的阅读带来强烈的不适感。尤其是以未成年人为目标读者的图书，其使用的语言和图片都必须符合未成年人的心理特点，有利于未成年人的成长。

8. 真实

作者身份、宣传语等不包含虚假信息，无过分夸张。这一要求主要是为了避免"伪书"出版和夸大宣传的现象。有些企业直接或间接利用名作者的知名度，以"打擦边球"的方式出版"伪书"，使读者产生误解，或者利用名人名言对作品进行虚假宣传，这些行为都会严重扰乱出版市场的秩序。

9. 规范

一是涉及国家和政府的文件、法律法规汇编、名录等出版物，需按照国家规定由具有这类图书出版资质的出版社出版。二是出版的图书合法，与非法出版物的概念相对应。非法出版物包括未经批准擅自出版、印刷或者复制的出版物，伪造、假冒出版单位或者报刊名称出版的出版物。三是书号使用必须符合规范。四是进口图书必须在国家允许进口的图书范围内，并由国家允许的进口单位进口。

（二）图书编校质量标准

内容质量是出版物的核心，编校质量就是内容质量的基础保障，也是编辑基本功的体现。图书编校质量的相关标准、要求可以按照类别分为以下三种。

1. 文字、拼音类标准及规范

文字的规范标准一般参考 1986 年 10 月国家语言文字工作委员会发布的《简化字总表》，1955 年文化部和中国文字改革委员会联合发布的《第一批异体字整理表》，1988 年国家语言文字工作委员会和新闻出版署联合发布的《现代汉语通用字表》，1992 年国家语言文字工作委员会和新闻出版署联合发布的《出版物汉字使用管理规定》等。

拼音的规范标准有 1958 年公布施行的《汉语拼音方案》，1976 年中国文字改革委员会修订的《中国人名汉语拼音字母拼写法》，1984 年中国地名委员会、中国文字改革委员会、国家测绘局发布的《中国地名汉语拼音字母拼写规则（汉语地名部分）》，2012 年发布的《汉语拼音正词法基本规则》等。

2. 数字、量和单位、标点符号等标准及规范

数字用法的规范标准一般参考 2011 年发布的《出版物上数字用法》，量和单位的规范标准为 1993 年颁布的《空间和时间的量和单位》，标点符号用法规范标准为 2011 年发布的《标点符号用法》，参考文献的规范标准为 2015 年发布的《信息与文献 参考文献著录规则》。

3. 出版形式类标准及规范

图书书名页的规范标准为 2001 年发布的《图书书名页》，图书在版编目的行业规范标准为 2023 年发布的《图书在版编目数据》，中国标准书号的国家规范是 2006 年发布的《中国标准书号》，书号条码的国家标准为 2008 年发布的《中国标准书号条码》。

为保证图书的质量，出版管理部门及各出版单位会定期或不定期地对图书编校质量进行检查，检查结果分合格和不合格两种。图书差错率为万分之一及以下，编校质量合格；图书差错率在万分之一以上，则编校质量不合格。编校质量不合格的图书一般存在以下几种问题。

政治导向差错。书稿中有与我国宪法、法律、主流价值观等相违背的一些观点。判断稿件内容是否有政治导向差错有个技巧——只要是《图书、期刊、音像制品、电子出版物重大选题备案办法》中所提及的属于重大选题的内容，都要加倍留意。书稿的政治导向直接决定一本书能不能出版。图书出现政治导向问题，会直接影响责任编辑，出版社也会受到处罚。

语法差错。书稿中有不符合汉语言文字规范的错误。语法差错主要包括词性误用、成分残缺或冗余、搭配不当、歧义、句式杂糅、不合事理等几种。

错别字。"错字"和"别字"是两个概念。随着计算机的普及，错字问题在审稿中几乎可以避免了，但别字仍然很多。审读稿件的一项基础工作就是消灭错别字，常用的工具书有《现代汉语词典》《古代汉语词典》等。

（三）图书印制质量标准

图书印制质量标准包括纸张质量、印刷色彩准确性、印刷效果、装帧工艺、裁切规范、印刷排版等方面的规定，以保证出版物的整体质量。篇幅所限，在此不作详细介绍。

三、传统出版标准的变化

（一）传统出版标准的更新和升级

随着科技和社会的发展，传统出版行业不断面临新的挑战，这推动了相关标准的更新与升级。在教育出版领域，除了加强对内容质量、版权保护和印刷工艺等方面的监控外，还特别关注学生的视力健康。

近年来，中国针对儿童青少年近视问题出台了一系列防控措施，如 2018 年教育部等八部门联合发布了《综合防控儿童青少年近视实施方案》，提出到 2030 年，全国儿童青少年新发近视率明显下降，儿童青少年视力健康整体水平显著提升等目标。在此背景下，教育出版物的设计、印刷和使用的标准也相应地进行了调整。

（1）字体和排版：为了减轻儿童青少年阅读时的视觉疲劳，出版物应使用清晰易读的字体，合理的行间距和段落间距，以及适当的字号。

（2）纸张：采用亮度适中、无毒害、对眼睛刺激小的优质纸张，以减少阅读时的光线反射和蓝光伤害。

（3）印刷色彩：合理使用色彩，避免搭配对比过于强烈的颜色。

（4）插图和图表：插图和图表应清晰、准确，便于儿童青少年阅读。

（5）电子出版物：针对电子屏幕制定相应的显示参数标准，如亮度、对比度和刷新率等。

（6）推荐阅读环境：在充足的自然光下阅读，不在昏暗环境下长时间阅读。

这些更新和升级的标准旨在通过提高教育出版物的质量和使用条件，降低儿童青少年因长时间阅读带来的视力损害风险，从而促进儿童青少年的健康成长。

（二）传统出版标准对数字化发展的适应

随着数字化技术的飞速发展，传统出版行业正面临重大转型。为了应对这一变革，传统出版标准也在逐步适应并加入了数字化元素。

（1）数字出版物标准：丰富传统出版标准，使之包含对数字出版物的特定要求，如电子书格式、互动内容和多媒体集成等。

（2）版权与许可：数字内容有易分享性，新的版权管理和数字许可标准正在制定，争取更好地保护作者和出版商的权益，同时平衡读者的合法使用权。

（3）质量控制：在线编辑和校对工具的使用提高了审稿效率，自动化测试可有效确保数字产品的性能和兼容性，由此催生了新的质量控制标准。

（4）可访问性：数字化出版可为残障读者提供无障碍阅读内容。传统标准正在纳入对电子阅读器、大字体和颜色对比度等辅助技术的要求。

（5）数据分析：数字出版物可以收集大量关于阅读行为的数据。传统标准正在整合数据分析的最佳方案，帮助出版商更好地掌握读者喜好，优化市场策略。

（6）多渠道发行：传统出版标准正在拓展纳入多种数字发行渠道，包括在线零售商、电子书店和自助出版平台等。

（7）安全性和隐私：数字出版物的普及导致数据安全和用户隐私问题成为焦点。传统标准正在加强这方面的指导，以确保敏感信息的安全和合规处理。

（8）继续教育：出版专业人员需要不断更新其技能以适应数字出版的挑战。传统标准正在丰富与继续教育和专业发展相关的内容。

（9）国际化：数字化消除了地理界限，传统标准正在与国际接轨以适应全球市场，包括语言翻译、文化适应性和国际法规遵从等方面。

（10）可持续性：数字化出版减少了物质资源的消耗，传统标准也融入了可持续发展的理念，鼓励绿色出版。

通过这些适应措施，传统出版标准正逐渐演变，构建了更加全面、灵活的框架，以支持出版业的数字化转型，并确保出版物的质量、可访问性和创新性。

四、数字出版标准的建立和调整

（一）国际数字出版标准

国际数字出版起步比较早，英美等发达国家的出版商很早就开始积极开发在线数据平台，经过不断探索，已在数字出版领域取得了显著成绩。同时，其数字出版的行业标准也得到了充分发展，体系已相对完善，数字出版产业链各个环节的标准发展也比较均衡。

1. 标识符类标准

标识符标准的作用是利用计算机可读的编码，让计算机自动查重，以节省人力。国际标准书号是唯一可以识别一种出版物的国际通用代码，所以许多图书馆将其应用于采访和编目的重查工作。另外一种比较典型、应用较广泛的标识符标准是数字对象唯一标识符，主要是针对互联网环境下对知识产权进行有效的保护和管理而产生的。目前，其解析系统发展已比较成熟，拥有几百个使用单位，应用单位也扩展到了政府部门。在此基础上，一些生产商相继推出了各种与之相关的增值服务。

2. 元数据类标准

元数据是描述数据的数据，元数据标准化可以使用户方便快捷地查找到相关资源。数字出版业根据需要建立了一系列元数据标准，以实现数据共享和交易。用标准元数据描述作者、出版日期、题目、内容、参考文献等术语，能保证其在交流传送过程中畅通无阻。元数据在一定程度上满足了数字出版物出版、传送、交易的要求。目前元数据标准有很多种，其中比较著名的有都柏林核心元素集（dublin core element set，简称 DC），机读目录（machine-readable catalogue，简称 MARC）等。

3. 数据格式类标准

目前主流的用于数字阅读的格式有 PDF（portable document format，可携带文件格式）、EPUB（electronic publication，电子出版，此处指代其内容格式）等。PDF 为可移植文档格式，这种文件格式与操作系统和平台无关，也就是说，PDF 文件不管是在 Windows、Unix 还是在 macOS 操作系统中都是可用的。EPUB 是由国际数字出版论坛开发的一种内容格式，对其基本框架进行规范和描述的标准是 open publication structure（OPS），它为提供作品的作者和出版商及使用制作工具的制作人提供了最简单、最通用的指南，并确保电子出版物的内容能在多种阅读系统中精确地呈现出来。

4. 数据交换类标准

数据交换标准中比较典型的有 OWL（web ontology language，网络本体语言）、OAI（open archives initiative protocol for metadata harvesting，OAI 元数据获取协议）、OpenURL（开放链接标准）。OWL 是 W3C（world wide web consortium，万维网联盟）开发的一种网络本体语言，用于对本体进行语义描述。OAI 是一种独立于应用的、能够提高网络上资源共享范围和能力的互操作协议标准。OAI 旨在提供一个简单、易实现的方法来完成各种元数据之间的互操作，相比于其他的专业协议，OAI 虽然在功能上不够完善，但其最大优点——易操作性和低成本使其得到了迅速发展。OpenURL 是构建开放式数字图书馆的关键部分之一，是在国际上被广泛使用的、基于网络传输信息对象元数据包或标识的语法标准，用以解决不同数字资源系统互操作、资源整合的问题。它还可以用来解决二次文献数据库到原文服务的动态链接问题，促进了无缝系统的发展。

5. 电子数据交换类标准

电子数据交换（electronic data interchange，简称 EDI）是指在机构之间以电子的形式结构化地传输数据。它通常表现为从一个计算机系统向另一个计算机系统、从一个贸易伙伴向另一个贸易伙伴传送电子文档。

在线信息交换（online information exchange，简称 ONIX）标准是一种描述、传递和交换出版物元数据的国际标准，目的在于给互联网出版商提供丰富而标准化的产品资讯，并满足图书批发商及零售商各种格式的产品信息交换的需求，达到推动电子商务发展的目的。

联合电子支付（joint electronic payment initiative，简称 JEPI），主要定义支付过程中支付方式的选择、自动支付的接口。JEPI 的目标是为不同的支付协议提供公共的支付平台。它开发了用于协商支付工具如信用卡、借贷卡、电子支票、电子现金等的协议，产生了协议扩展协议（protocol extension protocol，简称 PEP）和通用支付协议（universal payment protocol，简称 UPP），这两种协议都是自动支付协商协议。

电子商务全球化标准的目标是使任何规模的商家都能够和任何人开展电子商务。这一技术体系结构尽可能使用了现存的标准，建立在 EDI 经验之上，并提高了灵活性和普及性。通过对图表工具和建模语言的使用，赋予系统捕获贸易伙伴间的商务数据流并用标准格式表示的能力；通过使用合作草案档案（collaboration protocol profile，简称 CPP）的文档系统地描述企业能够提供哪些电子商务服务，大大提高了商业运作效率。电子商务全球化标准的另一重要特征是，通过对商务流程的定义，使其具有了跨行业的通用消息序列和较高的互操作能力。

6. 版权类标准

随着内容数字版权加密保护技术 DRM 的价值逐渐显现，对 DRM 进行标准化的呼声也越来越高。目前国际上制定 DRM 标准的组织包括 ISMA（internet streaming media alliance，国际互联网流媒体联盟）、OMA（open mobile alliance，开放移动联盟）、Coral 联盟（coral consortium）等。ISMA 制定的 ISMACrypt1.1 标准，主要定义了对 ISMA 流媒体加解密的标准；OMA 制定了 OMADRM2.0 标准，其技术标准主要包括 DRM 系统、数字内容封装和版权描述三大部分的内容，该标准是针对 3G 的业务而设计的；Coral 联盟的目标是为消费电子设备和服务中采用的各种 DRM 技术提供自愿、开放的互操作性标准。

7. 管理类标准

目前，对于数字出版特定领域的内容审核、监管标准已出台，如 COUNTER（counting online usage of net-worked electronic resources）标准就是根据国外的出版物审计规范制定的相应的审计和管理要求，以推广绿色网游，打击网络犯罪，强化版权保护。

管理类标准中另外一类很重要的标准是加密标准。加密技术是为保护作品版权而设计的技术保护措施，以保证数字产品内容的安全传送，只有用户或版权所有者才有密钥，可以解密或恢复置乱，从而得到数字产品的内容。此类标准已经成熟，成为国际通用的加密技术标准，在国内也被广泛应用。

（二）国内数字出版标准

在我国，标准化工作是按照行业划分的，带有很强的行政色彩。标准体系是政府实施相关决策的重要依据，担负着规划和指导标准化工作的任务。为了加快我国数字出版产业的发展，近年来数字出版标准建设全面推进，陆续出台了多项政策，发布了多项出版物应用标准，数字出版格式标准、电子书内容标准、手机出版系列标准等的制定进一步加快，数字出版内容质量的检测规范与标准的制定也开始启动，这意味着我国数字出版标准化的整体框架基本形成，数字出版的规范化程度正在不断加深。

1. 数字出版多项行业标准已在研制中

整体来看，目前我国数字出版标准的研制主要集中在标识、元数据、电子书标准、手机出版、MPR 出版物（复合形态出版物）、数字版权保护、发行流通等方面。起步较早、发展较全面的手机出版标准的研制工作开始于 2009 年，首批启动的手机出版标准内容包括《手机出版标准体系》《手机内容审核要求》《手机出版数据格式技术规范》等标准；2010 年又进行了电子书相关基础标准以及电子书内容、版式、管理、版权保护等方面的标准制定工作；2011 年推出了电子书内容的第一批 12 个标准提案，目前相关标准正在研制中。这些行业标准对于我国数字出版产业的发展将起到调节和统一的关键作用。

MPR 出版物系列标准是我国数字出版业重要的标准。2012 年，《MPR 出版物》5 项标准获颁为国家标准，于 2012 年 3 月 1 日开始实施。这批标准旨在定义和规范 MPR 码的编码规则、符号规范、出版物制作、印制、质量检验和编码管理等。MPR 标准包括：MPR 码编码规则，规定了 MPR 出版物 MPR 码的编码规则，适用于 MPR 码的编码；MPR 码符号规范，规定了 MPR 出版物使用的 MPR 码的符号结构、数据编码和符号生成方法以及符号质量评级；基本管理规范，规定了 MPR 出版物中 MPR 码前置编码和数字媒体文件基本管理规范；通用制作规范，规定了 MPR 出版物的制作规范，对 MPR 出版物的制作和出版具有规范和指导作用；MPR 码符号印制质量要求及检验方法，规定了 MPR 码印制质量要求及检验方法，为 MPR 码的印制生产和质量检验提供依据。

由北大方正集团自主研发的 CEBX（common e-document of blending XML，基于混合 XML 的公共电子文档）标准，是一种独立于软件、硬件、操作系统、呈现/打印设备的文档格式标准，是以 CEBX 技术为基础研发制定的，以帮助行业用统一的格式出版数字阅读内容，解决数字阅读终端内容格式混乱问题和自主知识产权的问题。CEBX 技术是新一代版式文档技术，能够实现版式、流式的切换，满足打印、重排等功能，比当前的国际标准 PDF 格式以及国际数字出版论坛标准 EPUB 格式要先进。采用了 CEBX 技术的数字内容，可以实现版式、流式一键切换，既保证排版精美，又保证流式的实时重排。比如使用了 CEBX 技术的电子书，既可以在台式电脑、平板电脑等大屏幕上美观地排版，又可以在手机等小屏幕上自由变换文字大小、换行，而且不影响文字、图片等的顺序。

2. 数字出版产业链上各环节均参与标准制定

数字出版产业链上各方由于利益关系、商业模式、企业竞争等的影响，都参与到了数字出版标准的制定工作中。数字技术提供商出于研发优势，对自主研发标准有很高的热情，数字出版起步较早的传统出版单位也投入了数字出版标准的研制工作中。

如在电子书格式标准上，目前我国市场上的电子书格式主要有清华同方公司的CAJ格式、北大方正阿帕比的CEB和XEB格式、重庆维普的VIP格式、超星公司的PDG格式、上海通力公司的BOK和ABM格式、中国国家图书馆的NLC格式以及华康公司的WDL格式等。上海世纪出版（集团）有限公司采用的是与国际接轨的EPUB格式，高等教育出版社有限公司制定了科技类图书内容结构化标准HEP-BOOKDTD。此外，数字图书馆在2002年就投入"图书馆数字资源加工规范""数字对象唯一标识符""电子出版"等一系列标准的研究中。

3. 本地化基础上的国际标准策略

随着科技的迅速发展，我国的标准化战略已经发生了重要变化，单纯地追求采标率，采用简单的跟从策略而较少考虑国际标准对企业影响的思维模式已不适应我国经济发展的要求。缺乏本地化的考虑而直接采用国际标准，相当于强制实施国外标准，这一策略已使多个产业陷入国外的专利陷阱，并为了跳出陷阱付出了巨大的转移成本。国际标准集中体现知识产权的事实，既引导我们注重知识产权与标准的融合，积极推进具有自主知识产权国际标准的研制，同时也促使我们充分考虑国际标准在我国的兼容性问题。在本地化基础上积极参与国际标准的策略，已经成为评价数字出版业现有标准体系的重要依据之一。

第四节　出版产业管理引导的对比分析

一、图书内容质量管理

新闻出版产业属于内容产业，具有意识形态属性。国家通过宏观管理手段对图书内容质量进行管理，如行政手段、法律手段等。出版社也采用一系列的措施和管理手段对图书内容质量进行管理。

出版社作为图书出版环节的起点，是提供精神文化产品，进行内容生产的重要场所，对图书的内容质量具有重要的把关作用。出版社的设立采用审批制的方式，有严格的准入条件。作为出版活动的最终产品，出版物是精神文化内容的载体，各国都十分注重对出版物内容的管理，管理方式主要包括预审制和追惩制两种。我国对出版物内容的管理主要采用追惩制的方式。通过制定《图书、期刊、音像制品、电子出版物重大选题备案办法》来加强对出版物的管理，也通过颁布《出版管理条例》规定出版违禁出版物的责任。从事出版活动，要遵守将社会效益放在首位、经济效益和社会效益相结合的原则，"三贴"原则（贴近实际、贴近生活、贴近群众），质量第一原则等，这每一项出版原则都和图书内容质量相关。

相比国家的宏观管理手段，出版社的质量管理属于微观层面的管理。图书是出版社的产品，其质量的好坏主要取决于出版社图书出版的各个环节的完成水平，针对这些环节，出版社需要确立并遵循一系列图书质量管理制度。如选题集体论证制度、重大选题备案及专题报批制度、三审制、责任编辑制、持证上岗制、责任校对制、"三校一读"制、各学科交叉审读制、专家通读与专项检查制度、出书前的图书编校质量检查等。通过这些制度和手段，对图书质量进行把关，提高图书出版质量，避免给读者和社会造成不良影响。图书正式出版之后，国家市场监督管理总局按照《产品质量法》和《标准化法》的相关规定，对图书进行抽检。国家新闻出版署和地方新闻出版广电局每年会组织相关人员对出版社的图书进行抽检，并通报抽检不合格的图书，对相关出版社和人员进行惩罚。这种抽检方式对图书质量具有一定的监督作用。

二、传统出版流程规范管理

（一）出版流程规范管理的重要性

对出版流程进行规范化管理，能够显著提高出版物的质量。出版社要想增强自身的社会影响力，就应该出版更多高质量的出版物，才能在广大读者中树立良好形象，而通过加强出版物流程管理就能有效实现这个目标。出版社不能过于看重出版物数量，只将目光放在短期效益上，若出版物质量不合格，还可能因为质量问题被相关部门调查处理，造成不良后果。要想使出版物质量达到标准，不仅相关管理部门要加大出版物质量监督与检查力度，出版社自身也要及时开展自检工作，同时加强出版流程管理。

出版社出版流程管理的优化，对提升出版物出版质量具有重要意义，只有提高对出版流程管理的重视程度，特别是编、印、发等环节的管理，才能推动出版社的良性发展。

（二）传统出版流程规范管理

出版活动综合性强，图书出版涉及众多环节，出版社内各部门必须加强合作，才能保证图书顺利出版。图书出版的主要流程有：第一，编辑负责对市场情况进行调查，策划适合的选题；第二，编辑与作者沟通，接受作者的投稿；第三，编辑上报确定的选题，完成选题论证；第四，选题通过以后，与作者签订图书出版合同，接收书稿；第五，完成书稿的编辑与加工，三审结束后发排书稿，三校一读后完成核红并进行质量检查，达到出版要求后再申请书号和 CIP 数据，定稿后同封面一起交出版部；第六，办理印刷委托手续，收到样书且核验后进入印刷环节。

1. 概述

图书出版流程，就是指"齐、清、定"且不存在政治及导向问题的书稿经出版社加工制作成图书的过程。图书流程决定着作者出书目的能否实现、图书最终质量以及销售情况，因此对出版流程的管理尤为重要。但是因流程中涉及的环节、影响因素等较多，如交稿质量、三审加工质量等，故出版流程的管理具有一定难度。随着时代的发展，图书出版流程这一概念的外延越来越宽泛，既包括书稿的成书过程，也包括图书入库之后的营销活动。

作为整个出版流程的管控者，责任编辑必须对流程整体及各个细节有明确的认知，抓住关键环节，随时应对突发情况，保证图书按时保质地出版。图书出版流程涉及的人员包括作者、编辑、排版人员、美编、校对人员、印刷人员等。图书产品是所有人相互协调的结果，任何一个环节出现问题，都会使成书的质量大打折扣。

2. 与作者相关的环节

作者是图书出版的源头。在出版流程的所有重要节点中，都能看到作者的影响，如对编辑修改书稿意见的答复、封面方案的确定等。因此作者是否积极配合出版工作在很大程度上决定着出版流程能否顺利开展。下面主要介绍作者参与的四个环节——洽谈出版意向及签订合同、交稿、解疑、商定封面。

洽谈出版意向是图书出版的开端，作者和出版社双方就书稿主体内容和出版条件进行协商，直至达成出版意向。在洽谈的过程中，编辑担任着重要的角色：应当明确自己的立场，是代表出版社来跟作者洽谈的，不能为满足作者不切实际的要求而损害出版社的利益；应当如实地向作者讲清楚图书出版的实际情况，如果无法满足作者的要求，也应明确告知；就作者的出版意向给出专业的意见，如果此时书稿已大致成型，编辑应通读书稿，给出专业的出版意见。在这一流程中，编辑应当主导推进的节奏，切勿一味图快。具体来说，如果作者还未最终决定出版图书，编辑则应提出专业建议并给作者留出足够的时间。如果作者选择了其他出版社，也应在自己的能力范围内提供信息服务，为今后的合作打下基础。当作者作出出版决定后，编辑应尽快将选题提交给选题委员会，待选题通过后与作者签订出版合同。

交稿是出版流程的重要开端。交稿时须确认的重点就是书稿的质量，这直接决定着出版流程的顺利与否。对于质量较高的书稿，编辑可以"锦上添花"，于书稿的细微之处进行打磨；对于质量较差的书稿，编辑要尽量指出书稿中不合规范之处，甚至退稿。因此，编辑应当把好预审关，在细致浏览书稿后，作出详细的书稿情况说明，交由作者修改。另外，在书稿形式方面，编辑拿出的电子文件与纸质文件必须完全对应。书稿的处理可分为电子件与纸质件两条线，纸质件是基础，是编辑修改和核查的依据，电子件则是排版与退改的基础。两条线若不一致，会使本就复杂的出版流程陷入混乱。总之，在这一过程中，宜慢不宜快，抓好书稿质量是重点。

解疑主要是指作者对各审次的编辑提出的疑问进行确认与修改的过程。编辑的基本工作就是根据各项国家标准，对书稿进行编辑加工，使其达到出版要求；但对书稿的结构性、知识性等问题的修改需要经作者同意。最便捷的方式是直接将审读完成的书稿寄给作者，给出处理期限，让作者以能区分的色笔在书稿上修改。但这种方式较为耗时，而且在实际操作中，时间上并不可控。另一种方式是将书稿中的问题列成表格，详细写明编辑的修改建议，请作者就每一个问题直接答复。

原则上来说，封面的选择是责任编辑的权利。但实际情况是，责任编辑也会与作者就封面设计进行交流与沟通。责任编辑一般在对书稿的内容有了较清晰的了解之后与美编进行沟通，借助美编对图案、色彩等设计元素的理解，让其设计几种方案。随后，责任编辑将几种封面设计的方案交给作者。这里有三点需要注意：第一，不建议提供过多的方案，以免意见难以统一，沟通成本过高；第二，责任编辑应当仔细检查封面信息，避免出现低级错误，确认无误后再交给作者；第三，责任编辑对封面设计方案要有倾向性的建议及支撑理由，并在交流的过程中表达自己的意见。客观上说，好的封面是改出来的，第一次设计就适合的封面是极少的，责任编辑在这个过程中应当有耐心、细心和责任心。这个过程一般耗时较长，可与其他流程同步进行。

3. 与排版人员相关的环节

排版是使一本书在形式上初具样貌的流程，一般由责任编辑告知排版人员相关要求。可以说，排版人员是编辑的"手"，编辑要给出明确的排版指令，如各级标题占行、字体、字号等。对于图片、公式较多的书稿，一般会先排版，初审人员在初审时就可以提出相应的修改意见；其他对于版式要求不高的书稿可在审稿完成后再排。在排版后，尽量不要对书稿进行大的改动，否则会引起不必要的倒版，加大出错的概率。编辑要为此流程留出必要的时间。

退改是书稿校对之后的流程，责任编辑认真查看并确认校对人员校是非、校异同的意见。必要时须查看原稿，在综合考量的基础上，给出适合的修改意见。每次退改都是提升书稿质量的好机会，如果问题较多，说明之前流程的疏漏较多，应当找出问题的根源所在。此流程耗时不长，编辑须认真对待校对的每一处意见，一并修改书稿中的同类问题。

内文印刷文件的审查。内文印刷文件就是书稿审校流程完成后，由排版人员给出的转曲文件，是将书稿文件里的所有文字由编码形式变成图片以便印刷的一种文件类型。自此，书稿内容应不再修改。责任编辑应仔细查看每一页转曲文件，以保证印刷文件正确无误。

4. "三审""三校一读"环节

坚持"三审""三校一读"制度是《图书质量保障体系》的要求。三审，即初审、复审与终审，任意两个环节不能由同一人负责。三校，即一校、二校、三校，每次校对都要校是非、校异同。一读即通读检查，是三次校对之后的最后步骤，以提高文稿质量。如果书稿有特殊要求，还可以增加审次与校次。

三审中最重要的是初审。初审编辑须在审读全稿的基础上，审查书稿的社会价值与文化、学术价值，把好政治关、知识关等。初审在一定程度上决定了书稿的出版质量，因此宜慢不宜快。有许多书稿因为初审质量不过关，不得不在流程后期反复调整，也就增加了时间成本与经济成本。在三校过程中，编辑要根据稿面的实际修改量，与校对人员商定合理的校对时间。修改量大，则相应的校对时间要长些。责任编辑自己不经手的流程，需要与相关人员提前沟通，做好安排，积极交流。唯有如此，才能使各流程按部就班地进行。

5. 与美编相关的环节

美编的主要任务就是以自己的专业能力设计出合适的图书封面。责任编辑在与作者讨论封面时已经对封面的风格等有了大体的想法，此时就可以将具体的要求告知美编人员。还可以将书稿的内容提要与目录交给美编，供其参考。另外，在封面工艺的使用上，要坚持适度原则，须在与书稿内容相搭配的前提下，综合考虑美编的专业意见、成本等再做选择。

6. 发稿发印环节

发稿发印环节意味着书稿审校流程的结束。总编室人员会逐一核对书稿的各项信息，例如封面、扉页、版权页信息是否一致、最终信息与出版合同是否一致等。交付印厂后，印厂会根据印刷文件初步完成拼版，并让责任编辑再次确认。这也是印刷前修改书稿错误的最后机会。在这一流程中，责任编辑要查看每一页书稿，重点关注版心位置、切口尺寸、有没有空白页等问题。

总之，出版流程涉及诸多环节，而各环节、要素又彼此影响着，为保证图书的按时保质出版，责任编辑需要合理规划图书流程，切实执行既定计划，把握工作节奏，在前期把必要的基础工作做到位，在整个流程中随时与其他流程工作人员沟通。

三、传统出版版权管理

我国图书版权保护环境日趋向好。党和国家高度重视知识产权保护工作，相继出台《关于强化知识产权保护的意见》和《知识产权强国建设纲要（2021—2035年）》，新修订的《著作权法》第五十四条规定了故意侵犯著作权的惩罚性赔偿制度，有利于打击图书领域的侵权行为。知识产权法院和互联网法院的设立，使得知识产权相关案件的审判更为专业和高效。

图书版权保护管理制度的目标是保护作者和出版企业的合法权益，确保图书市场的健康有序发展。具体内容包括以下几个方面。

第一，减少盗版和侵权行为，提高出版物的合法销售率。

第二，加强版权意识，促进原创作品的创作和发表。

第三，完善版权保护法律法规，打击盗版和侵权行为。

第四，加大执法力度，形成有效的打击机制。

第五，发展和完善版权保护的技术手段和管理体系，提高版权保护的效果。

《著作权法》的实施，标志着我国知识产权法律保护制度发展到了一个新的阶段。建立著作权法律保护制度，保护了作者的正当权益，调动了广大作者的创作积极性，为繁荣社会主义科学文化事业创造了良好的条件。《著作权法》从法律上确立了作者对其创作的作品享有人身权和财产权，这就为作者进行创作提供了物质基础和精神基础。《著作权法》禁止以剽窃、篡改、假冒等不法行为侵害作品，这为保护作者的正当权益、尊重创作者的创作成果提供了法律保障。

在实际生活中，《著作权法》对出版物版权的保护主要体现在以下几个方面。

（1）授权范围：著作权人对自己的出版物版权有完全处分权，可以对其进行授权。

（2）侵权行为的禁止：禁止未经授权使用、复制、传播出版物等侵犯出版物版权的行为。

（3）民事赔偿：对于侵犯出版物版权造成的经济损失，著作权人可以要求侵权人赔偿。

在《著作权法》的基础上，相关行政机关推出了相关法规对出版物版权进行保护。《出版管理条例》是我国针对出版管理设立的重要法规，对出版物版权的保护作出了相关规定。

根据《出版管理条例》，行政机关可以批准出版物出版，也可以批准出版物再版，这为出版物的经营管理提供了方便。同时，行政机关还可以对侵犯出版物版权的行为进行打击。一旦发现侵权行为，行政机关可以查处、责令停止或者处罚等，以维护作者和出版社的合法权益。

常见的作品版权的保护措施有以下几种。

1. 明确版权归属

在出版作品之前，出版方应当与作者签订明确的版权合同，确定作品的版权归属及使用范围。版权合同可以包括经济权利和署名权的约定，确保出版方有权利出版作品，并在作品被侵权时有法律依据来维权。同时，版权合同也应注意明确作品的使用范围。

2. 加强版权维护

（1）注册作品版权。出版方应鼓励作者将作品进行版权注册，以加强对作品的保护。作品版权登记证书是有效的证据，被侵权时，可以快速维权。注册作品版权可以通过版权登记机构进行，或者使用第三方权威平台提供的版权注册服务。

（2）运用数字版权管理技术保护版权。数字版权管理技术是一种通过技术手段对数字作品进行版权控制和设置防盗链的方法。出版方可以采用数字水印、加密等技术手段来防止作品被非法复制、篡改和传播。数字版权管理技术可以有效地保护作品，提高作品的商业价值和可信度。数字版权管理技术将在后文重点展开介绍。

（3）加强监管和维权。出版方应加强监管和维权，确保作品版权不被侵害。可以建立专门的版权保护部门，负责监测作品的市场流通情况、发现侵权行为并采取相应的法律手段进行维权。同时，还可以与相关机构和组织合作，加大版权保护力度，共同打击侵权行为。

四、数字出版管理

（一）数字出版管理的重要性

科学的数字出版管理对确保出版流程的有效性、合规性及最终的成功至关重要。第一，数字出版管理有助于出版企业迅速适应快速变化的市场和技术环境，通过采用最佳方案和流程来提高效率。第二，数字出版管理确保出版物内容创作、编辑、生产和分发的每个环节都符合法律法规，从而降低侵权、数据泄露或出现其他风险的可能性。第三，良好的数字出版管理还能够提升用户体验。通过对数字产品的质量控制和用户反馈的分析，出版企业可以不断优化其产品，确保其在不同设备和平台上都能提供较好的体验，同时也能加强对用户数据、信息的保护，增加用户对品牌的信任。第四，数字出版管理还可以帮助出版企业更好地进行市场分析，了解用户喜好，从而更精确地进行市场定位和产品推广，抓住新的商业机会，保持竞争力。第五，有效的数字出版管理促进了资源的合理配置，包括时间、人力和资金的配置等，帮助实现投资回报率最大化。通过精细化的项目管理，出版企业可以减少浪费，优化成本结构，从而提高整体运营效益。

有效的数字出版管理对帮助出版企业在数字化时代保持敏感、实现可持续发展及增强市场竞争力等方面至关重要。

（二）数字出版管理法规

数字出版管理法规是用于规范数字出版行业运作的综合性法律体系。这套法律体系的核心在于确保出版内容得到合法授权，保护创作者和出版企业的知识产权，同时也维护消费者的合法权益。

1. 《著作权法》

数字出版管理的基础性法律。它赋予作者和出版企业一系列的独占性权利，比如复制权、发行权、展示权和改编权等。数字出版企业在发布和分销数字内容时，必须获得版权所有者的授权，并严格遵守版权期限和合理使用原则。

2. 数字版权管理

DRM 技术用于限制数字内容的使用，以防止未经授权的复制和分发。尽管 DRM 技术本身不是法律，但其使用必须遵循法律的相关规定。

3. 数据和隐私保护

随着数字出版业务的发展，对用户数据的收集和分析变得越来越普遍。因此，数据保护法规，如欧盟的《通用数据保护条例》，就对个人数据的处理提出了严格的要求，包括用户知情同意、数据最小化、保证数据安全性和建立问责制度等。

4. 消费者权益保护相关法律法规

这些法律法规旨在保护消费者免受不公平交易的影响。数字出版企业应清晰说明退款政策，提供用户协议，确保产品质量和安全，并尊重消费者的选择权和知情权。

5. 《反不当竞争法》和《反垄断法》

这些法律旨在防止市场不公平竞争和垄断，维护健康的市场环境。数字出版企业在定价、确定市场营销和分销策略时，必须避免违法竞争。

6. 不同国家和地区的法律法规

由于数字出版不受地域所限，出版企业需要考虑不同国家和地区的法律法规差异。特别是在版权、数据保护和消费者权益方面，必须遵守当地法律的规定。

7. 内容监管法律法规

内容监管相关法律法规对在线内容监管也有要求，如禁止发布诽谤性、煽动性、淫秽或其他违法的信息等。数字出版企业需要确保其内容符合相关法律法规的规定。

8. 知识产权相关法律

除了《著作权法》，《商标法》《专利法》等也是数字出版管理必须重视的内容。这些法律法规保护出版商的标识、创新成果和未公开信息等，防止他人的侵权。

数字出版管理法律法规覆盖了版权保护、数据安全、消费者权益、市场公平竞争等多个方面。随着技术的发展和社会的变迁，这些法律法规也在不断地更新和完善，以适应新的挑战和要求。

（三）数字出版政策变化

数字出版政策紧密跟随技术进步、市场需求及法律环境的演变而变化。随着互联网技术和移动通信的飞速发展，数字出版行业经历了革命性的变化，这推动着政策制定者对相关法律法规进行修订、更新，以更好地适应数字时代的出版模式和消费者行为。

在版权保护的法律法规系统里，政策制定者正致力于加强对数字作品的版权保护。为了应对数字化环境下出现的版权保护问题，一些国家已经开始对版权法律法规进行修订，引入新的条款以加强版权保护；同时，也在探索如何在保护创作者的权益和维护公众的利益之间找到平衡点。

近年来，数据保护在全球范围内备受关注。随着大数据和人工智能技术的普及，个人信息的安全和隐私问题日益成为焦点。欧盟的《通用数据保护条例》就是一个标志性的法规，它对个人数据的处理提出了严格要求，并制定了跨境数据传输的明确规则，对全球数据保护政策等产生了深远影响。

在反不当竞争和反垄断的法律法规的实施中，政策制定者也在积极调整策略。他们密切关注目前占据了市场主导地位的企业有没有滥用其市场优势，通过限制竞争或损害消费者权益来获取不正当利益。一旦发现，执法机构会相应地开始执法，以维护市场的公平竞争。

内容监管的相关政策也为了适应新的挑战而作出了调整变化。随着社交媒体和即时通信平台成为信息传播的主要渠道，政府机构承受着更加有效地监管有害内容、打击假新闻和网络暴力等的压力。为了应对这些问题，一些国家开始推行更为严格的内容审查和监管措施。

国际合作在数字出版政策制定上的影响力越来越大。数字出版不受地域所限，各国政府和国际组织正积极寻求共同的标准，以便更好地协调跨国界的版权保护、数据流动和市场监管工作。

总体而言，数字出版政策的调整是一个复杂且持续的过程。政策制定者需要密切关注技术发展和市场变化，及时评估现有政策的影响，并根据实际情况进行必要的调整和改进。只有这样，我们才能确保数字出版的健康发展，并推动其走向更加光明的未来。

第三章　新时代出版产业商业模式分析

传统出版产业和新时代出版产业在商业模式分类、对象分析上存在着明显的区别。如今，创新的商业模式对于出版企业来说至关重要，建立商业模式战略评估体系并持续改进，可以帮助出版企业优化商业模式，以适应数字化时代的变革和需求，推动出版企业成功转型并实现可持续发展。

第一节　商业模式分类

一、商业模式的概念

当一项新技术诞生之后，它在各个商业领域中都是有潜在的经济价值的，需要通过具体的商业模式转换才能挖掘出来——商业模式的重要性就在于此。好的商业模式能够帮助企业的各个环节形成良性循环。对于出版业而言，数字媒体带来的变化，让越来越多的业内人士关注到了商业模式的重要性，意识到了必须及时调整商业模式来契合新的产业环境。

虽然商业模式是近年来的热点，但由于商业模式的相关理论发展时间较短，至今仍未有统一的基础理论系统；同时，商业模式理论针对不同行业产生的跨学科应用较多，因而不同学者对商业模式的概念理解不尽相同，形成了不同的商业模式分析框架。

商业模式的概念最早是由美国著名经济学家约瑟夫·熊彼特提出，他认为有多种新元素的企业的商业模式，比产品价格和企业产出更具有竞争力。之后彼得·德鲁克明确指出：企业之间的竞争，不是产品之间的竞争，而是商业模式之间的竞争。从此，"商业模式"这个名词开始进入人们的视野。

20世纪90年代前，商业模式的学术研究并没有受到学界的重视。直至互联网时代到来，"商业模式"成为了商业界的流行词语。学术界开始对商业模式理论展开广泛的研究。比较有代表性的人物是特姆，他是最早开始系统地研究商业模式的学者之一，但他并没有给商业模式下定义。他认为，商业模式是一个包含多方面内容的复合概念，主要包括：①包含产品、服务和信息流的体系结构，包括对各种商业活动的参与者和他们所扮演角色的描述；②对各种商业活动参与者潜在利益的描述；③对收入来源的描述。① 随后，学界对商业模式的研究进入了高峰期，出现了众多商业模式的研究文献。

阿普尔盖特把商业模式定义为对复杂商业现实的简化。通过这种简化，商业模式可用来分析商业活动的结构、结构元素之间的关系，以及商业活动响应现实世界的方式。马哈德万认为，商业模式是企业与商业伙伴及买方之间价值流、收入流和物流的特定组合。② 拉帕认为商业模式最根本的内涵是企业为了自我维持，也就是赚取利润而经营商业的方法，可以据此清楚地说明企业是如何在价值链（价值系统）上定位并获取利润的。阿福和图克把商业模式定义为企业获取并使用资源，为顾客创造比竞争对手更多的价值以赚取利润的方法，商业模式详细说明了企业目前的利润获取方式、未来的长期获利规划，以及能够持续优于竞争对手和获得竞争优势的途径。③ 阿密特等把商业模式看作一种利用商业机会创造价值的交易内容、结构和治理架构。他们描述了由公司、供应商、候补者和客户组成的网络运作方式。④ 奥斯特瓦尔德等在对众多概念进行比较研究的基础上，去除了一些他们认为不应包括在内的因素后，指出商业模式是一种建立在许多构成要素及其关系之上、用来说明特定企业商业逻辑的概念性工具。商业模式可用来说明企业如何通过创造顾客价值、建立内部结构，以及与伙伴形成网络关系来开拓市场、传递价值、创造关系资本、获得利润并维持现金流。⑤ 罗珉、曾涛、周思伟认为商业模式是一个组织在明确外部假设条件、内部资源和能力的前提下，用于整合组织本身、顾客、价值链伙伴、员工、股东或利益相关者来获取超额利润的一种战略创新意图和可实现的结构体系及制度安排的集合。一般认为商业模式主要包括三个方面的内容：一是商业模式是在经营环境的延续性、市场和需求属性在某个时期相对稳定的条件下合理存在

---

① Timmers P. Business Models for Electronic Markets [J]. J Electronic Markets，1998，8（2）：3-8.

② Mahadevan B. Business models for Internet-based E-commerce：an Anatomy [J]. California Management Review，2000，42（4）：55-69.

③ Allan Afuah，Christopher L Tucci. Internet business models and strategies：Text and Cases [M].Boston：Mc Graw-Hill，2001：32-33，196-201.

④ Raphael Amit，Christoph Zott. Value creation in e-business [J]. Strategic Management Journal，2001（6）：493-520.

⑤ Alexander Osterwalder，Yves Pigneur，Chirstopher L Tucci. Clarifying business models：Origins，present，and future of the concept [J]. Communications of the Association for Information Systems，2010（6）：1-25.

的；二是商业模式代表一种结构或体系，主要包括内部结构、组织与合作伙伴、客户、外部环境等结构要素，这些结构要素相互作用促进了商业模式的运作和发展；三是商业模式本身就是一种战略创新或变革，是使组织能够获得长期竞争优势的制度安排。[①] 原磊提出商业模式的定义总体上是沿着经济—运营—战略—整合的顺序递进的。他认为，从本质上来看，商业模式是企业的价值创造逻辑。[②] 王晓明整合综合商业模式研究理论的线索，将商业模式定义为"在特定环境下，以企业及其相关利益者的价值创造和价值获取为目标，围绕企业的商业活动而进行的一系列整体性、结构性、功能性的设计、安排或选择"。[③]

如今，学界最认可的解释是企业为了实现在客户价值转换中利益的最大化，整合内外部各因素，形成一个具有核心竞争力的、连接企业各个环节的较低成本的高效运转系统，并通过产品和服务的提供，为企业实现持续盈利的系统的组织设计的解决策略。同时，任何商业模式的核心都是客户的各种资源经过形态变换成为企业资源，实现价值转换。通过这一定义可以看出，商业模式中，实现利益的最大化是商业活动的根本目标，系统、高效、整合是必备元素，核心竞争力是基础，持续盈利是商业模式的最终目标，将这些因素有机地结合起来，就构成了检验商业模式的唯一标准。

简单来说，商业模式就是企业为客户提供产品或服务而获取利润的方式，是一个将企业资源转化为实际利益的系统。商业模式具有宏观性和战略性，它关系到企业的存在方式、发展态势及未来走向。

商业模式影响了企业的全部业务流程，如产品、企业提供的服务及实现方式、收入模型、销售模型、客户模型以及物流管理模型等一系列关键环节，需要重点关注的有以下两点。①商业模式与企业的发展战略是不同的。简单地说，商业模式是有机组合能够创造最高效益的各种要素；而企业发展战略则是服务于企业的发展方向与愿景的，它是在市场竞争中企业对自身发展方向的选择。商业模式重点强调企业的实际运营，包含更多的企业运营要素，而企业战略却包含了更多的远景规划，是在企业竞争层面中的优势选择。②商业模式与盈利模式是不同的。盈利模式是指企业的利润获得方式，它是对企业在运营过程中，涉及企业利益的各种成本、收入、利润结构，包括利润指标的一种反映。盈利模式是企业维持生存的根本，而商业模式是企业生存的平台。

---

① 罗珉，曾涛，周思伟. 企业商业模式创新：基于租金理论的解释 [J]. 中国工业经济，2005 (7)：73-81.

② 原磊. 商业模式分类问题研究 [J]. 中国软科学，2008 (5)：35-44.

③ 王晓明，谭杨，李仕明，等. 基于"要素—结构—功能"的企业商业模式研究 [J]. 管理学报，2010，7 (7)：976-981.

二、商业模式的构成要素

由于商业模式尚没有统一概念，因而商业模式的构成要素，也没有统一的说法。根据不同的概念，不同学者从不同的视角和层面展开研究，对商业模式的构成要素也有着不同认识。哈姆认为商业模式的体系构成包括核心战略、战略资源、价值网络、顾客界面等四个维度[①]；林德等从互联网的角度切入，分析了商业模式的体系构成，认为商业模式包括定价模式、收入模式、渠道模式、商业流程模式、基于互联网的商业关系、组织形式、价值主张等七个方面[②]；奥斯特瓦尔德认为，商业模式系统的构成要素包括四个方面——产品创新、客户关系建立与管理、基础设施建立与管理、财政[③]；曾涛则提出，产生价值的主体对象、创造价值的理念、实现价值的方式方法、企业内部系统的构建和优化、企业资源的总体安排和流通、企业能够达到的盈利目标和内在发展潜力，与以上众多核心要素有显著关联的维度如环境、硬件设施与技术、企业总体人力规模、经济实力、组织文化、不可逾越的商业伦理道德是构成商业模式的七个要素[④]；原磊优化了商业模式的"3—4—8"架构，阐明了商业模式的主要要素和其中的价值逻辑[⑤]；魏炜、朱武祥的观点是，商业模式包含企业产品及服务的市场定位、处理业务关系的系统流程、发展所需核心资源的实力、获取利润的方式、可实现自由流转的资金结构、企业价值这六个要素[⑥]。

最具有代表性的是哈佛大学阿普尔盖特教授提出的概念、能力、价值三要素模型（见图1）。"概念"定义了市场机会、产品与服务、战略定位，以及如何创造收入流；"价值"是指顾客价值、财务绩效及利益相关者的回报；"能力"是指核心能力、运营模式、营销模式、组织与文化、资源。

随着对商业模式研究深度和广度的拓展，对商业

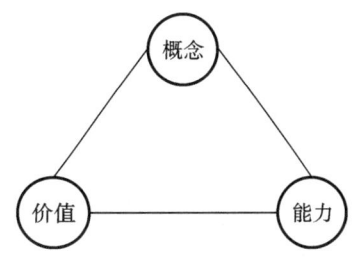

图1　阿普尔盖特的商业模式模型

①　Hamel Gary. Leading the Revolution：How to Thrive in Turbulent Times by Making Innovation a Way of Life［M］. Boston，MA：Harvard Business School Press，2002.

②　Linder J C，Cantrell S. Changing Business Models：Surveying the Landscape［J］. A Institute for Strategic Change，2000（1）：35-44.

③　Magali Dubosson - Torbay，Osterwalder A，Pigneur Y. E-business Model Design，Classification and Measurements［J］. Thunderbird International Business Review，2002（1）：5-23.

④　曾涛. 企业商业模式研究［D］. 成都：西南财经大学，2006.

⑤　原磊. 商业模式体系重构［J］. 中国工业经济，2007（6）：70-79.

⑥　魏炜，朱武祥. 发现商业模式［M］. 北京：机械工业出版社，2009.

模式要素构成的研究，已经逐步向系统性、结构性的方向发展。黄卫伟教授认为，要认识商业模式的机理和实践意义，就必须把实现方式从概念、价值和能力诸要素

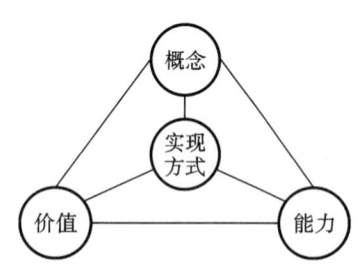

图 2　加入实现方式的商业模式模型

中分离出来①（见图 2）。将实现方式从商业模式诸要素中分离出来，其意义在于将竞争战略的视角从重视要素转向重视联系和重视经营活动的整体性，要素之间的系统性更加凸显。

通过对大量研究成果和模型的总结提炼，归纳多人对于商业模式要素的分析理解，亚历山大·奥斯特瓦德与伊夫·皮尼厄一同提出了商业模式 9 要素模型（见图 3），随后又丰富和完善了

这一理论模型，作为企业的分析工具。由此，这一商业模式分析方法开始在世界范围内流行起来。②

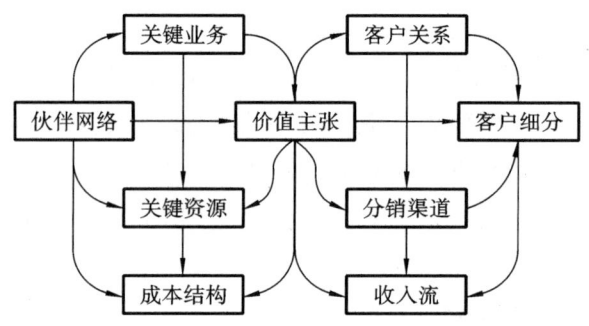

图 3　奥斯特瓦德商业模式 9 要素模型③

国内新闻出版领域也有越来越多的研究者尝试采用 9 要素模型对企业的运营和创新动作进行系统分析。这一商业模式研究模型以价值主张为核心，明确指出应具体解决哪些客户的哪些问题，以及本企业提供的产品或服务在同类产品中如何具有独特性和保持竞争优势。在客户细分中，对不同类型的客户进行定位分组，来确定他们的期望和需求，进一步提升价值创造的效率。分销渠道指明了客户与谁产生联系，如何购买产品（如线上、线下零售）。此外，客户关系分析明确了客户期望的关系类型，以及如何与客户建立和保持这种关系（如促销、客户关系支持）。此外，为了能够实现和交付价值主张，企业必须拥有关键资源（如人才、设备、商业知

---

① 黄卫伟. 生意模式与实现方式［J］. 中国人民大学学报，2003（4）：77-84.

② Alexander Osterwalder，Yves Pigneur，Chirstopher L Tucci. Clarifying business models：Origins，present，and future of the concept［J］. Communications of the Association for Information Systems，2010（6）：1-25.

③ Henry Chesbrough. Business Model Innovation：Opportunities and Barriers［J］. Long Range Planning，2010，43（2-3）：354-363.

识），并能够将这些资源通过关键业务（如开发、生产）转化为最终产品或服务。在开发、生产、销售等活动中，企业还需要依赖伙伴网络（产品、物流、财务）上的资源或活动。伙伴网络可以在非必要组件上提供更好的质量或更低的价格。企业商业模式的目标是实现利润增加，因而成本结构是任何商业模式都要具备的关键要素，最后两个构建模块关注的是商业活动的成本和收入。成本结构应与商业模式的核心理念（如关键资源、关键业务）相匹配，并与客户愿意支付的价值以及他们将如何执行交易的收入流（如一次性买断、长期订阅）一致。

从这个模型中，我们可以看出出版机构的内容价值、用户、整合运营模式、成本控制是最核心的环节，在运行过程中如何实现多方价值最大化、整合高效率的运行系统、保持核心竞争力并持续盈利，是在实际操作中最需要关注的问题。

三、传统出版产业的商业模式

出版企业选择提供什么产品和服务来实现价值，就是商业模式有机体系的起点。传统出版企业一般把自身定位为"出版商"，提供单一的图书产品。传统出版产业的商业模式一般是基于传统的出版业务模式建立的，包括出版、印刷、发行和销售等环节，这些环节都是由传统出版企业来完成的。传统出版企业主要通过印刷、发行和销售图书来获得利润。这种商业模式的主要优势在于其具有稳定性和可靠性。

随着人们接受知识和信息的方式、途径不断丰富，不同媒介之间的边界越来越模糊，出现了融合的趋势，图书与其他媒介之间也不再是界限分明，立体化、全媒体出版成为一种趋势。不仅如此，传统出版业务本质上归属于产品制造系统，但现代出版的内涵已经逐步拓宽，出版者已转变为内容提供商甚至是平台服务商。

以专业出版为例，在数字出版发展初期，形成了几种经典的传统商业模式，如数据库模式和在线服务模式。同时，专业出版也套用数字时代出版业发展初期的三种经典模式，即内容付费模式、广告模式和通过提供增值服务获取产品延伸价值模式。通过对这三种模式的了解分析，结合专业出版的商业模式，在此对数据库模式、在线服务模式、内容付费模式、广告模式逐一探讨。

1. 数据库模式

专业出版的数据库模式，顾名思义，将专业领域的出版物资源按知识结构类型打包，以数据库的形式销售，与图书馆、高校等专门或学术机构达成商业合作。这些机构通过付费获得数据库的使用权限，过期需要重新订购，再次购买的价格需双方协商。由于科研机构有刚性需求，因而专业期刊数据库的客户比较稳定，黏性较强，这也决定了专业期刊数据库在定价上的优势地位，科研机构少有讨价还价的空间。

数据库模式通过将出版内容资源整合于统一的数据库平台，让读者实现文献的全文检索、关于某一领域知识的搜索、文献标题搜索、获取免费的文摘及付费获取全文或购买数据库使用期限等。由于专业出版的纸质图书存在不易检索、成本高、发行量偏小等弊端，将内容资源整合于数据库打包销售是目前专业出版最主要的运作模式，也是专业出版在数字化领域主要的收入来源。

数据库将内容资源以科学的方式重新编排，便捷的检索提升了专业资源的利用率，方便了更多用户。专业期刊数据库早已成为文献保障系统的重要组成部分，是科研工作者进行研究的必备工具。专业出版以其资源优势及相对固定的客户群体为依托，大力推广数据库模式是必然选择，而且建设专业领域的数据库有力地规避了其他模式下容易出现的盗版问题、知识产权纠纷等，一定程度上为学术规范提供了技术保障；同时，专业数据库是在相对封闭的范围内使用的，准入的门槛也比其他出版物高，降低了非法复制、传播的风险。

这一类型的中文数据库代表有同方知网、万方数据库、维普期刊数据库等，外文数据库如 SD（science direct）、Oxford Journals 等。自然科学类外文数据库更是这一模式的典型代表，如美国的 ACS（American chemical society）数据库、APS（American physical society）数据库、Wiley（wiley online library）数据库等。

2. 在线服务模式

随着信息技术的发展，媒介融合的不断深入，基于用户需求的推动，专业出版领域的在线服务模式应运而生。在线服务是资源提供商将资源集中于一个平台，为客户提供检索、文摘、索引等服务的内容获取模式，从本质上讲，也是需要用户对内容付费，但是由第三方平台来运营和代理。

在线服务模式有两种类型。一种是在线检索，获取文献信息，通过充值卡等付费方式获取资源，比如知网的在线模式。每个数据库都提供初级检索、高级检索和专业检索三种检索类型，用户可以根据关键词、题名等多种检索方式获取文献信息。另一种是在线进行实时的专业指导，为专业领域从业人员或科研人员提供专业帮助。专业出版的用户群体是在某一专业领域从事研究或相关工作的人群，而专业出版内容的获取途径相对单一，出版工作要能切实地服务于研究，就必须拥有能为专业人员实时、准确地提供服务的能力。

随着科学技术的不断进步，科研工作的不断深入，知识更新频率也在不断加快，快速从海量信息中筛选所需信息并掌握专业领域的最新知识成为人们最大的需求之一。但目前看来，在线服务的模式还比较单一，针对用户的定制化服务、产品形态等还不够完善，与当今媒介融合的时代背景脱节。因此，专业出版社应利用自身资源优势和发达的新媒体融合环境，将经过数字化处理的专业领域的内容以音频、视频或多种形式交互于一体的形式上传到官网，提供付费学习和下载的服务，这样既方便了用户，也实现了专业出版的立体营销。

3. 内容付费模式

内容付费模式，即直接收费模式，大致分为两种类型。一种类型是基于内容本身的，读者直接在线付费获得内容。一般以"部分免费＋付费＋会员"的手段盈利，内容包括纸质出版物的数字化内容及网络原创作品等。运用这种类型的典型代表是腾讯文学与盛大文学联合成立的阅文集团，其旗下的起点中文网、云起书院、潇湘书院、红袖添香等网络原创平台和阅读集团基本都是用这种模式盈利。另一种类型则是以终端为基础的，通过某一终端付费下载或打包购买内容资源，如亚马逊的Kindle、飞利浦下属公司开发的 Readius 等都属于这种类型。而以上两种类型都是直接收取费用的，整个流程简单直接，商业模式可复制性强，但针对性不足。

有统计资料显示，超 10 亿中国人已经接入互联网，通过手机等移动端访问互联网的人数连年攀升。如此庞大的用户群，伴随着互联网的快速发展和新兴媒介的出现，在融合发展态势下，用户获取信息的渠道将更加便捷多样。由于用户习惯从网络上免费获取信息资源，加之网络复制手段便利，扫描等复制技术成熟，盗版也能做到与正版在内容上无差别，且出版物以数字化形式呈现，正版与盗版在装帧上的区别也无法展示了，甚至有些盗版还附带手绘插画、光盘、其他文本资源等，对读者有极大的欺骗性和吸引力。这些主观因素和客观因素都导致用户的付费意识相对薄弱，部分用户甚至更愿意搜罗盗版资源，拒绝为正版内容付费。

客观来看，内容付费模式就内容本身直接收取费用，交易过程简单直接，客户一手交钱，一手获取资源，整个流程是直接面向客户的，是媒介融合时代最直接也是最"粗暴"的商业模式，是出版业在媒介融合尤其是数字化浪潮冲击下的最本能的反应。从出版物的属性出发，全新背景下的专业出版的商业模式不应只是简单地按文献信息量付款，应该更多地体现在对客户需求的满足上，更多样化、个性化的精准服务上，以服务质量获取利益。

4. 广告模式

广告模式是指在出版物或在线阅读网页中植入广告，从而获取广告收入，使作者和出版商从中获利。应用本模式的出版物一般是免费提供的，读者通过接收广告来免费获取出版物资源。由于出版物自身有由点到面的传播特点，文本中或网页上的广告都会收到意想不到的推广效果，这些都是数字时代背景下出版物广告模式得以顺利实施的保障。

广告模式是应用最普遍、也最容易获利的商业模式。广告模式的收费标准主要有点击收费、包月计费、千人成本计费等。点击收费顾名思义，广告每获得一次或约定次数的点击，广告商就要给平台支付一定费用，这种方式的优点是不易作弊，但也存在弊端，如有些网页上的广告内容不需要被点击就已经被用户看到，这种情况出版商会觉得吃亏，因此会尽量回避这种收费模式。国内的很多在线阅读平台或出版物资源网站是包月计费，这种方法简单明了，价格固定，但也有其弊端：不论访问、点击量多少，不论推广效果好坏，都是"一刀切"式的定价，这样显然对广告商不公平。最科学的计费方式是按照有多少人看到了广告来计算，千人成本指广告投放过程中，通过视觉或是听觉注意到广告存在、收到广告传达的讯息的每一千个人平均分担多少广告成本，因此，按照访问人数来计算千人成本是比较科学，且是广告商和平台运营商都比较满意的计算方法。

《西雅图邮报》在面对数字化浪潮的冲击时，没有选择彻底结束业务，而是只停止了纸质报纸的发行，保留了电子版的发售，依靠在线流量来换取在线广告的收入，完成企业的资金链循环。谷歌的"图书搜索"功能板块同样运用了广告模式，全球有一万多家出版社参与了谷歌的图书搜索项目。谷歌通过与图书馆和出版社的合作，获取海量图书资源，然后将出版物的部分信息公开，用户通过搜索可以获取出版物信息，如销售渠道或资源链接等。大量的资源吸引了大量的用户，从而为谷歌带来源源不断的广告商投资。"新浪读书"频道的运营也运用了广告模式。

四、新时代出版产业的商业模式

新时代出版产业的商业模式则更加多元化和具有创新性。新时代出版产业主要通过数字化出版、网络销售、自助出版等方式来盈利。数字化出版是指将传统的图书内容数字化，通过电子书、在线阅读等形式向用户提供服务。网络销售是指通过网络平台进行销售，包括自营平台和第三方平台。自助出版是指作者自己出版和销售自己的作品。

一些传统出版企业面对发展迅猛的数字出版产业，打破固有思维，积极探索新时代出版的商业模式，并在市场实践中取得了一定的成绩，形成了具有一定代表性的商业模式。

1. 跨媒体、跨领域的组合经营模式

所谓跨媒体、跨领域的组合经营模式，是指传统出版企业摆脱原有限制，通过提供高品质的多媒体出版物以获得市场的认可。这种模式，是传统出版企业突破以纸质出版物为唯一商品的限制，通过并购、委托开发、合作开发、联合经营等手段，共同开发或推出高品质的多媒体数字出版物以占有市场和实现数字化转型。这种模式有利于企业间优势互补，实现合作共赢。近几年来，一些大的出版集团、期

刊集团转变经营方式，跨领域发展，与数字媒体和行业服务等企业，在电子书阅读器、平板电脑、手机等领域合作发展，推出 MPR 读物等。MPR 出版如今已成为主要的商业模式。

2. 以技术创新为前提的增值服务模式

在新时代出版的发展中，技术与服务是必须重视的两个核心环节。从实践看，技术往往是传统出版企业顺利转型的关键。以技术创新为前提的增值服务模式是指传统出版企业投入一定的人力、物力、财力或依托其他技术企业，进行技术团队的组建，以推动技术开发、升级，并转变服务与经营观念，使用户在使用数字出版产品的同时，获得超出期望的服务的模式。目前，一般大型的出版集团和经济基础雄厚的出版社都有专门的技术团队，而一般的传统出版企业会采取与其他技术企业合作的方式。近几年来，一些传统出版企业积极依靠技术创新推动自身数字化转型，带动了传统出版企业整体的转型升级工作。

3. 以整合内容资源为依托的数据库模式

传统出版企业向数字出版转型，盈利的根本前提是转变原有的出书、卖书的经营套路，要根据用户的市场需求，整合现有的纸质书资源，利用数字化形态产品的表现力、交互性、检索能力、关联能力强的突出优势，让读者在任何时间、地点，都能以自己喜欢的方式获取所需要的内容。以整合内容资源为依托的数据库模式就是以此为目标的，是传统出版企业将众多内容资源和信息集中起来，形成提供文献检索、知识元搜索、内容摘要的数据库，为用户提供订阅服务与付费下载服务。它与传统出版物的服务模式不同，向用户提供的产品突破了书的限制，是一种包括数据、内容、体验的综合服务。目前，在数字化转型过程中，取得了一些成就的传统出版企业，绝大多数都在数据库建设方面取得了突破。但我们也应该清醒地认识到，数据库内容资源的持续获取和扩展的动力不足越来越成为这一模式进一步发挥作用的瓶颈。因此，传统出版企业在数据库内容增量问题上一定不能掉以轻心。

4. 以版权保护为基础的合作分成模式

作品版权，是出版企业创造和实现价值的核心资源。如何在版权转让、委托授权和数字版权的使用跟踪中保护出版企业的利益、实现增值开发，是当前和未来需要重点解决的问题。从某种角度上来说，出版业就是版权产业，脱离了版权保护，出版业的发展也就无从谈起。以版权保护为基础的合作分成模式是指传统出版企业通过技术、法律等诸多手段对既有版权和原创版权进行保护与增值开发，通过版权的交易与使用来盈利，并与版权拥有者分配收益的模式。目前，一些拥有丰富版权资源、内容品质较高的出版企业，无论是在转型升级方面，还是在与网络媒体的合作方面，都有明显的优势。

5. 以观念认知改变为起点的应用产品模式

传统出版人、出版企业一直以来都深信"内容为王"，缺乏对数字载体和传播渠道的深刻认识，因此，在面对数字传播体系时，经常手足无措。随着对数字出版认识的加深，传统出版人开始意识到制造内容已不是业务的核心，如何使内容增值，才是关键问题。因此，基于内容创造高附加值的应用产品成了核心业务。

应用产品以整合性、动态性、消费需求导向性和定制性对原有的数字出版理念进行了更新。以观念认知改变为起点的应用产品模式是指传统出版企业结合自身资源，对数字内容进行综合开发，制作应用产品，实现内容增值。现在来看，传统出版企业推出的应用产品，多为多媒体（富媒体）图书，有待进一步创新探索。

6. 以创造型消费者为基础的网络原创文学模式

创造型消费者，简单地说，就是消费者即创新者。这种模式主要是指在用户创造内容的同时，鼓励用户协同创新。这方面，盛大文学就很具有代表性。近年来，传统出版企业，尤其是一些出版集团，也在积极部署打造原创文学平台，如学海文化传播集团创办的"学海网"业务就开展得不错，取得了一定的收益。

五、三大出版类型的商业模式现状

（一）教育出版

一直以来，教育出版在我国出版业中都发挥着举足轻重的作用，是出版产业的重要组成部分，对我国科教事业和全民素质的提升作出了巨大贡献。从整体商业模式来看，目前的教育出版市场已经发展得较为成熟，进入了商业细分阶段，有着成熟的市场主体和对应的细分领域，不同出版企业在产品和服务上已经实现了一定程度的差异化。不过，教育出版在稳定运行的同时，缺乏灵活性，容易受到超出其当前业务和创新活动范围的新技术转移的影响，也容易受到市场的重大转移的影响。

因而，在数字出版的新阶段，传统教育出版企业在发展中遇到了一系列问题，如读者需求复杂化、多样化、个性化，数字出版流程化困难，难以找到新兴的盈利模式，竞争态势愈发激烈，等等。这些问题，原有的商业模式已经无法解决，出版企业不仅仅要针对新兴市场进行产品研发，更需要更新核心资源、关键业务、渠道通路、合作伙伴等一系列的要素来适应全新的发展阶段。数字化的媒介融合带来了多方面的重构，这些新变化需要出版企业根据自己的独特优势和资源条件及时调整产品结构和产业机制，这样才能应对全新的市场竞争。

传统教育出版产业中，教育出版社以内容版权资源、编辑资源和品牌资产为核心资源，优秀的内容产出能力是其关键能力，关键业务为教材、教辅和其他教育相关图书的出版和销售。出版企业位于产业链上端，与出版价值链下端的印刷和发行机构是合作关系，主要竞争发生在国有出版企业和民营出版机构之间。针对这一特点，出版企业应将重点放在教育出版流程的效率优化上，对产品线的生产及扩展的流程化上，以及确立保证出版活动能够顺利开展的相关资源和伙伴关系上。

传统的教育出版中，细分市场包括针对幼儿教育、中小学教育、高等教育、职业教育的教材、教辅、教学用书，以及与教育研究、家庭教育、教师教育、终身教育等相关的图书，社会对于教育出版的需求也较为稳定。在用户主体上，包括教师、学生和一部分家长，因而产品涵盖教、学两方面。产品主要针对不同教育阶段的普遍性学习需求，对于小部分、个性化的需求则较少关注。在渠道通路上，集体征订、新华书店和地方发行渠道商是主要的销售渠道，发行渠道相对较窄，与图书的使用者之间并未建立起直接的联系，出版企业对于具体读者的形象概念较为模糊。对此，优化的重点则在于价值概念上的拓展和创新，即对用户的需求进行更为准确、多元化的分析，并拓展渠道资源，构建与用户的直接连接，加强用户黏性，实现出版物内容价值传递和体验上的更新和优化。

传统出版的关键业务是图书的出版和销售，成本构成和收入来源也较为单一，具体的渠道商和物流对发行成本有重要影响，教育出版与其他类型的出版在这个方面并没有太大差别。

(二) 专业出版

我国中央部委所属的出版社绝大多数是专业出版组织，加上地方的专业出版机构，我国专业出版单位的规模和数量是比较可观的。出版社转企改制的深入已经催生了中国科技出版集团、中国教育出版传媒集团等专业出版集团。2013年5月和10月，中国财经出版传媒集团、中国工信出版传媒集团也分别成立。

虽然从总体来看综合性的出版集团在中国出版业的发展格局中占有绝对的优势，但近年来专业出版集团发展势头比较强劲，出版业的格局在不断改变，许多出版集团也在通过改组或者联合的方式走向专业化。从国际出版业的发展来看，许多大的出版集团也都是走的专业化发展路线，如爱思唯尔出版集团、施普林格出版集团、约翰威立国际出版集团等专业出版集团。

随着我国出版资金投入的增加，大型专业出版项目不断涌现，单是社科文献出版社就与施普林格、麦克米伦、泰勒-弗朗西斯等出版集团，博睿学术出版社，约翰威立国际出版公司，以及包括俄罗斯、法国、日本等多个国家在内的在国际上有一定知名度的出版机构建立了合作关系。我国期刊定位逐渐向小众化、专业化方向转型。国家新闻出版广电总局在 2014 年 12 月至 2015 年 5 月批准了一大批期刊更名，其中《中外女性健康》更名为《中外女性健康研究》，这种更名正是定位更细致、更专业的表现，同时也是适应市场需求的结果。

（三）大众出版

大众出版与教育出版、专业出版并称出版领域三大板块，如今在教育出版和专业出版领域，数字出版已经在很大程度上取代了传统的纸质出版，像爱思唯尔出版集团、约翰威立国际出版集团、培生教育集团、汤姆森集团等这样一些欧美大的专业或教育出版集团，数字出版及相关网络业务的收入已占到其总收入的一半以上。然而，在大众出版领域，却完全是另一番光景。目前为止，还没有哪一家大众出版集团的电子图书能成为其主要收入来源，数字产品在大众图书市场上所占份额仍然不高。这主要是由于大众出版的商业和市场属性更强，不确定因素更多，市场对大众出版物的需求呈高弹性状态。

传统的大众出版只能依靠图书销售盈利。一方面，图书出版与娱乐产业和大众传媒相比较，相对小众，属于利基产业，每本书都会根据其特定的主题有一定的细分市场，难有较大的受众规模，不能成为优质的广告渠道。即使是超级畅销书，长时间保持畅销也极困难。另一方面，出版企业是单纯的中介性产品生产企业，很难有连接用户和关联行业的多边平台功能，难以发现并转化免费用户中拥有增值服务需求的用户，也难有通过经营作者获得其他收益的渠道。

因此，大众出版在数字化转型过程中仅仅实现技术上的更新是不够的，更要改变其商业模式。出版企业在一定程度上已经不再是单纯地依靠出版、销售图书来获取利润的内容提供商了，应变为服务提供商，借助互联网给用户提供整套服务，通过互联网平台的搭建免费向读者或者作者提供基础产品和服务，从而扩大用户规模，在打通整个出版产业链的基础上，通过增值服务、广告推广或带动关联企业等实现盈利方式的多元化，从而获得比直接出版、销售图书更大的市场和更多的利润。

第二节　对象分析

一、生产对象

对出版业而言，生产对象即出版内容，内容就是核心资源、核心价值。对传统出版产业来说，生产对象就是纸质图书、报纸、期刊等，新时代的生产对象则更多样化，可利用数字技术对传统出版的形式进行拓展，比如 AR、VR 等技术，为出版带来了更多新的内容呈现方式。业内普遍认为，内容是传统出版的优势，而新时代出版的优势是技术，两者之间的融合就是内容与技术的融合。传统出版需要借助新兴出版的技术力量，在融合发展中实现内容的延伸、媒介的延伸及价值的延伸。

（一）教育出版的生产对象变化

1. 多媒体图书

教育类图书的电子化不是将图书直接转化为电子版，而是为适应儿童教育的特点和需求，在图书上集成音频、视频、AR、VR 内容。早期的主要形式是点读笔，后多通过手机实现多媒体内容的读取。国内少儿出版机构大多有试水多媒体少儿图书的经验。

2. 电子书包、电子课件

电子书包是一种集成学习软件的移动终端，具体包含哪些功能没有一定之规。国家已经在委托相关研究单位制定产品标准，国内最大的教育出版机构人民教育出版社也在大力研究电子书包的产品和内容。电子课件，顾名思义是教师用来辅助教学的数字化多媒体内容。电子书包和电子课件的教学效果虽然还没有被广泛论证和认可，但它们最大程度地消弭了教与学的时空限制，给教学带来极大便利、促进了教育公平。

3. 在线教育

在线教育立足于云平台，通过网络技术提供远程教育内容，有录播课、直播课、在线一对一等模式。如山东教育出版社的"小荷听书"有声阅读平台，通过优质的音频、视频内容吸引学生，随后上线大量优质课程，成功从阅读平台拓展为在线教育平台。安徽时代出版传媒旗下时代新媒体出版社坚持多年布局在线教育，开发了"时代教育在线"系统。该系统是一套基于云教育平台的移动学习管理系统，集成了电子书包、电子课件、家校互通、智慧校园等在线学习与教育管理的多种功能，对线上线下教育资源的整合及学校、家长、学生诉求的考虑都达到了一个新的境界。

（二）专业出版的生产对象变化

1. 电子图书

电子图书也称数字图书，早期的出版方式主要是将传统专业图书（包括大量大众类图书）直接进行数字化，依托某种电子设备供读者阅读。典型的如亚马逊的 Kindle，据称已提供超过 10 万种电子书；国内曾经风靡一时的"汉王电纸书"，也采用的硬件销售搭配电子图书库的模式。在这一时期，出版机构主要扮演的是参与者的角色，提供海量图书内容给各大硬件、网络运营商及平台，仅有中国出版集团和上海世纪出版集团试水推出了电子书阅读器，其中上海世纪出版集团的辞海阅读器，集成旗下 17 家出版单位的 5 万余种图书，形成了一定的影响力。之后，不少出版机构改变直接将整本图书电子化的模式，探索将相关领域的图书内容打散，重新编排形成新的内容体系，形成更利于检索及使用的方式，与运营商合作，推出规模化、持续化、专业化的内容信息服务，可称为第二代电子图书。因为其对知识的系统性要求更高，主要应用在专业出版领域。

2. 数据库

专业出版的电子图书及信息服务进一步发展升级，就形成了数据库。在国内，早期的专业出版数据库由清华同方知网、北京万方数据、重庆维普资讯等科技公司率先构建，并形成规模和盈利模式，其他出版机构跟随；而国外的专业出版数据库多由大型专业出版机构率先开发，比如爱思唯尔集团，起先只是一家科学与医药信息出版商，目前已发展成全球最大的学术数据库及信息服务集团。近年来，不少出版机构凭借内容资源优势开始大力布局专业内容数据库，如中华书局 2014 年推出大型古籍数据库"中华经典古籍库"，目前该库上线资源 5000 余种，累计资源总量约达 20 亿字，并在持续不断地增加文献资源。

3. 知识服务

在数字化、网络化时代，知识服务就是向用户提供信息、知识及解决问题的方案。它以海量的信息资源和迅捷的网络技术为支撑，适应知识碎片化、个性化需求，以解决问题为主要目的。2015 年，国家新闻出版广电总局下发《关于确定专业数字内容资源知识服务模式试点单位的通知》，确定 28 家出版社为试点单位，几乎全部是专业出版社。以此为标志，出版机构尤其是专业类出版机构，进入了大规模建设知识服务项目的时期。如人民法院出版社开发"法信—中国法律应用数字网络服务平台"，打造国内首家融合法律知识和案例数据库的法律专业知识服务平台，以其专业性、权威性获得广泛认可；人民交通出版社开发的"航海技术 e 问 e 答"平台，电子工业出版社的电子技术类知识服务产品"E 知元"等，均立足于自身的内容资源优势，以云存储、大数据等先进技术为支撑，为用户提供知识服务。

（三）大众出版的生产对象变化

1. 数字阅读

大众出版的数字阅读大致可分为三种类型：第一种是将传统纸质图书电子化，在兼容性强的终端平台上直接销售，目前大部分出版机构都已经尝试过；第二种是网络出版平台直接在线上发布作品，典型的如盛大文学、中文在线等，大多由非出版业的技术机构创办和运营；第三种是与移动互联网的普及相伴而生的自媒体，以微博、微信、各种 App 等为载体，实现了阅读内容碎片化、个性化和交互式体验，出版机构运营得较为成功的有中信出版社的"见识城邦"、民营出版商读客的"读客熊猫君"等，凭借内容创意吸引了大量读者粉丝。

2. 付费内容

出版企业生产的付费内容，由读者或用户买单，是近几年兴起的概念，它与知识服务相近但不完全相同，付费内容不需要基于丰厚的数据储备来分析解决问题，一个人、一台电脑或一部手机，就可以成为内容创业者。一篇文章如果达到 10 万以上的阅读量，就有可能为内容提供者带来经济回报，阅读量成为衡量标准。目前看来，传统出版企业应用内容付费模式后取得的成效并不明显，倒是一大批从传统媒体转型而来的内容创业者在此领域独领风骚。他们借助"今日头条"等自媒体平台放大粉丝效应，依靠内容打赏或广告投放获得不菲的收入。运用付费内容形式比较出色的有"中读"，依托三联出版社、《三联生活周刊》杂志打造内容，发布于付费知识阅读社交平台，邀请名家大家开专栏，谈艺术、说历史、玩美学，推出如《我们为什么爱宋朝》等众多爆款内容，获得了很好的收益，值得其他出版企业学习。

3. IP 运营

IP（intellectual property），本义是知识产权，但其含义在使用中已被放大，我们可以理解为包含独特内容价值的所属权。IP 可以是一个人物、一个故事、一本书或一个游戏，它的独特内容价值可以多平台、多形式分发或延伸，形成产业化收益。IP 所有人将其卖给相关制作公司，获得回报。但人物、故事是作家创造的，如果成为 IP，并不属于出版机构，出版机构只有参与了创造和运营，发掘、放大了独特内容价值，取得了 IP 的部分或全部所有权，才有进一步创造价值的可能。近几年，凤凰出版传媒集团在 IP 运营上用力颇深，旗下凤凰传奇影业有限公司连续参投《无问西东》《南极之恋》等院线大片，与集团下属江苏凤凰文艺出版社有限公司、江苏译林出版社有限公司、江苏凤凰少年儿童出版社有限公司等单位组建了影视版权中心，共同开发优质 IP 资源。

二、受众

传统出版产业的受众主要是有一定的文化素养和经济实力的人群。这类人群往往有一定的阅读需求和购买力。传统出版企业主要通过出版高质量的书籍来满足他们的需求。

在传统出版的理念中，出版方主要关注的是内容，出版方式主要是书、刊、报纸等纸媒，编辑选择内容，而对受众需要什么和怎么更好地满足受众所需则考虑得不多，受众的兴趣往往被忽略。

新时代出版产业的受众则更加广泛。互联网信息技术的发展变革带动了社会生产和生活方式的变革，也改变了人们的阅读习惯及消费方式；加之智能手机和平板电脑等智能移动设备的普及，人们获取信息的途径完全从传统的被动获取向主动获取迈进，人与人之间信息交流及获取信息的过程也变得更便捷。"读屏"式、碎片化移动阅读模式使得传统出版受众大量流失。

中国互联网络信息中心 2024 年 3 月 29 日发布的第 53 次《中国互联网络发展状况统计报告》显示：截至 2023 年 12 月，我国网民规模达 10.92 亿，互联网普及率达 77.5%；我国手机网民规模达 10.91 亿，网民使用手机上网的比例达 99.9%。可以说，不管你喜欢与否，我们的确已经跨入了"读屏时代"，它改变了人们获取信息的方式。尤其是忙碌的年轻人，往往利用通勤等零散时间进行碎片化阅读。4G 及 5G 网络时代的到来促进了资讯 App、网络游戏、音视频读物等出版新兴业态的迅猛发展。它们在进一步模糊出版边界的同时，使得传统出版的受众加速流失。

新时代出版产业的受众包括所有拥有数字设备并连接网络的人。这些人往往有更多元化的阅读需求和购买力。新时代出版产业主要通过数字化出版和网络销售来满足受众的需求。

现代社会，人们受教育水平、职业、收入水平、心理特征等方面的差异越来越凸显，读者需求也越来越多样化，也形成了阅读群体的差异化。与传统出版业相比，每个读者、用户都可以表达自己的观点，人人都是出版者与传播者，用户的活跃度和创造性更高。比如"今日头条"等的智能算法推荐，通过人工智能和大数据技术收集用户喜好、习惯，分析客户需求，可以主动推送客户感兴趣的内容。这样个性化的推送不仅满足了读者需求，也为内容生产者提供了创作方向。因此，差异化的受众定位显得尤为重要。只有这样，才能更好地根据受众群体的特征提供精准化、个性化的数字出版产品与服务。从营销的角度看，受众是出版产品的直接或间接的消费者，受众定位就是出版企业的市场定位，准确的市场定位是出版企业经营的起点和成功的关键。可根据以下四个方面确定受众定位。

第一，受众地域定位。新时代内容产品的数字化使其可以通过互联网实现全球化的传播。但由于地域之间存在文化差异，出版企业有时需要面向某一区域的受众，根据其兴趣偏好和信息需求等来确定选题和品牌的定位。如地方出版集团可以根据所处地域的特点来确定受众的定位。

第二，受众职业、身份定位。不同职业和身份的受众，其阅读喜好和行为也存在着较大的差异。因此，出版企业在确定核心受众定位时，须明确出版产品内容的主要读者群体的职业、身份。职业和身份不同，其阅读品位、支付能力及阅读需求也存在差异。

第三，受众性别、年龄的定位。不同的性别、年龄的阅读群体喜好和行为完全不同。例如，年轻的男性读者可能更倾向于阅读小说类产品；而未婚女性读者可能更喜欢阅读旅游等大众类产品；年轻的妈妈热爱阅读育儿类的产品。不同的性别和年龄决定了对阅读品类的不同追求。

第四，受众文化水平、受教育程度定位。受众文化水平、受教育程度不同，欣赏水平和对阅读的价值需求也存在明显的差异。受教育程度高的人，对阅读内容的需求、产品的功能需求及阅读视觉的体验等方面有更高的要求。

第三节　出版企业商业模式战略评估

商业模式创新对于出版企业的重要性在于帮助其适应不断变化的市场环境和技术发展。传统的出版模式受到了多种因素如数字化技术、电子书、自助出版平台和在线内容分享等的影响，这些变革给传统的出版业务带来了巨大的冲击，时至今日，创新的商业模式对于出版企业来说至关重要。

商业模式创新可以帮助出版企业开发新的业务模式和收入来源。例如出版企业可以通过数字化技术提供电子书和在线内容订阅服务，满足用户的新阅读需求。此外，还可以利用社交媒体、平台与用户互动，提供个性化的推荐和定制化的服务，以增加用户参与度和忠诚度。

当前的相关研究主要关注如何创新出版业务模式以提高盈利能力和市场竞争力。研究者们探索了各种商业模式创新方法，如数字化转型、基于平台的业务模式、订阅模式、多渠道发行模式等，还研究了出版、数字化技术和知识产权之间的关系，以及如何利用大数据和机器学习来优化商业模式，等等。研究目的主要是为出版企业提供可行的商业模式创新策略和实践指导。研究者们努力理解出版行业面对的挑战和机遇，分析市场趋势和消费者需求，为出版企业提供适应性更强的商业模式。

总之，商业模式创新对于出版企业的重要性在于帮助他们适应数字化时代的发展，提高盈利能力和市场竞争力。当前的相关研究主要致力于为出版单位提供可行的商业模式创新策略和实践指导。

一、商业模式创新的评估方法

新时代出版企业商业模式创新的评估方法的重要性和必要性体现在以下几个方面。首先，评估方法能够提供科学、客观的标准和分析结果，帮助企业作出明智的决策，选择适合企业的商业模式创新方向。其次，评估方法可以帮助企业了解商业模式创新的效果和影响，帮助判断企业是否取得了预期的价值和利润。企业可以及时发现问题和改进点，对商业模式进行持续创新优化。再次，评估方法还可以帮助企业了解自身的竞争力，从市场需求和客户满意度等方面衡量企业在商业模式创新中的优势和劣势，从而有针对性地改进和创新，提升自身的竞争力。评估方法还可以帮助企业进行可持续发展的评估，包括商业模式创新对环境和社会的影响的评估。通过评估，企业可以发现和解决商业模式创新中的可持续发展问题，提高企业的社会形象和可持续发展能力。最后，评估方法可以帮助企业了解商业模式的创新能力，包括研发投入、创新项目数量、创新速度等。通过评估，企业可以明确自身的创新能力，推动创新氛围的营造，提升企业的创新能力和创新效果。综上所述，新时代出版企业商业模式创新的评估方法可以为出版企业提供决策依据，帮助其了解商业模式创新的效果，提高其竞争力，提升可持续发展和创新能力。通过科学的评估方法，企业可以更加全面、客观地了解商业模式创新的情况，为企业的战略决策和发展提供有力支撑。

（一）商业模式创新评估指标体系的建立

建立商业模式创新评估指标体系可以通过以下步骤进行。

（1）确定评估目标。明确定义希望被评估的商业模式创新方向，包括但不限于市场开拓能力、产品创新能力和盈利模式等。此举有助于确立重点评估指标。

（2）收集相关数据和信息。收集每个与评估目标相关的数据和信息，可通过市场调研、分析竞争对手和收集消费者反馈等多种方式来展开。

（3）确定评估指标。根据所收集到的数据和信息，确定可客观反映商业模式创新水平的评估指标。如针对市场开拓能力，可考虑选择市场份额增长率、新产品销售额比例等指标。

（4）设计指标体系。将确定的评估指标组合成一个综合的指标体系，确定每个评估指标的重要性和权重，并确保指标之间的关联。

（5）确定评分方法和标准。为每个评估指标确定相应的评分方法和评分标准，可以采用定性和定量相结合的方法。如对于市场份额增长率指标，可依据具体增长率划定相应得分。

(6) 应用评估指标体系。将设计好的评估指标体系应用于实际的商业模式创新评估中，根据收集到的数据和信息，对各个指标进行评分，从而实现对商业模式创新水平的评估。

(7) 分析评估结果。根据评估结果，对商业模式创新的优势和不足进行详细分析，针对不足之处提出相应的改进措施。

(8) 持续改进。鉴于商业环境的不断变化，评估指标体系也需要持续改进，要定期回顾和分析评估指标体系的有效性，并根据需要进行适当的调整和修改。

通过以上步骤，可建立一个有针对性的商业模式创新评估指标体系，以帮助评估和改进商业模式创新。不过，创新评估指标体系的建立应根据具体情况调整，以适应不同行业和组织的特点。

(二) 商业模式创新评估工具与技术的应用

1. 常用的商业模式创新评估工具

商业模式创新评估工具是帮助企业评估当前业务模式的有效性，并提出创新建议的工具或方法。在商业模式创新的过程中，使用评估工具可以帮助企业分析其竞争优势、客户需求和市场变化等，从而选择更具竞争力和能可持续发展的商业模式。

(1) 价值曲线分析 (value curve analysis)。通过比较现有业务模式与竞争对手的业务模式，找出差异并确定如何提供更有价值的产品或服务。

使用方法：绘制现有业务模式和竞争对手的业务模式的价值曲线，分析不同维度上的差异，结合分析结果开发新的商业模式，以提供更有竞争力的产品或服务。

(2) 五力分析模型 (five forces model)。通过分析供应商的议价能力、购买者的议价能力、潜在竞争者进入的能力、替代品的替代能力、行业内竞争者现在的竞争能力，评估现有模式的可持续性和潜在风险。

使用方法：识别并评估以上五种因素对企业的影响，根据评估结果，调整现有模式以应对不同风险和威胁。

(3) 商业模式画布 (business model canvas)。以图形方式表示关键商业模式组成部分，帮助企业梳理和分析其现有商业模式及潜在的创新机会。

使用方法：使用商业模式画布，将企业的价值主张、客户细分、分销渠道、客户关系、收入流、关键资源、关键业务、伙伴网络和成本结构等要素可视化，以评估目前商业模式的强项与弱点，并探索新的商业模式。

（4）SWOT 分析（SWOT Analysis）。通过评估企业的优势、劣势、机会和威胁，帮助企业确定其现有商业模式的适应性和潜在的变革机会。

使用方法：分析企业的优势和劣势，外部环境中的机会和威胁，评估现有商业模式的可持续性，并制定创新的商业模式策略。

企业可以根据自身需求选择适合的商业模式创新评估工具，还可以结合其他分析工具和社会、技术和经济趋势等因素综合评估商业模式的可行性和前景。

2. 商业模式创新评估技术的应用

商业模式创新评估技术是进行商业模式的分析、评估和优化的各种技术。下面介绍几种常用的商业模式创新评估技术。

（1）数据分析技术。数据分析技术可以帮助企业收集、整理和分析大量的市场数据、客户反馈、销售数据等。通过数据分析，企业可以了解客户需求、市场趋势和竞争对手的动态，从而评估当前商业模式的有效性并发现创新方向。数据分析技术还可以用于预测市场趋势和需求变化，帮助企业制定更具前瞻性和适应性的商业模式。

（2）智能算法和机器学习技术。智能算法和机器学习技术可以通过有针对性地处理和分析大规模的数据，挖掘商业模式创新的机会和模式。这些技术可以运用在客户细分、推荐系统、需求预测等方面，帮助企业发现客户的隐含需求、个性化服务需求，发展定制化商业模式。通过智能算法和机器学习技术，企业可以实现商业模式的个性化和动态调整，提升客户满意度和市场竞争力。

（3）设计思维和创新工具。设计思维和创新工具可以帮助企业从用户的角度分析和评估商业模式。通过用户旅行地图、人物画像、原型设计等方法，可以深入了解用户需求和痛点，从而发现商业模式创新的机会。设计思维和创新工具还可以帮助企业从多个维度思考商业模式，强化其创新和解决问题的能力。

（4）社交媒体和用户参与技术。社交媒体和用户参与技术可以帮助获取用户意见和建议，从而深入了解用户对商业模式的评价和期望。企业可以通过社交媒体的分析工具，了解用户在平台上对自己商业模式的评价和讨论，找出需要改进的地方，并与用户进行互动。用户参与技术也可以通过用户调查、焦点小组等方式，获取用户对商业模式的意见和建议。

通过利用这些商业模式创新评估技术，企业可以更全面、客观和系统地评估商业模式的有效性并发现改进点，为商业模式创新提供科学依据。同时，这些技术也为企业开启智能化、个性化和用户参与化的商业模式创新奠定了基础。

二、出版企业商业模式主要评估指标

新时代出版企业商业模式选择的战略评估是一个复杂且重要的事项。在这个过程中，选择什么样的评估指标至关重要。下面将从出版企业的社会效益评估指标、经济效益评估指标、市场竞争力评估指标、创新能力评估指标四个维度阐述新时代出版企业商业模式选择的战略评估。

（一）社会效益评估指标

出版企业的社会效益评估指标包括文化传承与创新、社会责任履行、内容质量与普及情况等。在新时代，出版企业应积极承担文化守望者和传承者的职责，推动文化创新和中华优秀传统文化保护。出版企业应侧重于推出具有时代精神和社会意义的作品，为社会带来积极影响。此外，出版企业还应注重履行社会责任，在出版过程中遵守法律法规，弘扬正能量，为用户提供公正、客观的信息。

出版企业的社会效益评估是评估出版企业在社会上创造的积极影响和贡献的过程。这一评估涉及多个方面，包括政策支持、产品内容、出版物的质量、社会责任履行、科技创新和数字化发展等。

（1）政策支持对于出版企业的社会效益评估至关重要。政府可以通过制定相关政策和法规来支持和引导出版企业的发展，如政府可以提供财政补贴和发布税收优惠政策，降低出版企业的经营成本，鼓励出版企业进行创新和文化创作。政府还可以出台知识产权保护政策，维护出版企业的合法权益，促进良性的竞争和创新。

（2）出版企业的产品内容是评估社会效益的重要指标之一。优质的出版物可以丰富社会文化生活，提升公众的文化素养和阅读能力。在评估产品内容时，重点在于出版物是否注重了文化传承和创新，内容是否客观、真实、合理、有深度，能满足用户多样化的需求。

（3）出版物的质量也是评估社会效益的关键因素。高质量的出版物应传播正确的信息和观点，避免虚假、低俗和有害内容的传播；同时，在设计和印制质量上也要符合国家有关标准和规定。

（4）出版企业应通过积极履行社会责任来提升社会效益。社会责任履行包括遵守法律法规、传播正能量、关心公益事业等。在评估社会责任履行时，可以考察出版企业是否合法经营，是否遵守版权、著作权等相关法律法规，是否积极参与公益活动，是否提供了服务于社会的公共产品，等等。

（5）在评估出版企业的社会效益时，还需要考察企业的科技创新能力和数字化发展水平。出版企业是否能够积极采用新技术和新媒体，拓宽产品的传播渠道，满足用户的多样化需求，提高出版物的普及度，会直接影响社会效益的评估结果。

综上所述，出版企业的社会效益评估需要考虑多个方面。这些方面的评估指标可以帮助出版企业检视自身为社会创造的积极影响和贡献，并推动企业不断提升社会效益。在评估过程中，需要综合运用定性和定量评估方法，以客观、科学的态度对出版企业的社会效益进行全面评估，为企业提供改进和发展的指导、建议。

（二）经济效益评估指标

经济效益是出版企业选择商业模式的一个重要考虑因素。出版企业的经济效益评估是评估企业在经济方面所创造的价值和效益的过程。经济效益评估既要考虑企业的盈利能力和财务状况，也要与社会效益相结合，综合考量企业的市场竞争力、资本运作效率和可持续发展能力等。经济效益评估指标包括政府的相关政策、企业的盈利能力、投资回报率、资本运作效率、可持续发展能力等。出版企业要选择能够持续盈利的商业模式，确保企业的经营稳定和可持续发展。此外，出版企业还要评估商业模式对资本运作的影响，以提高自身的资金利用效率和投资回报率。

（1）政府的相关政策对于出版企业经济效益的影响巨大。政府可以通过制定相关政策和法规来支持和引导出版企业的发展，或出台劳动力政策，为企业提供人才保障；还可以推进文化产业的发展和规划，提供市场准入和竞争保护的政策支持。

（2）盈利能力是评估出版企业经济效益的重要指标之一。出版企业的盈利能力直接影响企业的可持续发展和资本回报率。评估企业的盈利能力可以重点了解企业的营业收入、净利润、毛利率等指标，同时综合考虑企业的产品差异化、市场份额和价格策略等因素。出版企业应生产有竞争力的产品，能够满足用户多样化的需求，并拥有良好的市场份额，制定合理的价格策略，与产品价值相匹配，以实现利润最大化。

（3）投资回报率反映了企业投资所获得的经济回报情况。评估企业的投资回报率可以通过考察企业的投资规模、资产负债表、股东盈利等指标来完成。较高的投资回报率意味着企业对投资的有效管理和利用，获得了更高的经济效益。

（4）资本运作效率反映了企业的资金利用效率和财务管理能力。评估资本运作效率可以通过考察企业的资产负债率、流动比率、现金流量等指标来完成。

（5）可持续发展能力反映了企业在长期经营中保持盈利能力和发挥潜力的能力。可持续发展能力需要综合考虑企业的市场竞争力、创新能力和品牌建设等因素。出版企业要加强可持续发展能力，就需要不断提升产品的竞争力，推动创新和技术进步，并树立良好的品牌形象，以保持盈利能力和增长潜力。

综上所述，出版企业的经济效益评估应结合社会效益进行综合考量。方法上，可以通过查看财务报表、展开市场调研和问卷调查等来展开，客观、科学地评估出版企业的经济效益，为企业提供改进和发展的指导、建议。

（三）市场竞争力评估指标

市场竞争力是出版企业选择商业模式的关键影响因素之一。市场竞争力评估指标包括市场份额、市场增长率、产品差异化程度、客户满意度、研发和创新能力、品牌价值等。通过评估这些指标，可以帮助企业了解其在行业中的地位和优势，并提供重要的参考信息，以帮助企业制定战略决策和业务发展计划。在新时代，出版企业面临着数字化和互联网的挑战，因此，评估指标需要更加全面和多元化。

1. 市场份额

市场份额是企业在特定市场中的销售额占整个市场销售额的比例。这个指标可以反映企业的市场地位和竞争优势。市场份额的增加对企业来说是一个重要的目标，它可以提高企业在行业中的竞争地位、影响力和利润。

2. 市场增长率

市场增长率是指市场销售额在一定时间内的增长速度。这个指标可以帮助企业了解市场的潜力和发展趋势。如果市场增长率较高，企业可以考虑扩大规模和增加投资以获取更多的市场份额；如果市场增长率较低，企业则需要寻找新的增长机会，如进入新兴市场或开发新产品。

3. 产品差异化程度

产品差异化程度是指企业的产品相对于竞品的独特性，一般体现在产品质量、功能、设计、品牌价值等方面。企业打造区分度高的产品，能有效地吸引消费者的注意力。这可以帮助企业建立品牌形象和增加市场份额。

4. 客户满意度

客户满意度是衡量客户对企业产品和服务的满意程度的指标。客户满意度可以通过客户调研、反馈和评价等方式得知。高客户满意度可以有效提升品牌声誉，增加顾客忠诚度并吸引新的顾客。通过提供优质产品和服务，企业可以提高客户满意度，从而提高市场竞争力。

5. 研发和创新能力

研发和创新能力是企业推动产品创新和技术进步的关键。高水平的研发和创新能力可以帮助企业在市场上推出独特的产品，并满足不断变化的消费者需求。研发和创新能力的提升需要企业加大技术研究、人才培养和战略合作等方面的投入。

6. 品牌价值

品牌价值是指企业品牌在市场中所具有的商业价值和影响力。一个有价值的品牌可以增强企业的市场竞争力，提升产品的价格弹性和顾客忠诚度。品牌价值的提升需要企业加强品牌管理、市场营销和品牌传播等方面的工作。

综上所述，根据新时代出版企业的市场竞争力评估指标分析企业现状，可以帮助企业评估自身在市场中的地位和竞争优势，为企业提供决策参考、战略规划指导。企业应该通过持续的市场分析和不断的提升，使自身在新时代的竞争中保持优势地位并持续发展。

（四）创新能力评估指标

创新能力影响着出版企业对商业模式的选择。随着数字化和互联网的发展，出版行业面临着巨大的挑战和机遇。因此，企业需要具备创新能力来适应市场变化，不断推出符合市场需求的新产品和服务，引领行业发展。

新时代出版企业的创新能力评估指标是对企业在创新领域的能力进行评估和分析的一系列指标。创新能力评估指标包括创新成果产出、创新文化与组织及创新战略规划三个方面的内容。

1. 创新成果产出

创新成果产出是指企业在科技研发、产品研发和商业模式创新等方面取得的成果，其评估指标有以下几项。

（1）新产品或服务的数量及质量：企业推出的新产品或服务的数量与质量，与现有产品或服务进行对比是否有较大优势。

（2）技术创新和专利数量：企业在技术创新方面的投入和成果，包括研发投入和获得的专利数量。

（3）行业内认可度：企业在行业内的创新地位和竞争地位，可参考获得的奖项和荣誉等。

2. 创新文化与组织

创新文化与组织是指企业内部的创新环境、文化和组织结构，其评估指标有以下几项。

（1）创新文化：企业的文化鼓励员工创新、接受变革和尝试新方法。

（2）创新沟通：企业内部的沟通和协作机制，便于员工之间分享创新思想和经验。

（3）创新团队：企业的创新团队建设和管理，包括跨部门合作、聚焦创新项目等的情况。

3. 创新战略规划

创新战略规划是指企业对创新活动的战略方向的规划，其评估指标有以下几项。

（1）创新目标：企业对创新的战略目标和愿景，设定了明确的创新目标。

（2）创新投入：企业在创新方面的投入，包括研发经费、人力资源和技术支持等。

（3）创新合作：企业与其他机构和合作伙伴的合作情况，包括与高校、科研机构、创新企业等的合作。

（4）创新风险管理：企业在创新活动中的风险管理和控制机制。

为了更好地评估新时代出版企业的创新能力，可以通过问卷调查、实地调研、竞争对比和专家评审等方式进行定量和定性相结合的评估分析。企业可以根据评估结果，制定相应的创新策略和行动计划，不断提升创新能力，引领行业发展。

综上所述，新时代出版企业商业模式选择的战略评估应综合考虑社会效益、经济效益、市场竞争力和创新能力等多个维度。这些评估指标有助于出版企业选择适合自身发展的商业模式，提升企业的竞争力和可持续发展能力。出版企业应根据自身定位和发展目标，合理配置资源，选择合适的商业模式，并不断进行战略评估和调整，以适应新时代的变化和挑战。

三、新时代出版企业商业模式创新的五维评价模型

（一）商业模式创新评价的五大维度

能否盈利是商业模式创新是否成功的终极衡量指标，因为商业模式本质上来说就是关于价值来源、价值创造和价值实现的逻辑，如果不能带来新型的价值和超额利润，企业的商业模式创新将失去意义。李振勇认为，企业的商业模式成功的唯一标准就是盈利，持续的盈利。[①]

然而，单靠盈利来判断商业模式创新效果是远远不够的，商业模式创新评价机制应该是全面的、包含过程性评价和最终评价的。商业模式创新涉及诸多要素，如企业的客户组成、客户价值主张、组织结构、资源配置、盈利模式、价值网定位、与利益相关者的关系等，都应成为评价机制的一部分。特别是在移动互联时代，用

---

① 李振勇. 商业模式——企业竞争的最高形态 ［M］. 北京：新华出版社，2006.

户的喜好、消费需求、商业环境等都发生了很大的变化，企业的商业模式创新必须顺应乃至引领这些变化，这些相关指标也应包含在评价机制之内。新时代企业商业模式创新是基于价值网的创新，其结果是企业在价值网中的定位或联结关系发生变化，所以对商业模式创新的评价中必然要增加价值网相关评价维度。据此，我们将出版企业商业模式创新评价机制分为五大维度：财务维度、客户维度、内部运营维度、创新与学习维度、价值网维度。

1. 财务维度

财务维度的评判核心是企业的盈利水平。成功的商业模式创新活动，有助于增强企业的长期获利能力，即加大企业自身财务价值的能力。学者卡普兰和诺顿在对某公司的分析中，将该公司财务维度的目标定为：生存、成功、蓬勃发展。[①] 对应的衡量指标是：现金流（生存）、季度销售增长和营业收入（成功）、市场份额增长和净资产收益率（蓬勃发展）。李曼对于财务维度的衡量指标概括得较为全面：净资产收益率，用于评估企业商业模式创新现期获利能力；现金周转速度，用于评估企业资金运营效率；存货周转率，用于评估供应链运营的经济价值和创造能力；股票市场价格指标，用于评估企业商业模式创新的预期获利能力；新产品开发投资回收期指标，用于评估企业技术研发与产品创新的获利能力及其投资风险的大小。[②]

对于出版企业而言，商业模式创新在财务维度的目标是创新业务的持续盈利。对应的衡量指标有：第一，创新业务销售收入；第二，创新业务销售收入占企业总销售收入的比重；第三，创新业务的销售增长率；第四，创新业务的成本利润率；第五，创新业务的外部融资比率。第五点值得特别注意，适用于该指标的情况是出版企业的创新业务具有一定的独立性且已成立公司独立运作。随着现代企业的不断发展，企业与社会专业机构协作，利用金融杠杆解决企业资金需求的现象越来越普遍，通过吸引风险投资进行融资也日益成为新型业务在移动互联时代发展的重要推动力，创新业务的外部融资比率指标既反映了资本市场对该项业务的预期，也反映了该业务对外部资金的依赖程度。

2. 客户维度

卡普兰和诺顿将客户最关心的问题分为四类：时间、质量、成效和服务。生产周期指标用于衡量企业满足客户需求的时间，对于既有产品，生产周期是企业收到客户订单到将产品或服务送达客户所耗费的时间。对于新产品，生产周期是指该产

---

① Kaplan R S，Norton D P. The Balanced Scorecard—Measures That Drive Performance [J]. Harvard Business Review，1992 (1-2)：172-180.

② 李曼. 略论商业模式创新及其评价指标体系之构建 [J]. 现代财经，2007 (2)：55-59.

品从提出产品概念到产品面市所花费的时间。质量指标用于衡量客户所感受到的企业产品的缺陷水平。成效和服务用于衡量企业的产品或服务是如何创造客户价值的。

对于出版企业的商业模式创新评价而言，其客户维度的目标是：提供新的客户价值、客户对新价值感到满意。从具体衡量指标而言，首先需要衡量的是客户的多样化程度。新时代价值传递的路径已经不再是产品实现销售、企业获得收益的简单线性逻辑，而取决于一个基于价值网的，更为复杂的联结企业、顾客及价值网其他参与者的协作机制。企业价值的来源很可能只是产品和服务使用者中的某些群体，甚至根本就不来自于用户，而来自于广告商、其他利益相关者甚至政府等。客户的多样化有利于企业在变化的价值网中建立多方位的联结，规避系统性风险，能够在产业变革中顺利向新型价值网过渡。

了解客户对新价值是否满意需要看客户满意度、客户保持率（留住老客户的能力）、客户获得率（吸引新客户的能力）、客户获利率（客户感知的获利的大小）、品牌认知度（客户和大众对产品或服务品牌内涵及价值的认知和理解程度）。

对于移动互联时代的产品而言，依赖互联网服务往往是其重要特性。由于网络的外部性和客户需求价格弹性的不同，就有了产品盈利模式的多种设计，企业可以对用户进行分类，一部分用户为了获得那些可以帮他们节省时间、降低风险、赢得地位的稀缺信息或服务而付费，从而成为企业的一类客户；另一部分没有付费意愿的用户可免费使用产品，以提升流量，加大对各类客户群体的吸引。所以，对于具备互联网或移动互联网特性的产品，还需要将用户数量、页面浏览量、独立用户访问量、网站级别和每用户平均收入等作为衡量指标，以对网络产品的价值进行全面评估。

3. 内部运营维度

内部运营维度关注的是价值创造环节的各项运营指标。卡普兰和诺顿认为，内部运营维度考察的是企业为了满足客户预期而必须在企业内部做什么，优异的表现来自贯穿组织全过程的流程、决策和行动之中。管理者必须聚焦那些使得企业满足客户需求的关键性内部运营指标。李曼认为内部运营维度包含的指标包括时间柔性、新产品开发周期、生产设施开工率、员工满意度。刘卫星和丁信伟则认为应当包括产品生产周期、一次性合格率、成本费用利润率、库存周转速度、生产柔性水平、设备使用率、订单完成率。[①]

在出版企业商业模式创新评价体系的建构中，出版企业需要首先确立内部运营

---

① 刘卫星，丁信伟 . 基于六维平衡计分卡的商业模式评价体系构建 [J] . 工业技术经济，2010（12）：131-135.

维度的目标，这一目标由其新型客户价值决定，是企业的能力目标，即为了实现一定的新型客户价值，出版企业所必须具备且为该企业所独有、可保持其市场领导地位的能力。对应上述目标的具体衡量指标包括：新产品或服务的开发周期、新产品或服务研发投资回收周期、研究与开发支出率、核心资源掌握程度、核心技术掌握程度。其中研究与开发支出率＝研究与开发支出额/销售净额。[①] 需要注意的是，对于基于互联网或移动互联网的新业务而言，其投入的重要部分是人员薪资，所以在对研究与开发支出额的计算中需要将人力成本包含进去。

同时，在新时代做产品时需要具备"迭代思维"[②]，企业需要快速推出产品，随后在对用户使用行为的分析和与用户的互动中，不断对产品进行迭代开发，以不断满足用户的真实需求，提高用户的黏性。所以，在移动互联时代，新产品或服务的迭代频率和迭代周期也应该成为衡量互联网产品的一个指标。

从企业的内部生产流程管理来看，价值创造过程中包含着各种信息，这些信息就是虚拟价值链理论所说的"市场空间"中的信息[③]，企业可通过生产管理平台、资产管理平台、协同工作平台等对价值创造活动的每一个环节进行信息收集、信息组织、信息筛选、信息综合和信息分发，使得原始的信息在"可视化"的同时增值，甚至创造出新的客户关系。所以，企业运营管理的信息化水平对于提高内部运营效率、创造新的客户价值也至关重要。

4. 创新与学习维度

企业价值创造的能力和潜力的挖掘能力靠考量创新与学习维度来判定。卡普兰和诺顿指出，市场在不断变化，激烈的全球化竞争需要企业持续提升其现有产品、服务、内部运营状况以及学习新知识、新技术的能力，并将其内化成企业的核心能力，推出创新型产品和服务。企业只有通过持续推出新产品和服务，为客户创造更多的价值和新价值，提升运营效率，才能开拓新的市场，提高收入。

企业的成长来源于企业自身不断地学习与进步，包括员工综合素质的提高，信息技术、信息系统及组织流程的完善，企业文化的提升等，所以创新与学习维度将重点关注员工综合素质的提高、企业的创新制度建设、创新文化建设。同时，创新业务本身的创新性也在考量范围内。

新时代出版企业商业模式创新的创新与学习维度目标是：创新具有领先性，具

---

① 欧阳春花. 平衡计分卡修正及其评价指标体系的构建［J］. 审计与经济研究，2008（5）：63-67.

② 陈光锋. 互联网思维：商业颠覆与重构［M］. 北京：机械工业出版社，2014.

③ Rayport J，Sviokla J J. Exploiting the Virtual Value Chain［J］. Harvard Business Review，1995（11-12）：75-85.

备持续创新能力。彭彦认为移动互联时代商业模式创新的根本阻力是对产品形态、信息传递逻辑和价值传递逻辑的路径依赖[①]，所以，出版企业的创新产品和服务是打破了传统产品形态、信息传递逻辑和价值传递逻辑的产品和服务。对于创新本身的领先性而言，具体的衡量指标包括创新业务设计的领先性、创新业务相关技术的领先性、创新业务的独特性、创新业务的不易模仿性、核心技术掌握程度等。

企业是否具备持续创新能力，其具体的衡量指标包括员工满意度、员工积极性、员工培训率、员工创新建议提出数量、员工创新建议提出频率、员工创新建议被采纳率、新技术学习周期、创新机制和流程的适应性、创新文化的认可度等。

5. 价值网维度

研究者刘卫星和丁信伟指出，全球化对企业生产提出了新要求，供应链或价值网络的建设是企业实现资源整合的前提。同时，因为价值在价值网中不同位置的丰富度存在差异，企业进行商业模式创新的本质就是追求更大、更可持续的收益，所以企业商业模式创新的结果就是企业在价值网中的位置和与价值网中其他主体的联结关系发生了改变。

随着移动互联网时代的到来，内容的生产和消费都在向线上、移动终端转移，形成了由内容提供商、硬件厂商、软件厂商、电信运营商、广告商、政府主管部门、用户等构成的边界模糊的价值网。出版企业通过商业模式创新力图占据该价值网中的关键环节，使得在面向特定市场时，自身成为不可或缺的主体，进而获取更大利益。同时，企业所占据的环节要具备移动互联网时代的特征，这样才能让企业顺利渡过价值网变革，进入新型价值网中。

从价值网维度来看，出版企业商业模式创新的目标就是占据价值网关键环节，且所占据环节具备新型价值网的特征。占据价值网关键环节这一目标对应的具体衡量指标包括创新业务的市场份额、创新业务的行业综合排序、创新业务针对各利益相关者的议价能力、创新业务的合作伙伴数量、合作伙伴的市场地位等。欧阳春花建议，将企业与合作伙伴合作时间的长短作为衡量指标之一，按长期、中期和短期进行定性分析；同时，对合作内容也进行模糊分析，分析的内容包括战略、技术、组织和业务。但因为此类指标难以简单量化，故暂未采纳，不过企业可根据业务需要，根据上述指标做定性分析。所占据环节具备新型价值网的特征这一目标对应的具体衡量指标有创新业务与移动互联网特征的匹配度，其细化指标还需要根据企业商业模式创新所针对的具体领域，该领域的发展趋势，新技术、新消费特征进行设计。

[①] 彭彦. 传统出版企业的数字化盈利之路：路径依赖与产业链延伸的博弈［J］. 出版发行研究，2014（10）：33-35.

（二）新时代出版企业商业模式创新评价模型

依据商业模式创新评价的五大维度，构建了新时代出版企业商业模式创新的五维评价模型（如图 4 所示）。该模型使得移动互联时代的管理者可以从五个最重要的维度去分析企业的经营，这五大维度也回答了以下五个出版企业商业模式创新的基本问题：

图 4　移动互联时代出版企业商业模式创新五维评价模型

该商业模式创新在多大程度上让企业提供了让客户满意的新的价值？

该商业模式创新在多大程度上让企业具备高效提供新的客户价值的能力？

该商业模式创新在多大程度上具有领先性且让企业具备持续创新的能力？

该商业模式创新在多大程度上让企业占据了有前途的价值网关键环节？

该商业模式创新在多大程度上能够实现持续盈利？

需要说明的是，本模型中涉及的指标基本是一级评价指标，这些指标有的还需要进一步细化成二级甚至三级评价指标才能有效实施。同时，由于出版企业发力点的不同，目标设计和评价指标的选择和侧重点也会有所不同，不同的企业以及同一企业在商业模式创新的不同阶段对指标的选择也可能有所不同。所以，本模型的目标和指标主要起到了对创新评估的提示作用，企业还需要在实践中根据具体情况调整相关指标。

新时代出版企业商业模式创新是一个艰难、复杂、不断试错、不断提升的过程。在此过程中，如何将静态的评价方法与创新的动态发展有机结合起来，如何做好创新战略的分解实施，如何平衡好各项衡量指标之间的关系，共同推动创新协调发展，需要管理者的耐心和智慧。

四、出版商业模式创新的迭代与持续改进

出版商业模式的迭代和持续改进是出版企业保持竞争力和适应变化的重要手段。它能帮助出版企业适应市场变化，满足新的市场需求。通过持续改进，出版企业能够发现并利用新的机遇。此外，迭代和持续改进还可以提升出版企业的竞争力，通过优化运营、降低成本和提高产品和服务质量，赢得市场份额。它也能帮助出版企业持续学习和优化商业模式，以实现持续增长和可持续发展。因此，出版商业模式的迭代和持续改进是出版企业保持竞争力和创造更大价值的必要举措。

（一）出版商业模式创新的迭代原则与方法

1. 出版商业模式创新的迭代原则

出版商业模式创新的迭代原则是基于市场的变化和客户需求的不断调整、改进而产生的，目的在于帮助出版企业在竞争激烈的市场中保持灵活性和敏捷性，迅速适应变化并提供独特的价值主张。

第一，持续观察和了解市场是出版商业模式创新的迭代原则之一。出版企业需要时刻关注市场变化和发展趋势，了解用户需求的变化，以及竞争对手的策略；通过持续观察和了解市场，及时调整商业模式以满足市场需求，并抓住新的机遇。

第二，提供独特的价值主张是出版商业模式创新的重要迭代原则。出版企业需要通过改进和创新来提供独特的价值，这可能涉及从选题策划到出版物出版的全方位改进。通过持续分析市场和用户需求，及竞争对手的策略，企业可以找到差异化和创新的机会，进而为用户提供独特的、有吸引力的价值。

第三，强调用户体验。良好的用户体验是出版商业模式创新成功的关键。出版

企业在迭代商业模式时，需要不断优化和改进用户体验，以提高用户的满意度和忠诚度。

第四，快速测试和实施。出版企业需要采用快速设计原型和实施的方法，通过小规模试验和测试，快速了解模式的有效性和用户对此的反馈，及时调整和改进商业模式，降低风险，提高成功率。

第五，持续学习和适应变化是必要原则。出版企业需要通过不断收集用户的反馈和市场信息，分析数据、预测趋势，及时调整和优化出版商业模式，以适应不断变化的环境和竞争态势。持续学习和适应变化的能力将不断推动出版企业商业模式的创新和发展。

第六，灵活性和敏捷性。在不断变化的市场环境下，出版企业需要拥有敏捷的反应，及时调整商业模式和策略，以快速适应环境变化。灵活性和敏捷性将使出版企业在激烈的竞争中保持优势。

总之，出版商业模式创新的迭代原则为出版企业在不断变化的商业环境中找到新的机会和发展路径提供了指导。

2. 出版商业模式创新的迭代方法

出版商业模式创新的迭代方法可持续优化和改进商业模式，旨在帮助出版企业满足不断变化的市场需求和创造更具竞争力的价值。

第一，出版企业应打造持续学习和创新的文化。出版企业应该鼓励员工了解市场和用户需求的变化，积极提出新的创意。这种文化倡导尝试和失败，可以激发员工创新的动力。

第二，建立有效的市场研究和分析机制。通过对市场趋势、竞争对手和用户需求的持续分析，出版企业可以获得对市场变化的深刻理解。市场研究和分析可以帮助出版企业发现新的机会和挑战，并为迭代商业模式的决策提供可靠的数据支持。

第三，建立敏捷的项目管理和执行机制。敏捷的项目管理可以帮助出版企业快速应对市场变化，并在迭代过程中促进有效的团队协作和决策。通过将项目划分为小规模的、可迭代的任务，并及时调整和优化，出版企业可以在较短的周期内快速测试和实施新的商业模式。

第四，关注用户体验。在迭代过程中，出版企业应该通过深入理解用户需求和行为来改进、优化产品和服务。受众研究、受众测试和受众反馈是非常有价值的工具，可以为出版企业提供有关用户体验的关键信息，并指导迭代过程中的改进和调整。

第五，注重数据分析和评估。通过收集和分析大量的数据，出版企业可以了解商业模式的效果和影响，并根据数据结果作出相应的调整和改进。数据分析可以帮助出版企业识别可改进的领域、发现潜在的机会。

第六，跨部门和跨团队的合作。跨部门和跨团队的合作可以促进不同视角和专业领域知识的交流，加速出版商业模式的创新和迭代。合作和协作有助于消除内部壁垒，促进有效的沟通和决策，并推动出版商业模式创新的实施和成功。

总之，通过这些方法，出版企业可以持续优化和改进商业模式，并创造出更具竞争力和能适应市场变化的模式。

（二）持续改进与优化的实施策略

出版商业模式创新的持续改进与优化旨在不断提升出版企业的竞争力和市场表现，有效的实施策略有以下几项。

第一，持续关注用户需求和市场。出版企业应该与用户保持密切联系，了解他们的需求和期望，并随时调整商业模式以适应变化的市场环境。通过持续关注用户需求和市场，出版企业可以发现新的机会，及时作出调整和改进。

第二，不断收集和分析数据。通过收集和分析大量的数据，出版企业可以深入了解用户行为、市场趋势和竞争动态，从而发现可改进的领域和潜在机会。数据分析可以为出版企业提供客观的决策支持，指导迭代过程中的改进和调整。

第三，打造创新驱动的企业文化。出版企业应该鼓励员工提出新的想法和创意，并为他们提供创新的环境和机会。通过打造创新驱动的企业文化，可以激发员工的创造力和热情，推动商业模式的持续改进和优化。

第四，建立有效的评估和监控机制。出版企业应该制定明确的评估指标和关键绩效指标，以衡量出版商业模式的效果。通过定期评估和监控，出版企业可以发现问题和发展瓶颈，及时采取措施改进和优化。

第五，建立敏捷的决策和执行机制。通过敏捷的决策和执行，出版企业可以迅速调整和优化商业模式，降低风险和成本，提高成功率。

第六，持续学习，不断提升能力。出版企业应该鼓励员工不断学习和提升自身能力，跟上最新的技术和市场趋势，并将学习的成果应用于出版商业模式的优化和改进中。员工的持续学习和能力的提升将为出版企业提供持续创新和改进的动力。

通过这些策略的实施，出版企业可以不断优化和改进商业模式，提升竞争力和市场表现。

第四章　新时代出版企业商业模式创新策略

第一节　出版企业商业模式创新方法与应用

出版企业面临着日益激烈的市场竞争和技术变革的冲击。在这个数字化时代，商业模式创新成为实现企业可持续发展的关键方法。

首先，商业模式创新有助于帮助企业适应市场需求和变革。随着互联网和数字技术的发展，读者和消费者的阅读习惯和消费行为已经发生了巨大变化，传统的纸质书籍已经无法满足其对于多样化和个性化阅读体验的需求。而商业模式创新可以帮助出版企业捕捉到这些变化，帮助其推出更有吸引力的产品和服务。例如，引入电子书和在线阅读平台，出版企业就可以及时了解读者的需求，提供更多元化的阅读方式，甚至实现个性化定制，并与读者互动。

其次，商业模式创新能够提升企业的市场竞争力。在竞争激烈的出版市场中，企业需要不断创新，在产品、渠道、服务等方面寻找差异化竞争优势。商业模式创新可以帮助企业发现新的商机并实现市场的突破。例如，采用订阅制的商业模式，出版企业可以提供更灵活、个性化的阅读订阅服务，吸引更多用户，提高用户黏性。此外，运用社交媒体和数字化互动工具，借助用户生成内容、进行口碑传播，可以打造出版品牌，提升市场影响力。

再次，商业模式创新可以提高企业的运营效率、降低成本。传统的出版流程通常烦琐、耗时长，生产成本较高，而商业模式创新可以通过引入数字化工具和信息技术，实现流程的优化、自动化，提高生产效率。例如，利用大数据和人工智能技术，出版企业可以更准确地了解读者的喜好和需求，进行精准的内容推荐和市场预测，减少市场风险。此外，借助云计算和共享经济模式，企业可以实现资源共享、成本共担，降低运营成本。

最后，商业模式创新还能够推动出版产业的升级和转型。随着技术的不断进步和社会的发展，出版企业需要及时调整自身的商业模式，以适应新的市场环境和消费需求。例如，在数字化时代，出版企业可以从传统的图书出版模式转变为内容出版模式，将内容生产与营销紧密结合，通过多渠道和多平台的传播，实现内容价值的最大化。此外，结合虚拟现实、增强现实等新兴科技，出版企业可以拓展业务领域，提供更多样化的产品和服务。

综上所述，商业模式创新对于出版企业来说至关重要。它能够帮助企业适应市场需求和变革，提升市场竞争力，提高运营效率和降低成本，推动行业升级和转型。在当今竞争激烈的市场环境下，只有不断创新和适应变革，出版企业才能实现可持续发展并取得更大的成功。

一、创新思维与方法

（一）设计思维在商业模式创新中的应用

设计思维是一种以人为本、迭代式的创新方法论，它借鉴设计师的工作流程和思维方式，用来发现并解决各种复杂问题，尤其是那些涉及人类需求、情感体验和服务系统的问题。设计思维强调跨学科协作、快速实验和从失败中学习，倡导从用户而非从现有条件或内部规范出发来思考问题。这种方法旨在鼓励创新者跳出框架，打破常规，通过不断试错和学习，最终创造出更加人性化、更具吸引力和有效性的解决方案。设计思维注重用户情感和体验，并在解决问题时更加关注整体和细节。

在当今不断变革、竞争激烈的出版行业中，商业模式创新是企业取得成功并实现可持续发展的关键。而设计思维作为一种创新的方法和思维方式，能够在出版企业的商业模式创新中发挥重要作用。通过运用设计思维，出版企业可以更好地适应市场变化，提供个性化和有创新性的产品和服务，帮助企业实现可持续发展并在激烈的竞争中取得优势。

首先，设计思维能够帮助出版企业更好地理解用户需求。在商业模式创新的过程中，用户需求的洞察是至关重要的。而设计思维强调以用户为中心，通过深入观察，发现用户的真实需求和痛点，这意味着出版企业要深入了解读者的阅读习惯、兴趣偏好和消费行为。通过与读者的互动、了解读者的反馈，出版企业可以更准确地把握读者的需求，为其提供个性化和多样化的阅读体验。

其次，设计思维能够帮助出版企业创新地定义和解决问题。商业模式创新需要对问题进行深入的分析并设计解决方案，而设计思维强调发散思维和解决方案的多样化探索，它能够帮助出版企业在商业模式创新中识别新的商机和挑战，并提供创新的解决方案。例如，通过融合科技手段和设计思维，出版企业可以开发出更具创新性和互动性的数字出版平台。此外，设计思维还能够帮助企业发现隐藏的需求和机会，如针对特定群体或特定场景的细分市场。

再次，设计思维能够促进跨界合作，创造创新的合作方式。在商业模式创新中，不同行业和领域的合作可以带来更多的创新和竞争优势。设计思维强调团队的合作和共创，鼓励不同背景、不同专业的人员进行协作。在出版企业中，通过作者、编辑、营销人员、设计师和技术专家等的合作，可以创造出更具创新性和市场竞争力的产品和服务。例如，与科技公司合作开发增强现实技术应用于出版物中，可以为读者提供更具沉浸感和互动性的阅读体验。

最后，设计思维还能够帮助出版企业进行试错和快速迭代的试验。商业模式创新风险较高，需要不断尝试和调整，而设计思维就是强调快速设计原型和试错的思维方式。在出版企业中，可结合设计思维，采用小规模试验和验证的方式，快速迭代和调整商业模式，避免过大的投入和风险，提高商业模式创新的成功率。

（二）敏捷创新方法在商业模式创新中的运用

1. 什么是敏捷创新方法

敏捷创新方法是一种迅速且灵活的创新方法，旨在促进快速的产品开发和业务实验。它强调团队合作、迭代开发和迅速应对变化，以快速响应市场需求并将创新成功的潜力最大化。敏捷创新方法的核心原则包括以下几点。

（1）迭代开发：通过将复杂的创新项目分解成小的、可管理的任务，团队能够更快地获得反馈、学习，同时快速应对变化。

（2）自组织团队：鼓励团队成员自主决策和自我管理，以提高效率和创新能力。

（3）用户中心：注重用户需求和反馈，通过持续的用户测试和反馈循环，保证产品或服务的质量和对市场的适应性。

（4）小批量交付：将产品或服务切分为若干个交付阶段，以便更早地投入市场，获得市场反馈，并进行相应的调整。

（5）快速决策：减少决策过程的时间和阻力，以更快地推进创新项目。

敏捷创新方法广泛应用于软件开发和技术行业，如敏捷软件开发和敏捷项目管理。当然，也可以在其他行业和领域中应用，如产品设计、市场营销、企业战略制定等。通过采用敏捷创新方法，企业可以更加灵活地应对市场需求和技术变革，将创新的机会和成功率最大化。

敏捷创新方法和企业商业模式之间存在密切的关系。敏捷创新方法是一种迅速创新和开发产品或服务的方法，而企业商业模式则描述了企业如何创造价值并获得利润的方式。敏捷创新方法强调快速响应市场需求、灵活调整和持续创新，可以帮助企业探索和验证新的商业模式，它通过迭代开发、用户测试和用户反馈循环等，帮助企业快速理解市场需求和用户行为，并帮助其根据实际市场反馈进行调整。

2. 敏捷创新方法在商业模式创新中的价值

在出版行业中，敏捷创新方法作为一种灵活、快速、可试错的创新方式，正被越来越多的出版企业应用于商业模式创新中。

第一，敏捷创新方法帮助企业紧跟市场变化并快速迭代。在出版行业中，市场需求和读者兴趣常常发生变化，出版企业需要及时把握市场变化，并快速推出符合市场需求的产品和服务。敏捷创新方法通过强调快速设计原型和试错，使企业能够快速验证市场假设，迅速调整和优化商业模式。例如，出版企业可以通过小规模试验的用户反馈，快速调整产品内容、定价、渠道等，不断迭代和优化商业模式，更好地满足市场的需求。

第二，敏捷创新方法促进团队的协作和沟通。在商业模式创新中，不同部门和岗位之间的协作和沟通是至关重要的，敏捷创新方法鼓励团队成员的互动和合作，强调跨部门和跨功能的协作，以及及时有效的沟通和反馈。在出版企业中，可以采用敏捷会议、团队盘点等方法，促进团队成员之间的交流和合作，从而提高商业模式创新的效率和质量。

第三，敏捷创新方法强调用户参与和反馈。在商业模式创新中，用户的参与和反馈是非常重要的，而敏捷创新方法通过积极地收集用户的意见和反馈，帮助企业更准确地把握用户需求，从而优化其商业模式。出版企业可以通过市场调研、用户访谈、用户测试等方式，积极收集用户的意见和反馈，及时调整商业模式，提供更符合用户期望和需求的产品和服务。

第四，敏捷创新方法还能够促进企业的创新思维和创造力发展。商业模式的创新需要创新思维和创造力的支持，而敏捷创新方法通过跳出常规思维、开放性的创新方式，激发了员工的创造力和创新潜力。在出版企业中，可以通过开设创新工作坊、鼓励员工提出创新想法等方式，激励员工创新，为商业模式创新提供源源不断的动力。

第五，敏捷创新方法也能够帮助企业更好地应对市场风险和提高项目成功率。商业模式创新过程中，存在一定的市场风险和不确定性，而敏捷创新方法通过小规模试验和快速迭代，能够帮助企业降低风险，快速响应市场，优化商业模式。在出版企业中，采用敏捷创新方法能够帮助企业更灵活地调整战略和业务模式，降低投资风险，并提高商业模式创新项目的成功率。

（三）其他创新思维与方法

除了上述创新方法，出版企业在商业模式创新中还可以采用以下几种创新思维与方法。

（1）敏锐洞察：敏锐洞察是一种从不同的线索和信息中理解、发现新的机会和洞见的方法。利用这种方法，能够对快速变化的市场环境作出反应，帮助出版企业识别和理解新的趋势、技术和用户需求，进而重新构思商业模式。与敏捷创新方法相比，敏锐洞察更加注重对市场和行业趋势的理解。

（2）开放创新：开放创新是指与外部合作伙伴（如客户、供应商、研究机构等）共同开发、创新的方法，利用外部资源和专业知识，提高自身创新效率和成功率。出版企业可以与作者、读者、科研机构等合作开展创新项目，拓展产品线或服务范围，创造新的商业模式。

这些创新思维与方法都关注创新、灵活性和用户，它们都强调以用户为中心、不断迭代和试错，并改进产品或服务以满足市场需求。相比之下，设计思维更注重用户体验和创造新的解决方案，更适用于产品设计和服务领域；敏捷创新方法更注重团队合作和迭代开发，更适用于产品开发和技术领域；敏锐洞察注重对市场趋势的洞察和理解，可以应用于市场定位和策略制定等方面；开放创新则强调与外部合作伙伴的开放合作，适用于跨领域合作和资源整合等。

二、数据驱动的商业模式创新

（一）数据分析在商业模式创新中的作用与意义

数据分析在出版企业商业模式创新中发挥着重要的作用。通过对大量数据的收集、整理和分析，出版企业可以获得有关市场趋势、读者喜好、销售数据和竞争对手情报等的宝贵信息。掌握这些数据，是企业深入了解市场需求、优化产品和增强竞争力的基础。数据分析帮助出版企业准确把握读者的兴趣和需求，更精准地推出新产品和服务，更好地满足目标受众的期望。同时，数据分析还可以发现隐藏的市场机会、识别潜在的增长点，还能够帮助企业发现市场趋势，帮助企业有针对性地调整战略方向，优化商业模式，提升竞争力。利用数据驱动的商业模式创新，出版企业能够更好地对快速变化的市场环境作出反应，实现持续的创新和商业成功。

1. 洞察市场需求

数据分析可以帮助出版企业深入了解市场需求。通过分析读者行为和喜好、市场趋势以及竞争对手的情报等数据，出版企业可以发现读者需求的变化趋势和新的机会点。这使得出版企业能够更加准确地了解读者的兴趣和喜好，提供更具吸引力和有竞争力的产品和服务。

2. 优化产品

数据分析可以为出版企业提供读者反馈意见，提出指导建议。通过收集读者反馈和评价、分析销售数据和产品使用情况，出版企业可以更清楚地了解产品的优点和缺陷，发现改进点和增值机会。这有助于出版企业优化产品的规划和设计，提供更符合读者需求的产品。

3. 实现产品和服务的个性化和定制化

数据分析使出版企业能够更好地实现产品和服务的个性化和定制化。通过分析读者的行为数据和购买模式，出版企业可以了解读者的偏好和需求，为他们提供个性化的阅读推荐和定制化的服务。这有助于提高读者满意度和忠诚度，增加企业的市场份额。

4. 发现新的市场机会

通过对市场数据的深入分析，出版企业可以发现新的市场机会。这包括发掘新的受众群体、新的产品领域以及可持续增长的商业模式。数据分析可以帮助企业迅速识别潜在增长点和尚未被满足的需求，出版企业可据此调整商业模式，更好地适应市场、开展创新活动。

5. 监控竞争态势

通过数据分析，出版企业能够更好地了解竞争对手的动向和策略。通过对竞争对手的市场份额、产品特点和营销活动等进行分析，出版企业可以及时调整自身商业模式，应对竞争挑战，保持市场竞争力。

（二）数据驱动的商业模式创新方法与案例分析

数据驱动的企业商业模式创新方法，是将数据作为决策和创新的基础，利用数据来驱动和指导商业模式的创新。

第一，数据驱动决策。数据驱动的商业模式创新方法强调基于数据进行决策，通过收集和分析各种数据，包括市场趋势、读者行为、竞争对手的情报等，出版企业可以基于事实和定量信息作出决策，这样可以减少风险，提高决策的准确性和成功率。

第二，数据驱动机会识别。通过数据分析，出版企业可以识别新的市场机会和增长点。数据分析可以揭示隐藏的需求和趋势，帮助出版企业发现未被满足的需求和潜在的读者群体。这使得企业能够基于数据驱动的机会识别来探索和创造新的商业模式，以适应市场的变化并迅速发展。

第三，数据驱动产品创新。数据驱动的商业模式创新方法可以通过分析用户行为和反馈为产品的创新提供指导。通过了解读者使用模式、阅读偏好和反馈意见，出版企业可以优化现有产品或开发新产品，以更好地满足读者的需求、提供更好的阅读体验。

第四，数据驱动市场推广。数据驱动的商业模式创新方法可以通过分析市场数据和推广活动效果来设计市场策略。通过跟踪和分析市场营销数据，企业可以了解各种营销渠道的效果和投资回报，明确市场推广的成功指标，并基于数据驱动的策略来优化市场推广活动。这有助于企业更好地利用有限的资源和预算，实现营销效果的最大化。

1. 案例一

中国出版集团有限公司是中国最大的综合性出版集团之一，旗下拥有众多子公司和品牌，如人民文学出版社、商务印书馆、中华书局等，是国家级的大型出版文化产业机构。该公司充分利用数据驱动方法，在新时代出版产业发展中取得了显著成果。

（1）数字化内容建设与平台开发。①积极构建各类数据库和数字化平台，如"中华经典古籍库"，保存了大量的古代文献资源，可用于检索、研究等，使得珍贵的文化遗产实现了数字化传承和广泛的利用。②开发了"商务印书馆语言资源知识服务平台"，提供语言学习、研究和查询服务，满足了不同用户群体的需求。③推出了移动阅读应用"中读"，整合了大量电子书、有声读物等内容资源，借助数据分析了解用户喜好，实现个性化推荐和精准服务。④发展了"中国原创音乐作品数字出版平台"和"中图易阅通"等数字出版与服务平台，拓宽内容分发渠道，并通过分析用户使用数据，优化用户体验和内容布局。

（2）内容创新与确定市场定位。利用大数据分析市场趋势和消费者行为模式，指导内容创新和选题策划，确保出版产品符合市场需求，从而确定市场定位，提高市场占有率和盈利能力。

（3）内部流程改造与效率提升。运用先进的技术平台和数字出版流程，改革传统的编辑、设计、印刷、发行等环节，降低成本、提高效率，使整个出版流程数据化、智能化。

（4）供应链管理和市场响应能力增强。利用大数据分析预测销售趋势，调整库存结构，实现精细化管理，减少无效库存，快速应对市场变化。

（5）用户关系管理与增值服务体系构建。建立完善的用户画像体系，通过对用户数据的深度挖掘和分析，提供定制化的阅读体验和服务，提高用户黏性和付费转化率。

（6）国际国内市场拓展，提升品牌影响力。在开拓国内市场的同时，利用数据了解国际市场，制定相应的国际化战略，通过数字化手段推广中华优秀文化，提升中国出版集团在全球范围内的品牌影响力。

（7）安全防护与合规经营。随着数据化进程的加快，中国出版集团还致力于加强数据安全保障体系建设，确保在数字化转型过程中遵守法律法规，保障数据资产的安全与合规使用。

总体来说，中国出版集团通过数据驱动方法，利用数据分析、实时决策，使出版企业不断优化服务，实现了出版发行的个性化和高效化，提升了读者体验，推动了商业模式的创新。

2. 案例二

在全球范围内，亚马逊的产品 Kindle 就是一个典型的数据驱动出版企业商业模式创新的案例。通过结合电子阅读器和电子书平台，亚马逊 Kindle 改变了传统的印刷出版模式。

（1）数据驱动市场研究：通过收集大量的数据来了解用户的阅读习惯、兴趣和需求。这些数据帮助了亚马逊识别市场趋势，定位目标读者群体，并为作者和出版商提供精确的市场数据作为参考。

（2）个性化推荐：根据用户的阅读数据，利用机器学习和数据分析算法为其推荐个性化的图书，帮助用户发现自己喜欢的书籍。用户的阅读历史、评价和喜好等被整合和分析，亚马逊据此提供更精准的内容推荐，提升用户体验。

（3）实时阅读数据和反馈：亚马逊通过电子书平台实时收集用户的阅读数据，例如阅读速度、停留时间、书签等。这些数据有助于亚马逊了解读者对书籍内容的兴趣，为作者和出版商提供改进的参考。

（4）数据驱动出版决策：亚马逊通过数据分析和市场测试，监测和追踪书籍的销售、社交媒体对书籍的讨论、用户评论等，这些数据可以帮助亚马逊更好地了解市场需求和书籍的市场潜力，优化出版决策，并帮助作者和出版商了解和满足读者需求。

通过数据驱动的商业模式创新，亚马逊 Kindle 实现了出版模式的个性化和高效化，提升了读者体验，同时也为作者和出版商提供了更广泛的市场机会。数据分析和实时决策使亚马逊能够不断优化出版流程和推广策略，与读者保持紧密的联系，推动了出版行业商业模式的创新。

3. 案例三

"掌阅"作为中国领先的数字阅读平台和内容服务提供商，通过数据驱动方法实现了数字出版的个性化和智能化。

（1）用户数据分析：通过收集和分析用户的阅读习惯、兴趣和偏好，深入了解读者需求和行为模式。通过数据分析，掌阅能够收集用户的喜好和阅读动态，为作者、编辑和出版商提供参考，指导内容创作和选题决策等。

（2）个性化内容推荐：通过对用户阅读数据的分析并应用机器学习算法，掌阅能够为用户提供感兴趣的图书、杂志推荐。根据用户的阅读历史、评分和书架添加等数据，掌阅能够根据用户的喜好，为他们量身定制个性化的内容推荐，提升用户的阅读体验。

（3）数据驱动数字出版决策：通过数据分析和市场调研，监测和追踪市场需求、作品的销售情况和用户反馈，指导新的出版决策。通过了解用户的阅读习惯，掌阅可以根据数据分析和挖掘更精准的市场需求。

（4）数据运营与广告投放：掌阅通过数据分析和用户画像，能够为广告商提供精准的广告投放服务。通过了解用户的兴趣、阅读时间等数据，掌阅可以为广告商制定定向推广和营销策略，以获得更好的广告效果和回报。

以数据驱动商业模式创新，掌阅实现了数字出版的个性化和智能化，为用户提供了更优质的阅读体验，同时也为作家和出版商提供了更广阔的市场机会。数据分析和实时决策使掌阅能够不断优化平台功能和内容推荐策略，推动了我国出版行业的数字化转型和商业模式的创新。

三、生态合作与开放创新

（一）生态合作的概念与特点

生态合作是一种基于互利共赢原则的合作模式，旨在构建一个相互依存、互补互助的生态系统。在生态合作中，各参与方通过建立合作关系，共同参与、共同发展、共同分享资源和价值，以实现各自的发展目标和利益的最大化。

生态合作的概念侧重于各参与方的协同合作，以实现整体效能的提高。它强调各参与方的相互依赖和互补，通过共享资源和信息，实现合作伙伴之间的资源优化配置和互补。生态合作通过合作伙伴之间的协作和合作创新，形成积极的循环，推动整个生态系统的发展。

在生态合作中，各参与方从各自领域的专业优势出发，通过整合资源和知识，形成合作的协同效应。各参与方通过建立长期、稳定的合作关系，构建共同的价值链和供应链，共同应对市场变化和挑战，并相互促进业务的专业化发展。生态合作强调独特的角色和职责分工，每个参与方根据自身专业的优势，承担相应的责任，以获得整体的协同效益。生态合作的特点有以下几点。

（1）互利共赢：生态合作的核心是获得共同利益，各参与方通过互相支持和合作，以实现各自的发展目标和利益的最大化。

（2）多方参与：生态合作通常涉及多个参与方，包括企业、组织、个人等。每个参与方在生态系统中承担不同的责任，通过合作实现共同目标。

（3）互补性：生态合作的各参与方通常具有互补的优势和资源，彼此之间可以相互补充和支持，形成合作的协同效应。

（4）共享资源：生态合作中的各参与方共享资源和信息，包括资本、技术、市场、客户、数据等。通过共享资源，可以实现资源的优化配置和最大化利用。

（5）积极的循环反馈：生态合作的各参与方之间形成积极的循环反馈机制，通过持续的合作和协同创新，不断推动生态系统的发展、提高整体效能。

（6）长期稳定性：生态合作是基于长期发展的考虑达成的，参与方之间须建立长久的合作关系，共同应对市场变化和挑战，保持稳定的合作关系和合作框架。

生态合作的概念和特点反映了务实合作的理念，强调参与方之间的相互依赖和协同，以促进资源的合理利用和整体效益的提高。在当前复杂多变的商业环境中，生态合作成为一种值得关注和探索的新兴合作模式。

（二）开放创新的原则与模式

开放创新是一种基于合作和共享的创新模式，它强调了创新过程中的开放性和合作性，通过与外部合作伙伴、利益相关方和社区等进行合作，共同推动创新的发展和应用。开放创新的概念最早由美国学者亨利·切萨布鲁夫在他的著作《开放式创新》中提出，后来逐渐成为企业创新管理中的重要概念。

开放创新的核心思想要求创新活动不应局限于企业内部进行，而应以开放的姿态与外部合作伙伴进行创新合作。通过开放创新的方式，企业能够突破自身边界，与合作伙伴共享知识、技术、人才和市场机会，获得更多创新动力和竞争优势。

1. 开放创新的原则

（1）持续的用户参与。开放创新强调用户在创新过程中的参与和反馈。通过与用户紧密合作，创新者可以更好地了解用户的需求和问题，从而开发出更加适合市场和符合用户需求的解决方案。

（2）知识共享与合作。开放创新鼓励知识的共享和合作，通过与其他组织、个人或社区的合作，吸收、整合各方的专业知识，实现创新的跨领域和跨组织合作。

（3）开放的创新平台。开放创新倡导搭建开放的创新平台，通过开放的创新平台，创新者可以与外部合作伙伴、创新社区或其他利益相关方合作，共同实现创新目标。

（4）快速迭代和试错。开放创新鼓励快速迭代和试错，将创新的过程分解为多个小步骤，并通过不断试错和获得反馈的方式，指导创新者改进和优化解决方案。

（5）知识产权的灵活管理。开放创新需要对知识产权进行灵活管理。在开放创新的过程中，创新者需要确定知识的保护和共享标准，通过有效管理和利用知识产权，实现创新价值的最大化。

2. 开放创新的模式

（1）合作研发模式。开放创新的合作研发模式指企业与其他组织或个人合作，共同进行研发活动。企业通过与合作伙伴分享资源、知识和技术，加速创新过程。这种模式一般以联合实验室、共同研发项目等形式实现。

（2）开源创新模式。开源创新是一种通过公开、免费共享源代码的形式进行创新的模式。在开源创新模式中，任何人都可以查看、修改和分发源代码，从而促进全球开发者社区的广泛参与、共同创新。各类开源软件是开源创新模式中的典型代表。

（3）众包创新模式。众包创新模式是通过将问题或任务公开发布，邀请大众参与问题解决或完成任务的创新形式。众包创新可以利用广泛的社会资源和平台，吸引更多的参与者提供创新思路、创意和解决方案。众包创新模式可以通过互联网平台、创新竞赛和众筹等形式实现。

（4）用户参与创新模式。用户参与创新模式将用户作为创新的主要参与者和驱动者，他们在使用产品或服务的过程中给出反馈、提出建议和创新需求，进而影响和驱动企业的创新活动。通过与用户进行密切的合作和沟通，企业可以更准确地理解用户需求，提供更具创新性的解决方案。

（5）创新平台构建模式。创新平台构建模式通过搭建开放的创新平台，吸纳和整合外部的创新资源和人才，形成创新生态系统。这种模式可以提供开放的创新环境，促进内外部的合作和创新交流，推动创新的产生和应用。

通过采用开放创新的不同模式，企业可以实现资源共享、加速创新、降低研发成本和风险，从而提高创新的效率。企业可以根据自身的需求和特定的创新项目要求灵活选择开放创新模式。

（三）生态合作与开放创新在出版企业商业模式创新中的应用

传统的出版企业往往采用的是封闭的商业模式，即由企业内部固定的团队负责内容创作、编辑和出版等流程。然而，随着数字技术的发展和互联网的普及，开放创新的理念被引入出版行业，为出版企业带来了商业模式创新的机会。在出版企业商业模式创新中，生态合作与开放创新可以发挥重要作用。

1. 内容生态合作

出版企业可以与作者、学者、专家、编辑等内容创作领域的专业人士进行合作。通过与他们合作编写、审校、翻译内容产品等，企业可以获得高质量的内容资源；同时，与作者和专家的合作也可以增加内容的创新性和专业性，满足读者多样化的需求。

2. 分销与渠道生态合作

出版企业可以与书店、图书馆、线上平台等渠道和分销商进行生态合作。通过与这些渠道合作，企业可以拓宽销售渠道，提高产品的曝光度和销售量。同时，合作渠道还可以提供市场数据和消费者反馈，为企业调整产品策略和市场定位提供有价值的信息。

3. 技术与创新生态合作

出版企业可以与科技公司、数字平台和技术供应商等合作，借助他们的技术和创新能力来推动自身商业模式的创新。这种合作可以包含数字出版技术、数字化转型、内容管理系统、分发平台等多方面。通过技术与创新生态合作，企业可以提高生产效率、降低成本，为读者提供更好的数字化阅读体验。

4. 品牌与市场生态合作

出版企业可以与品牌公司、市场营销机构和媒体等进行生态合作，共同推广作品和推动市场营销。通过与这些合作伙伴的合作，企业可以提高产品的知名度和美誉度，接触更广泛的受众群体，并获得市场份额的增长。

5. 教育与培训生态合作

出版企业可以与学校、培训机构和教育平台等进行合作，共同推动教育和培训领域的创新。通过与教育机构的生态合作，企业可以开发针对教育市场的定制化产品和服务，满足教育产业需求并拓展新兴市场。

6. 促进合作和伙伴关系的建立

开放创新鼓励出版企业与外部的作者、编辑、设计师、营销人员和技术专家等进行合作。通过外部合作，出版企业能够获取更丰富的创意和资源，优化其内容创作和出版流程。这种合作关系可以帮助企业发现新的市场机会、创造新的商业模式。

7. 带来更具多样性的创新

通过外部合作，出版企业可以获得来自不同领域的新创意和创新思维。这种多样性的创意能够帮助企业开拓新的市场，推出独特的产品和服务，增强企业的竞争力。

8. 加速技术的应用和数字化转型

随着数字技术的发展，数字出版成为出版企业的重要发展方向。通过与外部技术专家的合作，出版企业可以更好地利用技术创新，将传统的纸质出版物转化为数字出版物，给读者提供独特的阅读体验并创新内容交付方式。开放创新还可以帮助企业引入新的技术，如人工智能、大数据等，以优化出版流程和提升运营效率。

9. 促进用户参与和社区共创

用户参与和社区共创是开放创新的核心概念之一。通过与读者、作者、学者等进行互动和合作，出版企业能够更好地了解用户需求，提供更符合市场需求的产品和服务。用户参与和社区共创还能够增强用户的忠诚度和参与度，建立起用户与企业之间的良好关系。

10. 构建开放平台

出版企业可以通过数字化转型，构建开放平台。借助互联网和数字技术，出版企业可以扩大内容的传播范围，吸引更多读者，同时也可以获得更多的用户反馈。通过开放平台，读者可以参与内容的创作，进行评价、分享，实现读者参与的开放创新。

综上所述，生态合作与开放创新在出版企业商业模式创新中具有重要的应用价值。通过构建创新生态系统、与外部参与者开放合作、数字化转型等方式，出版企业可以实现资源共享与协同创新，提升创新能力和市场竞争力。

第二节　出版企业商业模式创新成功要素与风险控制

对于出版企业而言，了解行业的成功要素，如明确市场需求、读者喜好，适合的创作内容和营销策略等，能够更准确地把握商业模式创新的方向和机会。只有了解行业背景和成功要素，企业才能在创新中获得竞争优势，提供符合市场需求的产品和服务。

商业模式创新涉及企业经营方式、资源配置和市场战略等多方面的变动，因此存在一定的风险。风险控制就是降低企业创新过程中的风险，保护企业的利益和资产。风险控制包括对潜在风险的评估、制定恰当的风险管理策略、建立内部控制机制等。通过科学有效的风险控制，企业能够在商业模式创新中更好地把握机遇，规避风险，减少损失。

因此，了解商业模式创新成功的要素有助于企业更全面地认识潜在的风险和挑战，从而有针对性地进行风险控制。反过来，风险控制也为企业提供了了解和把握成功要素的更好路径。通过风险控制，企业能够在创新中更好地理解市场需求和用户行为，进而实施更有针对性的商业模式创新。

一、成功要素分析

了解商业模式创新的成功要素对于出版企业的发展至关重要。

（一）清晰的价值主张

清晰的价值主张是指企业在商业模式创新过程中能够明确并传达出自己所提供产品或服务的独特价值和优势。对于出版企业来说，独特的价值和优势包括创新的内容、高品质的产品、个性化的阅读体验等，目前，这些目标都需要通过创新的商业模式来实现。

首先，出版企业需要根据市场需求和消费者喜好来确定自己的独特价值。价值的体现可能包括提供高品质的内容、多样化的出版物、个性化的推荐服务或者打造与读者互动的平台等。其次，企业需要有效地传达自己的价值主张，吸引和留住目标读者。这可以通过提供更便捷、个性化的阅读体验，市场营销和宣传活动，有效的品牌建设以及与读者的互动来实现。最后，企业需要持续创新和改进自己的价值主张，以适应市场和行业的变化。这可能包括投资新技术、开发新产品或服务等。企业需要保持敏锐的市场嗅觉，及时调整经营策略和模式。

对于出版企业而言，清晰的价值主张是商业模式创新的一个成功要素。只有明确自己的独特价值和优势，并有效地传达给目标读者群体，出版企业才能在竞争激烈的市场中取得成功。

（二）强调读者体验

强调读者体验是指出版企业在商业模式创新过程中将读者的体验置于核心位

置，以满足读者的需求和提升他们的阅读体验为重要目标。出版企业需要深入了解读者的喜好和习惯，通过创新的阅读方式、个性化推荐和加强互动等手段来提供更丰富、个性化、便捷和互动性强的阅读体验。成功的商业模式创新应当以读者的需求和体验为中心，这样可以增加用户黏性和忠诚度。

首先，出版企业需要深入了解读者的需求和喜好。通过市场研究和调查，企业可以了解读者喜欢的内容类型、阅读方式、渠道偏好等，根据收集的读者反馈，不断改进和优化自己的产品和服务。

其次，出版企业需要通过新技术和创新来提升读者体验。例如，利用数字化技术和互联网平台，出版企业可以提供电子书、在线阅读、个性化推荐等，使读者能够更便捷地获取和阅读内容。同时，企业可以加快应用虚拟现实、增强现实等新技术，为读者创造更丰富、沉浸式的阅读体验。

再次，出版企业还可以通过社交媒体、阅读社区和互动活动等与读者互动。通过建立读者社群和分享平台，促进读者之间的交流和互动，增强他们的参与感和忠诚度。出版企业还可以举办线上线下的活动，与读者交流，深入了解他们的意见和需求。

最后，强调读者体验也意味着出版企业需要不断创新和改进自己的产品和服务。企业要通过持续关注市场和调整策略，及时应对读者需求的变化，推出新产品或服务，提供更好的阅读体验。

综上所述，强调读者体验作为出版企业商业模式创新的成功要素，意味着出版企业要以读者为中心，通过深入了解读者、应用技术创新、增强互动和持续改进来提供更好的阅读体验。只有满足读者的需求，才能赢得他们的支持和喜爱，从而取得成功。

（三）创新的内容策略

创新的内容策略作为出版企业商业模式创新的成功要素，指的是企业在出版内容方面采取创新的方法和策略，以满足不同读者群体的需求，并从竞争中脱颖而出。出版企业的核心业务是提供各种类型的内容产品，如书籍、杂志、报纸、电子书等，因此，创新的内容策略对于出版企业来说至关重要。

首先，创新的内容策略要求出版企业能够在内容产品生产上走出传统的舒适区，不断寻找新的创意和形式。这可能需要开拓新的主题或题材，尝试新的创作或编辑风格，以及与其他艺术形式（如音乐、电影等）结合等。企业需要保持敏锐的市场嗅觉，洞察潜在的需求和趋势，并根据市场变化及时调整自己的内容策略。

其次，创新的内容策略要求出版企业能够根据不同读者群体的需求和偏好，提供多样化、个性化的内容。企业可以通过市场研究和读者调研，了解不同群体的需求和兴趣，根据这些信息制定出版计划和策略。例如，针对特定的读者群体推出特色书籍、创立特定主题的刊物等。同时，企业还可以利用技术平台和个性化推荐算法，向读者提供定制化的阅读内容。

再次，创新的内容策略还包括与作者和创作者的紧密合作。企业可以与具有潜力的新作者合作，发掘新的创作者和创意；也可以与已有的知名作者合作，利用他们的影响力推动出版物的销售和传播。这样的合作不仅可以为企业带来新鲜和有价值的内容，还可以提升企业的市场吸引力和营销价值。

最后，创新的内容策略要求企业能够利用先进技术和数字化工具，改变内容的呈现方式和传播途径。企业可以将内容转化为多种媒体格式，如电子书、有声书、互动书等，以满足读者在不同平台和设备上的阅读需求。企业还可以在社交媒体和线上平台上推广和传播自己的内容产品，与读者互动，扩大影响。

综上所述，创新的内容策略作为出版企业商业模式创新的成功要素，要求企业不断挖掘新的创意和创新方式，提供多样化、个性化的内容，与作者或创作者紧密合作，并利用技术和数字化工具改变内容的呈现方式和传播途径。只有如此，企业才能在激烈的市场竞争中脱颖而出，取得成功。

（四）有效的分发渠道

有效的分发渠道指的是出版企业通过创新的方式，利用数字技术和互联网探索新的分发渠道，如电子书平台、移动应用程序、社交媒体等，建立起适应市场需要并能够高效分发产品的渠道。在出版企业商业模式创新中，这也是成功的一个要素，因为它能够确保产品被顾客迅速、准确地获取。

首先，有效的分发渠道需要满足市场需求和顾客期望。这意味着出版企业需要了解目标读者的倾向和需求，并针对这些需求选择或建立合适的分发渠道。根据读者对纸质书籍、电子书或其他产品的购买偏好，企业可以选择线下的书店、超市或线上的电商平台、自有网站等来分发产品。

其次，有效的分发渠道需要具备高效、可靠的物流和供应链管理能力。出版企业需要确保产品能够快速、准确地从出版和制造环节到达顾客手中。这一目标的完成需要与物流公司有效合作、搭建自有的仓储和配送系统，以及利用现代技术来优化供应链管理等。

再次，有效的分发渠道还需要与新技术和数字化平台相结合。出版企业可以利用互联网和移动应用等技术工具来扩大产品的影响范围。通过建立自己的在线商店或与电商平台合作，企业可以提供全天候的购买渠道和便捷的服务。此外，企业还可以通过社交媒体、邮件营销等方式与读者建立联系，吸引他们与相应的分发渠道产生连接。

最后，有效的分发渠道需要企业持续创新和适应变化。随着科技和市场的不断发展，新的分发渠道和模式不断涌现。出版企业需要保持敏锐的市场嗅觉，及时调整分发策略和渠道，以满足不断变化的市场需求。

总的来说，有效的分发渠道作为出版企业商业模式创新的成功要素，意味着企业需要满足市场需求和顾客期望，具备高效、可靠的物流和供应链管理能力，结合新技术和数字化平台，及时调整分发策略和渠道。只有通过建立有效的分发渠道，企业才能将产品迅速传递给顾客，提高销售额和满意度，提高自身的市场价值。

（五）灵活的变革能力

灵活的变革能力指的是出版企业在商业模式创新过程中具备适应变化和变革的能力。这意味着企业能够灵活地应对市场和行业的变化，及时调整自己的策略、模式和组织结构，拥有敏捷的决策机制、持续的创新实践和对失败的包容。出版企业需要不断学习和适应，以提升商业模式创新的成功率。

首先，灵活的变革能力要求企业能够敏锐地洞察市场的变化和趋势。企业需要密切关注市场、行业发展、技术创新等方面的变化，及时调整战略和规划。通过市场研究、竞争分析、接收顾客反馈等手段，企业可以获取关键信息，洞察市场需求的变化和新的机会。

其次，出版企业要能够迅速地调整商业模式和策略。当市场环境发生变化时，出版企业需要快速敏捷地反应，或改变自己的产品定位、目标读者群体，或改变市场推广方式等，以适应新的市场需求并提供有竞争力的产品和服务。

再次，灵活的变革能力还需要企业具备适应组织结构调整和文化变革的能力。当企业进行商业模式创新时，往往需要进行组织结构上的调整和文化上的变革。企业需要打破僵化的管理体制和传统思维模式，鼓励创新和实验，为员工提供学习和发展的机会，打造灵活、开放、创新的企业文化。

最后，灵活的变革能力也要求企业能够迅速学习新的知识和技能。随着科技和行业的变化，企业需要不断提升员工的能力、丰富其专业知识，以适应新的要求和挑战，企业可以通过培训、学习和跨部门的合作来促进知识的共享和团队的创新。

综上所述，灵活的变革能力作为出版企业商业模式创新的成功要素，意味着企业需要敏锐地洞察市场的变化和趋势，迅速调整商业模式和策略，具备适应组织结构的调整和文化变革的能力，以及不断学习新的知识和技能的能力。企业只有具备灵活的变革能力，才能在不断变化的市场中保持竞争力，取得成功。

二、风险控制与应对策略

（一）出版企业商业模式创新可能面临的风险与挑战

理解出版企业商业模式创新可能面临的风险与挑战对于企业保持竞争力、发掘新机遇、提高效率和降低成本，以及激发创新意识和能力都具有不可替代的作用。只有充分认识、有能力应对这些风险与挑战，出版企业才能在不断变化的市场环境中保持有效运营并实现可持续发展。

（1）市场的不确定性。出版行业目前面临着数字化和互联网传播的冲击，市场格局常常发生变化，新的技术和渠道不断崛起，这些都有可能导致出版企业本身稳定的商业模式受市场环境的冲击，须进行变革。

（2）资金压力。商业模式创新需要投入大量的资金和资源，包括技术研发、人才培养、市场推广等方面，而这些投资可能需要较长时间才能得到回报。对于经济实力较弱、库存压力较大的出版企业来说，资金压力是一个巨大的挑战。

（3）收入下降。出版企业的商业模式创新是对传统业务模式的变革，可能会导致收入下降。例如，在数字化时代，出版物的销售可能受到电子书和在线阅读的冲击，出版企业传统出版物的销售额就会减少。

（4）盗版问题更加严重。随着数字化时代的到来，版权保护变得更加困难，盗版现象也更加普遍。商业模式创新需要借助新的技术手段来保护版权，增加了管理和保护版权的成本和难度。

（5）与其他媒体的竞争。出版企业的商业模式创新往往需要与其他媒体竞争，如新闻媒体、社交媒体等。这些竞争对手可能具有更强的品牌影响力、更大的用户基础和更丰富的资源，出版企业需要寻找自己的差异化竞争优势来应对这些挑战。

总而言之，出版企业的商业模式创新面临着市场的不确定性、资金压力、收入下降、盗版问题更加严重和与其他媒体的竞争等风险和挑战。然而，只要能适应市场变化、加强创新能力、找到差异化竞争优势等，出版企业仍然可以在商业模式创新中取得成功。

（二）风险评估与预警机制

出版企业商业模式创新的风险评估对于企业的长期发展和成功影响较大，它可以帮助企业发现潜在的风险、指导制定风险应对策略、提高决策准确性、避免资源浪费和损失、增强企业的竞争力。风险评估是商业模式创新过程中不可或缺的一环，企业应高度重视并进行有效的风险评估工作。出版企业商业模式创新的风险评估包括以下几个方面。

（1）市场风险评估。研究市场环境和趋势，包括市场规模、竞争格局、用户需求变化等；评估商业模式创新在市场上的接受程度和可持续性，以及可能面临的市场风险，如市场需求下降、竞争加剧等。

（2）技术风险评估。对商业模式创新中所应用的关键技术进行评估，包括技术可行性、技术成熟度、知识产权保护等方面。评估技术风险意味着了解技术实施的难度和风险，以及可能面临的技术壁垒和对可持续发展的技术影响。

（3）经济风险评估。评估商业模式创新的经济可行性，包括投资回报率、盈利能力、成本结构等方面。这涉及商业模式创新的资金需求和效益预期等，评估经济风险是确保商业模式创新能够获得可持续的经济收益的前提。

（4）组织风险评估。评估商业模式创新对组织内部运营和管理的影响，包括人力资源、组织结构、文化等方面。这需要评估组织适应改变的能力，以及可能面临的人员培训、组织重组等风险。

（5）法律和政策风险评估。评估商业模式创新是否与相关法律和政策如《版权法》、《个人数据保护法》、经济政策等相符合。评估法律和政策风险有利于避免法律纠纷和政策限制。

（6）管理风险评估。评估商业模式创新在管理层面的风险，包括项目管理、供应链管理、风险管理等方面。评估管理风险有助于规避由管理疏忽和领导能力不足导致的失败。

因此，出版企业应建立风险预警机制，以便尽早识别潜在风险，提前采取应对措施，提高决策的灵活性和准确性，避免灾难性损失等。要建立出版企业的商业模式创新的风险预警机制，可以考虑以下几个步骤。

（1）研究市场趋势和消费者需求。定期开展市场调研，了解读者的需求和喜好，掌握行业发展趋势。

（2）整合内外部资源。建立一个由内部和外部专家组成的团队，监测行业动态和技术发展趋势。外部专家可以包括学者、行业顾问等，选入团队的内部员工则要求其对企业业务有深入了解。

（3）打造创新文化。鼓励员工提出新的商业模式创新思路，在企业内部组建创新工作坊、开展头脑风暴会议等，以激发员工的创造力。

（4）监测竞争对手和行业的变化。关注竞争对手的动态和行业的变化，建立竞争情报系统，了解竞争对手的新技术、新产品和新服务。

（5）提高数据分析能力。建立数据分析团队，利用大数据技术和分析工具来分析和解读市场数据。通过数据分析，可以发现潜在的商业模式创新机会，并预测市场趋势。

（6）推动内部创新项目。为内部创新项目提供预算和资源，推动这些项目的落地实施；定期评估项目的进度和效果，并应用和推广成功的创新项目。

（7）寻求合作和协同创新。与其他出版企业、科技公司、创业公司等开展合作，共同发展商业模式创新项目。通过跨行业的合作，可以获得新的创新理念和技术，促进商业模式的变革和优化。

出版企业通过以上步骤，可以建立一个有效的商业模式创新风险预警机制，以及时捕捉商机，并作出相应的调整和创新，保持在市场竞争中的优势地位。

（三）风险应对策略与控制措施

企业的商业模式创新本质上是一种变革和冒险。在不确定的市场环境中，风险是无法避免的。因此，出版企业在商业模式创新过程中，应采取风险应对策略与控制措施来降低风险、提高成功率，以确保商业模式创新顺利实施。

1. 风险应对策略与控制措施的价值

（1）提高决策质量。商业模式创新必然影响资源的配置、市场定位、渠道选择等方面的重要决策。风险应对策略和控制措施可以提供决策所需的信息并进行分析，帮助企业作出更理性和明智的决策，提高决策质量，这有助于降低风险，增加商业模式创新的成功机会。

（2）提高执行力和适应能力。商业模式创必然新涉及组织结构、流程、资源配置等方面的变化。风险应对策略和控制措施可以帮助企业建立有效的执行机制，确保新商业模式的顺利实施。同时，还可以提高企业的适应能力，使企业能够在变化的市场环境中迅速作出调整。

（3）保护企业利益。商业模式创新可能会引发一系列的问题和挑战，如市场份额下降、竞争加剧、品牌形象受损等。通过制定风险应对策略和控制措施，企业可以及时应对和处理这些问题，保护企业的利益和声誉。

2. 主要的控制措施

（1）设定明确的目标和指标。出版企业在商业模式创新过程中需要设定明确的目标和指标，以便有效评估创新的进展和成果。这些目标和指标应该涵盖创新的关键方面，如市场份额增长、收入增加、成本降低等。

（2）做好创新团队的组织与管理。出版企业应该组建专门的创新团队，由具有专业知识和经验的人员组成。这个团队需要有清晰的领导和管理体系，以确保创新项目的顺利推进和有效实施。

（3）明确的战略规划和资源投入。出版企业在创新过程中要进行系统的战略规划，明确创新的方向和重点。同时，还需要投入足够的资源，包括人力、财力和技术支持等，以确保创新项目能够有效推进。

（4）严格的风险管理和控制系统。创新必然面对风险，出版企业需要对创新项目进行风险评估和管理，这包括制定风险管理策略、建立风险预警机制、制定应对方案等，以确保创新过程中的风险可控。

（5）科学的监测和评估机制。出版企业需要建立有效的监测和评估机制，对创新项目进行跟踪、评估。这可以帮助企业了解创新的成效，及时调整和改进创新策略，以保持创新的持续性和竞争力。

第三节　新时代出版企业的核心战略转型

传统出版产业的核心战略是出版高质量的书籍，通过印刷、发行来获得利润。传统出版企业主要通过提高图书的质量来吸引读者。这种核心战略的主要优势在于其稳定性和可靠性。但是，进入新时代，出版企业既要坚持重视内容的核心理念，也要适应时代变迁而不断调整战略。

一、传统出版向新时代出版转型的长期战略

从宏观上来看，做好新时代的出版工作，必须以习近平新时代中国特色社会主义思想为精神统领和思想指导，坚持以人民为中心的出版导向，坚持把社会效益放在首位、社会效益和经济效益有机统一。因此，无论出版企业战略如何转型，必须始终把握以下长期战略不动摇。

（1）内容质量提升战略。无论在哪个时代，出版企业的核心竞争力都是高质量的内容。无论是传统出版还是新时代出版，都需要持续关注并投资于内容的创作、筛选和优化，确保出版物具有学术价值、艺术价值、教育价值或娱乐价值。

（2）品牌立社战略。维护和提升品牌形象是出版企业任何时期都不可忽视的战略。传统出版企业通过系列书籍、知名作者、特色板块树立品牌，新时代出版则要更注重线上的口碑传播和社交网络的品牌塑造等。

（3）版权提升战略。版权是出版业的生命线，不论形式如何转变，加强版权意识，合法合规地管理和运营版权资产都是企业战略的重要组成部分。

（4）用户中心战略。了解和满足读者需求是出版企业成功的关键。传统出版企业依靠市场调研与反馈获得信息，新时代出版则要利用大数据分析手段获取实时、深度的用户行为数据来指导产品和服务创新。

二、传统出版向新时代出版战略转型的主要方向

与传统出版相比，新时代出版产业的核心战略自然是注重数字化和网络化。新时代出版企业主要通过数字化出版、网络销售和自助出版等方式来盈利，通过提高数字化出版的质量、提高网络销售的效率和自助出版的创新性等来吸引用户。这种战略转型的主要优势在于其具有灵活性和创新性。

1. 从出版资源拥有向出版品牌拥有转型

在传统出版以产品为导向的市场环境下，出版企业拥有的出版资源数量的多寡即意味着主导出版市场能力的强弱。过去的出版资源垄断经营造就和巩固了传统出版的这种资源意识，也导致了传统出版企业普遍市场化程度不高、竞争能力不强等一系列问题，而依靠这种优势获取的市场地位在日益开放的市场条件下是无法持续的。

出版资源本身将不再是出版企业的核心价值，取而代之的是出版品牌。品牌对于出版企业而言，是帮助其在激烈竞争中确立自己的独特性的重要因素，同时能够帮助图书和知识产品在竞争市场中获得地位和进行宣传推广，口碑优秀的出版品牌对于优秀作者和广大读者有极大的吸引力。从出版资源拥有向出版品牌拥有转型，是基于对市场趋势和政策导向的正确认识与判断，需要确立品牌优先、品牌核心权属优先的战略。

2. 从出版功能向为社会提供多元服务转型

承载文化传承和传播职责的传统出版，已经无法满足新时代出版的市场和环境需求。传统的出版模式无法适应不断拓展和丰富的文化传播渠道和方式，面对单一媒体向全媒体贯通的世界性趋势，出版企业需要推动其出版功能朝为社会提供多元服务转型，积极尝试与传播文化相近的产业的跨界融合。

新时代出版向社会提供的不再仅仅是书、刊、报，而是更为丰富的阅读服务。社会需要系统而有效的阅读解决方案，这就是整合了传统出版、新媒体和阅读服务等的复合出版服务诞生的最大推动力。

3. 从产品经营向知识产权经营转型

如果说传统出版单位由事业单位转型为企业完成的是由产品主导向市场主导的转型，那么产品经营转型为知识产权经营完成的就是从传统出版向现代出版的转型。现代出版营销概念下的产品营销、品牌营销、平台营销及服务营销，各企业的竞争力实际上体现的是对相关知识产权的占有及控制程度，因此，只有牢牢占有和

控制知识产权，才能在营销市场上确保自身的核心利益。

在当今出版市场中，不少传统出版企业为了削减成本，削弱经营风险，将合作出版看成是出版转型的有效途径，在合作过程中往往不惜牺牲出版原创能力，将出版企业矮化为出版代工，获得了一些短期的利润，但这种行为势必削弱其对知识产权的控制，甚至可能彻底丧失转型发展给传统出版带来的潜在的、巨大的市场发展空间。

拥有知识产权是经营知识产权的前提和基础。与传统出版版权经营基本局限在传统出版领域有所不同，新时代知识产权经营应更关注出版文化衍生功能的商业价值并发掘与利用，因此经营方向需要确立为"以版权为核心的复合出版模式"，在非传统出版领域谋求跨媒介、跨行业、跨领域融合。这种转型不只会影响到传统书刊产品的生产与推广等，更为重要的是强调了出版核心权益的最大化。

三、新时代出版产业的核心战略转型

目前，以受众需求为导向的内容生产、传播与展示模式将成为新时代出版产业商业生态系统的核心，出版企业从垂直化的内容供给商转变为沟通内容供给与内容消费两端的智能化平台商。实现受众使用价值与受众感知价值的共同提升成为新时代出版产业商业模式价值实现的目标，而 VR、AR 等新技术的应用将出版产业对于受众体验价值的追求推向极致。在新的技术环境与商业模式中，出版产业应从战略高度认识新技术应用的影响，具体来说包括以下三个方面。

第一，为用户提供体验价值成为新时代出版产业商业模式价值创造的核心内容。新技术加速了互联网环境下出版市场信息供求的双向流动速率，随着受众在出版业链条各个环节中参与度的提高，用户的体验价值取代交换价值和使用价值成为出版产业价值创造的核心内容。基于此，出版产业要以提升用户体验价值为目标，重塑产业链各个环节。具体来说，一是注重生产环节中用户的参与体验的提升，主动将用户创造纳入内容生产体系中；二是注重产品使用环节用户场景化体验的提升，借助物联网提供的精准消费数据与虚拟现实技术的场景化营造，为用户提供与其消费时所处的空间、时间甚至情绪状态相匹配的内容产品。

第二，出版产业的核心竞争力从获取内容版权资源的能力向构建社群网络的能力转变。新时代的万物互联技术为读者参与图书的生产、分销与传播提供了更为便捷的技术支持，进一步促进了出版产业市场的去中心化和分众传播的趋势。基于共同阅读品位与生活方式偏好的社群网络构建将成为内容产品生产、传播与销售的主要方式。在这样的市场环境下，出版企业应以受众为中心，从垂直化经营向平台化经营转变，将构建企业市场竞争力的方式从获取独家版权资源转为构建用户社群，将市场营销方向从立足于出版物的营销向立足于受众体验场景营造的营销转变。

第三，虚拟现实技术的应用，为传媒产业新一轮的跨界融合提供了技术支持，出版产业应把握住这次机遇，实现产业的颠覆性演进。以 VR、AR 为代表的技术在出版产业的应用会进一步推动传媒产业的横向一体化进程。为用户创造沉浸式的体验，成为视频、音频、图书行业进一步融合的驱动力。出版产业应积极利用这次技术革命释放的产业红利，提前布局虚拟现实出版技术。具体来说，一方面，为满足虚拟现实图书的沉浸式体验对音频、视频等内容融合的要求，积极建立与音频、视频等相关产业的战略合作，构建虚拟出版的全媒体生产体系；另一方面，基于开发虚拟现实图书对资金与技术有较高需求的特点，及早布局与金融、技术、互联网等行业的跨界合作，实现更深度的产业融合，打通虚拟图书出版的资金、技术与市场链条。

在新时代的背景下，出版企业要具备互联网思维，解放思想，转变经营发展理念，不断创新，以"互联网＋"推动出版业的转型升级，开启出版业的新局面。出版企业的核心战略转型包括以下几个方向。

1. 数字化转型战略

国家高度重视出版业的数字化转型工作。《新闻出版业"十一五"发展规划》首次提出"数字出版"战略，确定了我国冲击世界数字媒体技术制高点的目标。《新闻出版业"十二五"时期发展规划》提出了顺应数字化、信息化、网络化趋势，推进新闻出版业转型和升级的发展任务。《新闻出版广播影视"十三五"发展规划》提出深化一体发展，推动媒体融合取得新突破的目标。《出版业"十四五"时期发展规划》重提"数字出版"战略，要求以数字出版为支柱拉动整体产业升级。从"十一五"到"十四五"，四期产业规划对数字技术的表述经历了"确立—顺应—深化—依靠"的转变。从表述的嬗变可以看到，出版业不再将数字出版视为外在冲击，也不再将数字出版视为介质的叠加，而是将其视为产业的新生力量与展望方向。[①]

出版企业的数字化转型战略主要包括内容的数字化、生产流程的数字化和销售渠道的数字化。将传统纸质内容转化为电子书、在线课程、音频、视频等形式，开发多样化的数字出版产品；利用现代化信息技术改造传统的编辑、排版、印刷、发行等流程，提高效率和灵活性；搭建电子商务平台、自有网站、移动端 App 等线上销售渠道，扩大数字内容的市场覆盖范围。

对传统出版企业来说，实施数字化转型战略不仅是顺应时代潮流、抓住发展机

---

① 朱小妮，赵玉山. 从"出版大国"到"出版强国"：新时代中国出版业的发展战略与路径规划[J]. 科技与出版，2022（7）：52-62.

遇的必然选择，更是关乎企业生存和发展的重要战略部署。通过转型，企业能够突破传统出版的诸多瓶颈，释放发展潜力，实现产业的可持续发展和转型升级，如提升市场适应能力、拓宽产品线和业务范畴、降低成本和提高效率等。

2. 数字平台化战略

"互联网＋""数字经济"等国家战略的推进，以及《关于推动传统媒体和新兴媒体融合发展的指导意见》《出版业"十四五"时期发展规划》等相关政策的出台和实施，为传统出版企业向数字平台化转型提供了强大的政策支持，传统出版企业也将传统的出版流程、内容生产和分发模式与现代数字技术相结合，构建起线上线下联动的数字出版服务平台。这一转型战略要求出版企业不仅要实现内容的数字化，还要搭建能够整合作者资源、内容资源、用户资源、市场资源的综合性服务平台，以适应网络环境下信息传播的即时性、互动性和个性化特点。数字平台化战略的目标是重构出版价值链，创新商业模式，提升用户体验，最终实现企业的转型升级和可持续发展。

具体来看，数字平台化战略包括以下几个方面的内容。①建设内容平台：打造集成化的内容创作和分发平台，提供便捷的内容上传、审核、发布工具，吸引广大作者入驻；②整合版权资源：构建完善的版权管理机制，整合内外部版权资源，实现版权的集中管理和有效运营；③优化用户体验：根据用户行为数据，优化平台功能，提供个性化推荐，提高用户在平台上的活跃度及延长停留时间；④拓展跨界合作：与教育、科技、娱乐等其他行业展开跨界合作，构建文化产业生态系统；⑤强化技术创新：持续投入技术研发，利用 AI（artificial intelligence，人工智能）、大数据、区块链等技术提升平台的服务能力和安全性；⑥人才培养与引进：引进和培养懂出版又懂互联网运营的复合型人才，为数字平台化转型提供智力支持。

3. 用户中心化战略

用户中心化战略的核心是将过去出版企业以内容生产为主导的原则转变为以用户需求和体验为中心，将用户放在企业发展战略的首位的原则。这意味着企业不再只关注产品的制作与销售，更要深入了解用户需求，通过提供个性化、高质量的内容产品和服务，满足用户在阅读、学习、娱乐等多方面的需求，建立起与用户之间的深度连接和互动关系。

用户中心化战略主要包括以下几个方面的内容。①用户研究与洞察：定期进行用户调查和行为数据分析，深入理解用户需求和阅读场景，为产品设计和服务改进提供依据；②个性化内容推荐：利用大数据和 AI 技术实现内容的个性化推荐，提升用户阅读体验，提高用户活跃度和延长停留时间；③社群运营与粉丝经济：建立用户社群，倾听用户声音，以用户需求为导向调整产品和服务等。

传统出版企业实施用户中心化战略标志着企业从单一的产品导向转向了全面以用户价值为核心的发展模式。这一转变一方面有助于企业深刻理解和把握用户多元化、个性化的需求，从而针对性地提供高品质的内容产品及增值服务，有效提升用户满意度和品牌忠诚度；另一方面可借助大数据、AI等先进技术，实现精准推送、个性化推荐，有力地推动企业产品创新能力和市场竞争力的提升。更重要的是，用户中心化战略有助于企业发掘新的商业模式和业务增长点，适应数字化时代快速变化的市场需求，促进企业自身的转型升级，确保在日趋激烈的市场竞争中持续健康发展。

第四节　新时代出版企业商业模式战略构建

一、数据与数字资产化战略驱动的商业模式创新

数据与数字资产化战略驱动的商业模式创新是指将数据转化为有价值的数字资产，并以此为基础重新构建商业模式。大数据分析技术在这个过程中起到了关键作用，通过收集、存储和分析大量的数据，企业能够更好地了解市场趋势、消费者需求和竞争态势。基于这些了解，企业可以通过改变产品和服务的设计、优化运营流程、制定精准的营销策略等方式进行商业模式创新。大数据分析技术提供了更准确、更全面的信息支持，使企业能够更好地把握商机，提高竞争力，并实现可持续发展。因此，数据与数字资产化战略和大数据分析技术的应用密不可分，共同推动了出版企业商业模式创新的实现。

（一）大数据分析在出版业的应用

大数据分析在出版业的应用对商业模式创新起到了重要的推动作用。无论是哪个出版领域，通过对大量的读者数据、图书销售数据以及市场趋势等进行分析，出版企业都可以更好地了解读者需求、预测图书销售趋势以及指导营销策略的制定。这种基于数据的洞察，使得出版企业可以更精准地锁定目标读者群体，为他们量身定制图书内容和推广策略，提高图书销售的成功率。同时，出版企业还可以通过大数据分析发现新的市场需求和潜在的机会，进一步拓展业务领域。因此，大数据分析在出版业的应用为商业模式创新提供了有力支持，使得出版企业能够更加灵活地适应市场变化，提升竞争力。

1. 大数据分析与教育出版

在教育出版领域，大数据分析技术的应用可以为出版企业提供有力的支持，从而帮助企业实现商业模式创新、提升竞争力。

首先，大数据分析可以提供对学生学习行为和趋势的分析结果。通过分析学生的学习数据、互动行为、答题情况等，出版企业可以了解学生的学习习惯和需求，从而进行有针对性的教材内容设计和改进。如人民邮电出版社、北京师范大学出版社等出版企业，利用大数据分析技术对学生的在线学习行为、社交互动、学习进展和评价数据等进行分析，并据此改进教育产品，优化学生学习体验，提高其学习效果。

其次，大数据分析可以协助出版企业进行教材教辅选题的开发。通过分析市场需求、教学大纲、学校教育政策等数据，出版企业可以把握教育市场的新趋势和热点，策划更符合市场需求的教材教辅选题。此外，通过对学生对现有教材教辅的反馈和评价的分析，出版企业可以了解已出版的教材教辅的优缺点，并据此进行改进和创新。如语文出版社、清华大学出版社等出版单位已开始运用大数据分析技术帮助教材教辅选题的开发，为其提供决策支持。

再次，大数据分析还可以帮助出版企业进行市场推广、制定销售策略。通过分析读者的购买偏好、消费行为、阅读习惯等数据，出版企业可以制定个性化的营销策略，提供推荐系统，以增加销售量。此外，大数据分析还可以协助出版企业监测竞争对手，了解市场竞争态势，进行精准的市场定位和展开差异化竞争。最后，大数据分析还可以为教师和学生提供个性化、定制化的教与学的支持。通过分析学生的学习数据和表现，出版企业可以为教师提供有针对性的教学建议和资源，帮助教师更好地实施个性化教学，提升教学效果。如人民教育出版社通过大数据分析技术，为教师提供符合学生学习特点、有针对性的教学建议；同时，还开发了"人教数字校园"平台，为学生提供个性化的学习辅导和学习资源，以满足学生的个性化学习需求。

总之，大数据分析在教育出版领域的应用可以为出版企业带来商业模式创新的机会和竞争优势。通过准确了解学生、教师的需求和市场趋势，开展个性化和定制化的教材开发和营销，为教师提供教学支持，出版企业能够更好地满足教育市场的需求，提高产品和服务的质量。

2. 大数据分析与专业出版

随着数字化时代的到来，大数据分析在专业出版领域的应用变得越来越重要。大数据分析技术可以帮助专业出版在专业数据库打造、专业知识服务及专业出版数据知识图谱的建设方面取得突破性进展。

首先，在专业数据库打造方面，出版企业可以利用大数据分析技术对海量的专业内容进行深度挖掘和整合，构建多维度、多层次的专业数据库。通过分析用户的搜索行为、阅读偏好和需求，可以搭建个性化的推荐系统，帮助用户快速准确地找到所需的专业内容。此外，通过对数据库中的数据进行分析，可以发现隐藏在数据中的有价值的信息，为行业决策提供科学依据。

其次，在专业知识服务方面，大数据分析可以帮助出版企业针对特定领域的专业知识进行深入研究和分析。通过对相关知识和学术文献的结构化处理，可以构建知识图谱，实现知识的关联。由此，可以为用户提供更准确、全面的专业知识服务，帮助用户解决问题、提高工作效率。同时，通过分析用户在知识服务过程中的行为和反馈，还可以不断优化服务内容和方式。

最后，在专业出版数据知识图谱建设方面，大数据分析可以帮助出版企业将海量的专业出版数据进行整合和连接，构建起丰富、多样化的数据知识图谱；利用图数据库等技术工具，可以对专业出版数据进行图模型化处理，实现数据的可视化和交互式展示。这样，用户可以通过浏览图谱来发现不同数据之间的关联和价值，出版企业由此为用户提供更丰富、全面的专业出版信息。

总之，大数据分析技术在专业出版领域的应用可以为出版行业带来诸多机遇。充分利用大数据分析技术，构建专业数据库、提供个性化知识服务并建设专业出版数据知识图谱，是提高出版企业竞争力和服务质量的有效途径。

3. 大数据分析与大众出版

大数据分析在大众出版中的应用非常多样，但主要是帮助出版企业了解读者喜好、预测市场趋势和优化内容推荐等。

首先，大数据分析可以帮助出版企业了解读者的兴趣和需求，为市场型图书的选题策划提供支持。通过收集和分析大量的读者数据，如购买记录、阅读偏好、在线行为等，出版企业可以获取对特定主题或类型感兴趣的读者群体的详细信息。这些数据可以指导出版企业选择市场潜力较大的图书选题，并根据读者的需求定制内容，提供更加个性化和精准的图书推荐。

其次，大数据分析可以对竞争对手的产品进行深入分析。通过分析竞品的销售数据、读者评价、社交媒体讨论等信息，出版企业可以了解竞争对手的优势和劣势，揭示其成功经验。此外，通过分析读者的评价和反馈，出版企业还可以发现同类竞品在满足读者需求方面的不足之处。这些分析结果有助于出版企业优化自身的图书内容和提升品质，以提供更有竞争力的作品。

再次，大数据分析可以帮助出版企业制定更加精准和有效的销售策略。通过分析大量的销售数据和消费者行为数据，如销售渠道、销售额、购买时段等，出版企业可以了解不同销售渠道的销量表现与特点。这有助于企业选择最适合自身产品的销售渠道，并制定相应的定价策略和促销活动。此外，大数据分析还可以帮助出版企业了解读者购买行为的驱动因素，如价格敏感性、口碑影响和社交平台推荐等，从而优化销售策略，提高销售量、增加市场份额。

最后，大数据分析还可以在预测图书销售趋势、了解读者反馈、优化营销活动等方面发挥作用。通过分析历史销售数据和市场趋势，出版企业可以预测图书销售的趋势和潜在市场机会，为未来的选题和发行计划提供指导。同时，大数据分析还能帮助出版企业实时监控读者的反馈和评价，及时了解图书的口碑和影响力，以及读者对产品内容和品质的反馈，从而及时调整和改进。通过大数据分析，出版企业可以了解营销活动的效果和影响，并根据结果调整策略，提升宣传和推广的效果。

综上所述，大数据分析在大众出版领域的应用非常广泛，包括市场类图书的选题策划支持、同类竞品分析、销售策略选择等多个方面。在数字化时代，大数据分析技术的应用将成为大众出版行业提高竞争力和增加市场份额的重要工具。

（二）数据驱动的个性化推荐系统

"个性化推荐"是近年来新兴的管理科学技术名词，其定义简单明了：根据用户的兴趣特点，通过人工智能的大数据和算法，向其推荐感兴趣的商品、内容等各类信息。如今，"推荐"已经成为国内互联网行业发展用户、挖掘用户价值的一大利器，尤其是在图文、短视频、电商、外卖、旅游等多个领域，个性化推荐无处不在。对出版行业来说，个性化推荐系统也已经成为传统图书商业模式创新的重要工具之一。

数据驱动的个性化推荐系统在帮助出版企业进行商业模式创新中具有重要的作用。通过提供定制化的推荐服务等方式，个性化推荐系统为出版企业增加销售和盈利，扩大了读者群体，实现广告精准投放，带来了更多的商业机会和竞争优势。出版企业应当充分利用个性化推荐系统的优势，加强数据分析和推荐算法的研发，提升用户体验和满意度，实现商业模式创新的目标。

在数据驱动的技术背景下，个性化推荐系统可以根据用户的阅读行为和喜好，为他们提供定制化的推荐内容。这样不仅能够提高用户满意度和提升其消费体验，还能将用户与具有相似阅读习惯的其他人员进行匹配，从而促进读者与作者、读者之间的交流和互动，有效提高用户的黏性和忠诚度。个性化推荐系统也为传统出版企业扩大读者群体和寻找潜在客户提供了有效方法。以传统出版企业为例，可以通过建立个性化推荐系统，吸引更多潜在用户的关注，通过群体效应进一步扩大读者群体规模。

　　以当当网为例，其个性化推荐系统可以通过分析用户的浏览记录、购买行为、搜索关键词等数据，结合用户的个人信息和喜好，以及社交网络信息等多维度的数据，为用户推荐与其兴趣相关的图书，提升其购书体验。推荐系统还可以针对不同的用户群体精准投放广告，并提供更加精确的广告效果分析，为当当网增加了销售量、提升了用户忠诚度。

（三）数据挖掘与用户行为分析、 预测

　　数据挖掘与用户行为分析、预测在出版企业商业模式创新中扮演着重要的角色，为企业带来更精准的市场信息和读者需求，推动出版企业的发展和转型。通过数据挖掘技术，出版企业可以深入挖掘读者的阅读喜好、购买行为、社交网络动态等数据，从中发现潜在的市场需求和商机。通过分析大数据，出版企业可以了解读者对不同类型、主题产品的喜好，有针对性地优化产品和服务，提供更符合读者需求的图书推荐和定制化内容。此外，数据挖掘还能为出版企业提供市场趋势分析、新品销售预测和库存管理等的决策依据，提升运营的效率和盈利能力。而用户行为分析、预测则通过建立模型和算法，预测读者的行为和喜好，以及他们可能感兴趣的图书和内容，便于出版企业为其提供更精准的个性化推荐和定制化内容。这种个性化服务和推荐不仅能提高读者对出版企业的满意度和忠诚度，也有助于出版企业扩大市场。

　　数据挖掘是通过对各种数据信息进行有选择地统计、归类以及分析等，挖掘隐含的有用的信息，从而提炼出有价值的决策信息的过程。通俗地说，数据挖掘就是一种借助多种数据分析工具在海量的数据中挖掘数据信息和模型之间关系的技术，通过对这种模型的认识和理解，分析它们的对应关系，以此来指导各行各业的生产和发展，提供重大决策的数据支持。数据挖掘技术的基础是对海量数据信息的统计、分析等，因此数据挖掘技术呈现出以下特点：一是数据挖掘技术主要是借助各种其他专业学科的知识建立挖掘模型，设计相应的模型算法，从而找出其潜在规律，揭示其中的内在联系的；二是数据挖掘主要是处理各类数据库中的信息，因此这些信息是经过了预处理的；三是数据挖掘技术以构建数据模型的方式服务于实践。当然，数据挖掘并不是以发现数据理论为目的的，而是为了在各行各业的信息中找出有用的数据信息，以满足用户的需求。

　　在数据驱动技术背景下，数据挖掘技术在出版企业商业模式创新中有着重要的应用，主要的用途有以下几种。

　　（1）确定细分市场与目标定位。通过数据挖掘技术，可以对读者的行为、喜好等进行分析，从而确定企业的细分市场和目标定位。出版企业可以根据分析结果，针对不同的读者群体推出个性化的图书推荐和定制化的服务，提高读者满意度和销售率。

（2）帮助优化与创新内容。通过数据挖掘技术，可以对图书市场需求进行分析，发现读者关注的热点，指导出版企业进行内容优化和创新。出版企业通过分析读者对不同类型内容的反馈，优化已有产品，或是创作与读者需求更加契合的新作品，增加产品销售量，提升品牌影响力。

（3）销售预测与库存管理。数据挖掘技术可以帮助企业预测产品销售量和销售趋势，还可协助其进行精确的库存管理。通过分析历史销售数据、读者行为及市场数据，可为企业提供销售预测和推荐购书策略，减少库存和资金占用，提高企业的运营效率和盈利能力。

（4）支持敏捷决策与风险管理。通过数据挖掘技术，实时监测市场反馈和竞争态势，为企业决策提供数据支持。如通过分析大量的市场数据和竞争对手的活动，提供准确的市场信息和预测，帮助企业及时调整策略，在竞争中把握机遇，降低经营风险。

综上所述，数据挖掘技术在出版企业商业模式创新中的应用可以帮助企业了解读者需求、优化内容、增加销售量和降低风险，从而帮助企业在激烈的市场竞争中取得差异化优势。

对用户行为的分析、预测是现代营销的重要手段。通过对用户的行为和需求进行分析，可以更好地了解用户的需求和喜好，优化企业的营销策略并预测销售趋势。用户行为分析的核心是对数据的分析和挖掘。通过收集和分析用户的行为数据，可以了解用户的喜好、需求和购买习惯，如传统出版企业可以通过分析用户的浏览记录、购买历史和评价记录，了解用户的需求和偏好，并为不同的用户提供个性化的产品和服务。通过数据驱动的用户行为分析，企业可以更加精准地把握市场需求和趋势，有效优化营销策略。通常来说，用户行为分析、预测可从以下几方面展开。

（1）用户兴趣和行为分析。通过数据挖掘和分析用户的阅读偏好、购书行为、搜索习惯等，可以获取宝贵的用户行为数据。出版企业可以根据这些数据，深入了解用户的喜好和需求，从而进行更加精准的市场细分和产品定位。通过对用户兴趣和行为的分析，企业也可以更好地制定图书推荐策略、设计内容、确定定价策略等，从而提高用户满意度和销售效果。

（2）用户群体细分与个性化推荐。基于对用户行为的分析和预测，出版企业可以将用户细分为不同的群体，并为每个群体提供个性化的图书推荐和定制化的服务。通过数据挖掘技术，识别和理解这些群体的消费偏好和需求，可以推送与用户兴趣相关的图书、优惠活动和新闻资讯等，提高用户的参与度和购书意愿。

（3）用户需求预测和产品开发决策。通过对用户行为数据的分析和挖掘，出版企业可以预测用户未来的需求。这些预测结果可以作为企业产品开发决策的参考，例如出版与热门话题相关的图书、推出系列作品的后续等。利用数据挖掘技术对用户需求进行预测，可以帮助出版企业更好地满足市场需求，提高创新能力和商业成功率。

（4）用户反馈和服务改进。用户行为分析提供了宝贵的用户反馈和市场信息，通过分析用户对图书内容、服务质量和购书体验的评价和反馈，出版企业可以了解自身产品和服务的不足、改进的空间。出版企业可以根据这些评价和反馈进行改进和优化，如优化购书流程、提供更好的客户服务等，从而提高用户满意度和忠诚度。

（四）数字资产管理系统的应用

从管理学的角度来说，企业战略的选择一般要着眼于未来，通过对国际、国内的政治、经济、文化及行业等环境的深入分析，结合自身实际，站在系统管理的高度，对企业的远景发展轨迹进行全面的规划。[①] 因此，面对当前数字经济的洪流，数字资产化战略是出版产业推进产业数字化和数字产业化，大力提升行业数字化、数据化、智能化水平的指导性战略。

从狭义上讲，数字资产是出版企业所拥有或控制的、能够持续发挥作用并预期能带来经济效益的著作权的财产权益和与著作权有关的财产权益。从广义上看，数字资产是出版企业可以通过量化评估、权属证明、交易流转、权益保护的一切数字资源、数据资源，存在无限可能性。出版企业的数字化转型伴随着大量、多样的数字化服务需求，通过编制数字资产目录、数字资产服务开发、数字资产服务门户的设置等可以将数字资源高效、恰当地提供给不同角色、不同技术水准的需求方，使数字化业务快速适配到前沿的业务中。可以说，数字资产是出版企业无形资产的重要组成部分，是出版企业可持续健康发展的重要基础和支撑，数字资产化战略就是出版企业系统推进出版深度融合发展、壮大企业的新引擎。

数字资产是出版企业的重要战略资源和生产要素，和出版企业提升竞争优势、提高效益紧密相关。在出版集团的视域下，必须加强对数字资产的科学、规范管理，加快数字资产的开发、利用、运营，设计生产、存储、流通一体的整体解决方案，包括搭建统一的集存储、管理、运营、监测于一体的数字资产管理平台，建立集团层面的各项数字资产标准，满足对出版集团各出版业务板块中数字资源安全存放、权属信息清晰明了、对外运营明确可控、侵权行为及时掌握的管理运营需求，进而实现出版集团从产品、服务到场景、渠道的全面提质升级，为集团的远景发展轨迹进行全面规划。出版数字资产化战略应达成以下几个主要目标。

1. 建设数字资源的有效管理体系

出版企业的数字化转型遵循着"数字化—碎片化—数据化—智能化—金融化"

---

① 代海涛. 企业战略管理［M］. 北京：中国农业大学出版社，2011.

的发展路线，对数字资源的管理是出版企业数字资产化战略的基础和最低目标。应为出版企业提供较为完备的数字资源管理工具，实现对出版资源和各类多媒体资源（如图书、报刊、电子出版物、图片、音频、视频、数据库产品、应用软件产品等）的有效管理，包括其条目管理（图书章节、属性标引等）、体系管理（关键词、主题词等）、数据流向管理（来源监控、分发监控等）。同时，要聚焦数据的标注、清洗、脱敏、脱密、聚合、分析等环节，提升数据资源处理能力，培育壮大数据服务产业[①]，对数字资源相关标准进行统一定义、统一管理，为数字资源的管理和各出版企业之间的共享、交互打好基础，提高各出版企业数字资源管理效率。

2. 实现对数字资产的统一管理

数字资产的统一管理，需要通过提升对出版企业数字资产的处理能力，打通与现有 ERP、NC 等信息系统的对接，实现版权、微版权资源信息的采集，再经过自动或手动加载结构化权利信息，进行数字资产价值评估，并最终形成数字资产清单。数字资产的统一管理，对一个集团内部的各出版企业而言，可以实现对数字资产基本信息、权利信息、关联信息等的维护管理；对数字资产进行产品化封装，进行产品的使用、授权、转让等运营行为管理；实现数字产品运营收入的结算管理；整合数字资产管理与运营中的各类业务数据，进行多维度的统计分析，为出版集团管理部门及各出版企业制定版权运营战略提供全面、真实、详尽的数据支撑。

3. 推动数字资产的利用与创新

出版数字资产化战略的实施应推动出版集团完善数字出版科技创新体系的建设，如利用区块链技术，有效对各出版企业的数字资产信息进行溯源、跟踪，从技术上解决各单位运营工作的后顾之忧，让出版企业可以充分挖掘数字资产的使用价值，打造知识体系，创造更多产品及服务，让数字资产发挥其应有的价值，推动数字资产的变现和利用。又如，通过 IPFS（inter planetary file system，星际文件系统）分布式数据存储方式的应用，在文件永久、去中心化保存的基础上实现数据传输不宕机，确保数据的安全性、隐私性、有序性，这已成为阿里云、腾讯云、亚马逊、微软等诸多科技企业的重要布局方向，也必将助力出版集团数字资产化战略的发展。

4. 建立完善的数据资源安全治理体系

出版数字资产的数据安全关系到出版工作的各个环节，为保证其安全，需要自

① 国务院. 国务院关于印发"十四五"数字经济发展规划的通知 [EB/OL]. (2022-01-12). https://www.gov.cn/zhengce/zhengceku/2022-01/12/content_5667817.htm.

上而下进行顶层设计，通过建立数据资源安全保护相关的工作机制，强化出版集团内部数据资源安全管理，明确责任，构建大数据背景下出版集团数据安全治理体系，预防管理漏洞，避免出现监管盲区。同时，也要加强数据安全技术的建设，确保数据资源的安全性和运营的便利性。

（五）出版数字资产化战略实施路径

目前，有一些出版企业尽管已经意识到了数字资产的核心地位，但由于缺少确权、评价、交易、流通，只停留在数据资源使用的阶段，并未形成可交易的、量化的数字资产，更没有将数字资产上升为生产性的数字资本，释放应有的价值。这个从数据资源到数字资产再到数字资本的过程，本质上也是数字资产化战略的实施过程。就出版集团视域下的数字资产化战略而言，可以从以下路径来实施。

1. 建立数字资产标准规范

出版集团的数据资源及版权资产作为无形资产，要采取数字化的管理方式。最重要的是建立对应的管理标准，如数据加工标准、数据存储标准、版权确权标准、版权经营使用标准等；同时要积极开展与政府、行业间的合作，共同推动建立统一的数字资产标准，通过区块链系统中的资产规范来改善数字资产管理，建立运营规范，构建一个规模化、行业化、健康有序的行业生态。

2. 重塑数字化生产业务流程

出版企业资源生产的流程管理，要支持各环节、流程、状态的通信与文档在不同部门、不同单位的传递，还要实现数据文档的版本记录和数据回滚，传统的流程管理工具难以满足这些需求。因此，除在编辑、照排、印制等各环节用制度优化流程外，还可以通过部署数字化生产工具来辅助。如引入协同编纂系统为出版企业提供标准化加工平台和数据对接入口，实现出版集团内资源的有效整合，构建集团层面的"中央厨房"资源池，建设基于流式电子书的同步加工工具、基于 xDesk 编辑台的新增文件版本控制和多人协同生产工具等，提高资源加工效率，提升资源生产和管理水平。

3. 搭建数字资源管理系统

数字资源管理系统负责管理与存放出版集团数字资产中的作品资源。资源数据系统由数据与元数据规则库、元数据、分类内容资源库、内容资源加工中心、融合出版物管理等模块构成。数字资源管理系统负责对所有数字资产的数据标准作出定义和管理，为电子书、实体书、连续出版物、图片、音频、视频、题库、专业数据库、应用软件产品等各种类型的作品资源提供存储管理服务；提供条目化标引加工工具，方便用户加工制作更多的作品资源。通过融合出版物管理，出版企业掌握融合出版物链接数字内容的直接控制权，当链接数字内容出现有效性或合规性问题的时候，可及时重新配置，无须召回问题产品，有效控制风险的发生，最大程度地减少经济损失。

4. 搭建版权管理系统

版权管理系统负责对出版集团作品资源的权属信息进行管理（见图5）。版权管理中心系统由版权信息登记注册、版权信息采集、微版权管理、版权合同管理等模块构成。通过自定义流程配置，可以高效完成不同类型作品的版权登记工作。标准规范的合同管理可保证所有权权属清晰明确，并可进行结构化查询。版权资产管理是将版权信息和作品资源对应关联，形成确实有效的数字资产信息并可进行资产运营。

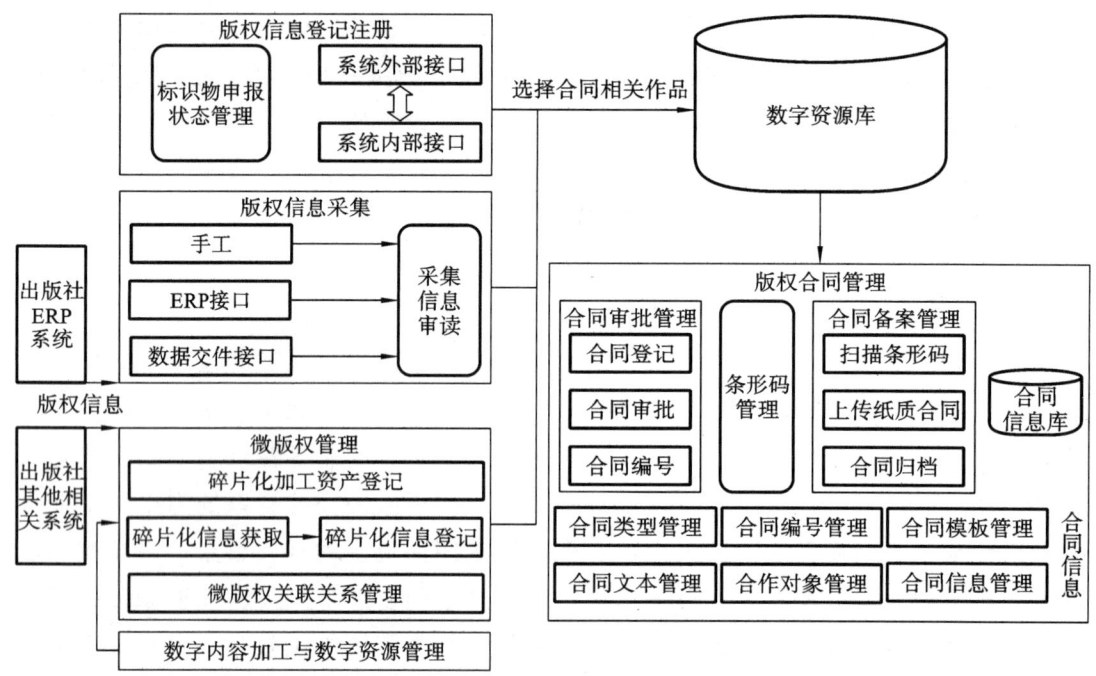

图 5　版权管理系统结构图

搭建版权管理系统，通过与出版集团现有 ERP 系统的对接，可实现版权、微版权信息的采集；还可以"使用方式＋限制条件"为基础对版权资产的基础信息、权利信息和运营信息进行标准定义；依托版权描述框架关系模型，有效满足微版权在管理中的权利集成、产品封装、权利检测等需求；通过可视化合同管理模板、仿真表单设计、自定义工作流引擎、统一权利管理体系规则，可实现合同模板的快速定制、合同文本的生成和存储、合同内容的结构化处理、合同与权利信息的一体化融合。

5. 搭建统一的版权运营系统

版权运营系统负责将出版集团产品化之后的数字资产，通过自有平台或第三方平台进行运营，以获取相关收益（见图6），包括对数字资产进行产品化的包装、对外授权或自营收益结算等。

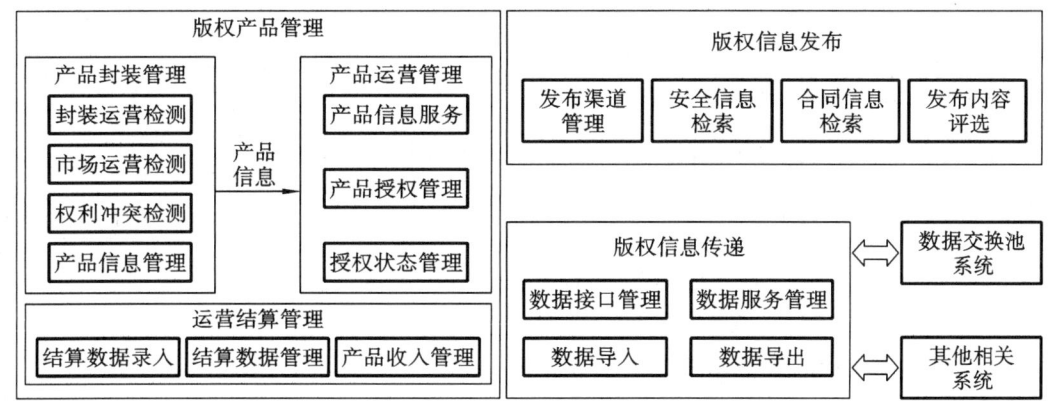

图 6　版权运营系统结构图

该系统可实现版权资产的统一管理，实时跟踪、维护版权资产的基本信息、权利信息、关联信息、结算信息、授权信息，对版权资产进行清查盘存；根据版权资产的使用目的进行资产的调拨，设定使用方式、使用限制和使用部门；根据运营需求对版权资产进行产品化封装，形成版权产品，对版权产品的使用、授权、转让等运营行为进行管理；对版权产品运营收入、版权资产运营收入进行结算管理；面对数字环境下的版权生产、流通和保护呈现生产海量化、传播碎片化、运用个性化、授权精细化的特点，通过规范、灵活的版权产品封装、投放与运营结算管理机制实现版权运营精细化、多元化。

6. 搭建版权网络监测系统

版权网络监测系统基于网络信息采集和数字内容特征分析技术，根据系统设置的数字产品和权属信息，自动采集并分析网络上传播的数字产品，快速发现侵权行为并进行处理（见图7）。该系统由监测作品设置、监测任务管理、网络采集处理、监测分析、监测服务、监测信息发布等功能模块构成。该系统能有效解决网络侵权行为监测难、发现难、取证难、追踪难的问题，是出版企业了解产品在网上的传播使用情况、保护合法权益的有效工具。

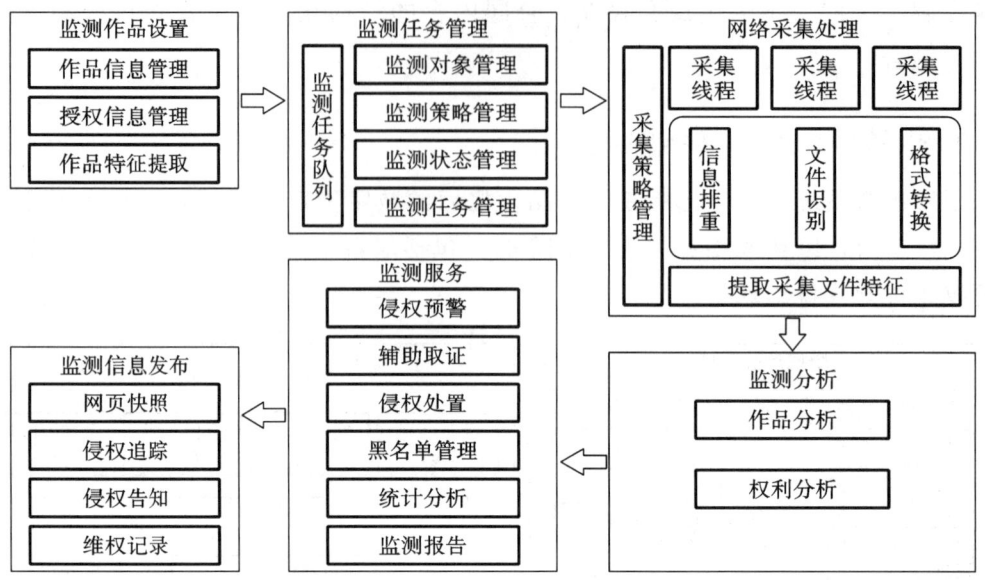

图 7　版权网络监测系统结构图

7. 加强数据资源安全防护

在进行数字资源运营管理的同时，因资源的开放性、交互性、共享性等特点，必然存在数据安全的风险，特别是当数字资源以互联网为媒介传播时，数字资源流失造成的损失是巨大的。因此，在平台建设中不可忽视信息安全问题，要从管理、技术等多个层面加强防护。

第一，建立数据资源安全保护工作机制，明确责任，避免出现管理漏洞和监管盲区。第二，加强数据安全技术的建设，系统架构按混合云方式设计，数字资源根据使用频繁程度，按预设的规则在内网和云平台之间自动调配，兼顾安全性和运营便利性。云平台通过二级以上安全等级保护认证，以提高平台数据资源安全保护能力。第三，保证数据资源存储安全，建设数据灾备系统，实现数据信息自动热备，保障数据资源存储安全。第四，法务部门重点加强对数据资源知识产权的维权和保护，从法律层面来保证数字资产的安全。

在数字经济的发展过程中，"数字新基建"成为经济运行的新动脉。数字资产成为经济全要素生产率提升的重要驱动力，也成为衡量出版企业核心竞争力的重要因素之一，是版权价值在企业层面上的直观体现。企业掌握数字资产的数量和质量直接决定其发展前景和实力，因此，对出版企业来说，出版数字资产化战略是商业模式创新的一个重要战略选择。

二、新技术的应用与商业模式创新

毋庸置疑，对企业而言，科技创新是发展壮大的基石。企业要以技术创新为先导，打破传统框架，开发满足消费者需求的新产品，提供新服务。技术进步对企业商业模式创新有着重大的推动作用。由信息技术、通信技术带来的新技术经济范式正逐渐侵蚀着传统的产业链，原来隐藏在业务流程背后的商业模式成为企业抵御风险、提高收益、在竞争中制胜的法宝。商业模式的创新已经为许多企业创造了神话，新一代信息技术的发展更为企业商业模式的创新开辟了更广阔的空间。

首先，新技术为出版企业提供了更多的数字化工具和平台。通过数字化出版平台，出版企业可以将作品迅速传播到全球，降低了生产和发行成本，并开拓了新的市场。例如电子书的兴起使得读者可以随时随地阅读和购买图书，这对于传统出版企业来说是一种新的商业模式。

其次，新技术可以帮助企业优化产品的制作和编辑流程。通过使用创新的工具和软件，出版企业可以实现自动化和智能化的编辑和制作，提高效率和质量。例如人工智能可以在出版过程中检测出书稿中的错误和前后不一致之处，可有效降低差错率并节省时间。

再次，新技术为出版企业提供了更多的数据和市场信息。通过分析读者的行为和喜好，出版企业可以更好地了解市场需求，确定更合适的营销策略和产品定位。例如出版企业可以通过大数据分析和机器学习预测读者的喜好，并根据这些数据来制定出版计划和开展推广活动。

最后，新技术可以帮助出版企业探索新的业务模式和扩大收入来源。例如，许多出版企业开始探索订阅制模式，通过提供会员服务和定期收费来增加收入。此外，一些出版企业还通过与其他新兴行业合作，开发如音频、动画和游戏等产品，来扩大业务范围和增加收入来源。

不难看出，新技术的应用在出版企业商业模式创新中起到了重要作用。因此，要借助我国大力发展新一代信息技术的时机，深入研究新一代信息技术引发商业模式创新的机理，探索利用新一代信息技术刺激商业模式创新的路径，引导企业充分利用新一代信息技术杠杆，选择适合的商业模式，以增强企业的竞争力，打造竞争优势。

能够引领商业模式创新的新一代信息技术包括云计算、人工智能、区块链、下一代移动网络等。新一代信息技术的应用，将打破传统出版企业商业模式各要素之间的平衡，建立一种新的平衡态势。

（一）人工智能 （AI） 在出版业的应用

在众多新技术中，人工智能无疑是近期最热门的，掀起了社会对其投融资的风潮，尤其是"AI+出版""AI+教育"等带来的无限想象空间，甚至引起了一级市场的抢购潮。实际上，AI技术在出版产业的应用很早就得到了国家的高度重视。2017年，工业和信息化部发布了《促进新一代人工智能产业发展三年行动计划（2018—2020年）》，其中明确提到了要推动智能产品在文化等领域的集成应用；近年来，又陆续出台了《文化和旅游部关于推动数字文化产业高质量发展的意见》《"十四五"数字经济发展规划》《"十四五"文化发展规划》《关于加快场景创新 以人工智能高水平应用促进经济高质量发展的指导意见》等，提出把先进科技作为出版、文化产业发展的战略支撑，建立健全产业与科技融合创新体系，"引导和鼓励文化企业运用大数据、5G、云计算、人工智能、区块链、超高清等新技术，改造提升产业链，促进内容生产和传播手段现代化，重塑文化发展模式"[①]。

与资本市场关注、国家政策关切相对应，人工智能技术的应用也深受出版从业者的关注。从国家、地方关于人工智能在出版产业的应用的相关政策文件中，可以看出政府在研发应用人工智能技术（包括基于深度学习、类脑智能的机器写作，机器翻译，机器智能选题策划，智能内容分发等关键技术），推动印刷产业向绿色化、数字化、智能化、融合化方向发展，提高发行流通的信息化、智能化、标准化、集约化水平等方面都作出了引导，出版行业相关企业也纷纷行动，探索AI技术在出版实践中的应用。例如中南出版传媒集团以智能出版为方向，深化与国家超级计算长沙中心、北京大学数学科学学院、华为公司等一流机构、平台的战略合作，深入推进人工智能出版项目，全面推进数智化转型，构建新型出版传播体系和服务体系。深度服务于出版行业的北大方正集团，利用机器学习、大数据、自然语言处理等人工智能技术推出了方正智能辅助审校系统，极大地提高了编辑审稿的工作效率和产品的编校质量。

在人工智能算法、算力（计算能力）和算料（数据）取得重要突破，由专用智能向通用智能发展的今天，AI技术集中应用于出版产业的两个方面。第一，出版内容的创作生产。AI技术能够应用于出版产业链中的选题策划、内容创作、编辑审校、印刷发行等环节，能够有效减少流程系统的重复建设，提高出版工作效率。第二，出版内容的外部呈现。通过AI技术可以提升对外产品服务的精确性，如基于大数据分析技术自动推荐的新书采选、图书销售预测等。在出版企业普遍缺乏专业

---

① 国务院. 国务院关于印发"十四五"数字经济发展规划的通知［EB/OL］.（2022-01-12）. https：//www.gov.cn/zhengce/zhengceku/2022-01/12/content_5667817.htm.

技术人员、缺乏大量试错成本的情况下，可以从以下几个领域入手，推进 AI 技术赋能出版产业。

1. 内容生成与创作辅助

AI 技术可以用于辅助内容的生成和创作，如 AIGC（artificial intelligence generated content，生成式人工智能），可以实现自动摘要、内容搜索、语法纠错等；同时，AI 还可以处理和设计图像，自动生成合适的图像和设计元素，提高视觉效果和吸引力，帮助出版企业设计吸引人的封面、插图和排版，帮助作者更高效地创作和编辑内容。在这方面，国内外出版企业已经开展了大量的探索。2019 年，中国青年出版总社出版了第一部由 AI 与 200 位诗人联合创作的诗集《花是绿水的沉默》；2020 年 8 月，中信出版社出版了首部 AI 个人绘画作品集《或然世界：谁是人工智能画家小冰?》；2023 年 7 月，电子工业出版社出版了一本 AI 写的，并且由 AI 去销售的新书《大模型时代：ChatGPT 拉开硅基文明序幕》。国外，施普林格·自然集团自 2019 年至今连续出版了《锂离子电池：计算机生成的当前研究摘要》《气候、行星和进化科学：计算机生成的文献综述》《CRISPR——计算机生成的文献综述》等三部由 AI 平台自动生成或混合人机交互方式生成的图书。

2. 有声书与音频、视频制作

随着 AI 技术在音频、视频制作中的广泛应用，由机器取代自然人配音，能够将过去大量的纸质图书变为有声书，急速扩大有声读物的市场，进入人工智能配音的崭新时代。尽管人工智能配音还无法完全取代真人配音，但随着技术的进步，人工智能配音必将逐渐改进并与真人配音相辅相成、互为补充。从出版实践对人工智能配音的应用上来看，无论是规模还是质量，非出版企业反而做得比较成功。如截至 2022 年 12 月，喜马拉雅已通过 AIGC 创作有声书超 37000 部，日播放时长超 250 万小时，其中"单田芳声音重现"系列专辑总播放量超 1 亿次，成为 AIGC 的代表作品。这进一步丰富了喜马拉雅的内容生态，升级了音频内容生产模式。中央广播电视总台声音新媒体平台"云听"借助 AI 的语音编辑处理技术，形成了新闻资讯的工业化、批量化的制作和生产，每天发布声音资讯逾千条，工作效率比人工提高了 10 余倍。苹果的电子书平台 Apple Books、亚马逊旗下的 Audible 有声书平台等也通过 AI 技术对图书进行语音合成和制作，挖掘出新的商业价值。

3. 产品内容个性化智能推荐和精准营销

基于神经网络的深度学习的 AI 技术，可以利用大数据分析和预测模型，通过采集用户行为数据、用户兴趣爱好等信息，在系统内进行数据分析、建模和预测，解决信息过载问题，为用户提供高效、便捷、有趣的信息服务；同时，可以帮助出版企业了解市场需求和读者行为，拓宽销售渠道和优化推广策略。目前，智能推荐系统已经在电商平台、社交媒体、音乐平台等得到广泛利用。如浙江新华书店引入了机器人导购服务，它作为线上线下相结合的营销工具，可以更加精准、高效地向读者推荐图书，并且能够根据读者的借阅记录、搜索历史等数据分析出符合读者兴趣的图书，给读者带来更优质的服务体验。除智能推荐、个性化服务外，AI 技术还可以应用于智能库存管理、智能定价、智能客服等方面，帮助出版企业面向 C 端提升销售业绩和消费者满意度、提高企业效率和服务质量。

4. 个性化学习与评价

AI 技术在教育出版领域的应用潜力巨大，尤其是在个性化学习方面。AI 可以根据学生的学习风格、能力、兴趣和进度，为其智能定制个性化的学习内容和教学计划；通过分析学生的学习数据，AI 可以提供有针对性的学习建议，帮助学生更有效地学习和提高成绩。如可以通过使用自然语言的 AI 助手，享受智能辅导和答疑服务。还可利用 AI 修改、评价作文，学习、纠正和评价口语发音等。长江出版传媒集团与数传集团合作，将伴学数字人的 AI 助手与教辅产品相结合，提供安排学习计划、智能选课、辅助练习、知识点总结等服务。凤凰出版传媒集团旗下的学科网已推出实验仿真、阅卷、集成 AI 学科个性化服务报告等功能。南方传媒推出"粤教 AI 听说"，提供面向中小学用户的英语、普通话发音纠正及"听、读、背、默"一体化服务，有效激发学生的学习兴趣，帮助学生提升语言能力。

5. "智慧作业"减负增效

AI 可以用于开发智能教辅产品，自动回答学生的问题，提供即时的学习支持；也可以用于自动批改作业、试卷，快速准确地评估学生的回答，并给出反馈和评分，帮助老师减轻工作负担，提高批改的效率和一致性。通过对学生的学习数据进行深入分析，AI 还可以为教师提供学生的学习进度报告，帮助教师更好地指导学生。目前，上海、江西、安徽等地已在当地教育主管部门的支持下大力推行"智慧作业"试点，探索利用技术手段进行作业减负增效的有效途径。人民教育出版社与河南省基础教育教学研究室合作开发的智慧作业系统"河南省义务教育基础作业评价平台"，通过人工智能、边缘计算、大数据等技术，实现对学生学习的过程性数据的精准分析与评价。该系统 2021 年 11 月开始入驻 20 所试点学校，2022 年已覆盖全省 150 所学校，涵盖小学语文、数学、英语三个学科。2023 年河南省开展作业评价改革工作，以此系统助力作业评价改革，合理调控作业结构，使作业布置更加科学合理，提升教育系统精准决策能力，构建良好的教育生态。

6. 智能知识服务生态构建

在专业出版和教育出版领域，可以数据与服务场景为驱动，建设专业知识图谱，打造面向知识管理的 AI 数据服务、面向知识发现的 AI 集成服务、面向情报分析的 AI 分析服务的智慧知识服务生态。其中，知识图谱属于 AI 领域的一个分支，也是未来知识服务重要的基础建设之一，它将知识数据（结构化或非结构化数据）以图谱的形式进行展示，为互联网上海量、异构、动态的大数据表达、组织、管理及利用提供了一种更为有效的方式。

在基础教育领域，通过构建学科知识图谱，可不再以题目或课程为出发点，而是把目光转移到知识点上，通过更底层的知识点掌握情况来判断学生的个性化学习情况，并设计更科学、高效的个性化学习方案，以告别千人一面的传统教育学习模式。目前，松鼠 AI、高木学习、科大讯飞等都已跑步进场，实现了在线教育赛道的快速切入。以科大讯飞为例，利用 AI 智能算法，将初高中阶段的知识拆分成约 5000 个知识点，并按照关联逻辑整合成图谱，然后通过"找弱项、AI 推荐、针对学"三步学习法，让学生快速掌握知识点，全面提升学生的学习效率，帮助学生快速提高学习成绩，节省学习时间。在专业出版领域，法律出版社基于海量数据打造的"有章法律知识服务平台"、文物出版社的"文物考古数据资源库"，都是运用 AI 技术的代表。

人工智能对人类社会产生了重要的影响，出版产业也需要始终站在创新的前沿，保持开放的心态，不断挖掘 AI 的潜力，迎接信息时代更大的挑战。

（二）区块链技术与版权保护

区块链技术是一种去中心化的分布式账本技术，通过密码学和共识机制确保数据的完整性和安全性。区块链技术的核心特点是去中心化和不可篡改。传统的中心化系统需要通过中心机构进行交易验证和记录，而区块链则将交易数据分布在网络中的节点上，每个节点都具备记录和验证的功能，没有单一的中心机构。这样的设计使得区块链具备了更高的安全性和抗攻击能力。

区块链的核心技术包括密码学、共识机制和智能合约。密码学保证了交易的安全性和隐私性，共识机制用于解决分布式网络中的交易验证问题，智能合约则允许在区块链上执行可编程的逻辑。这些技术的结合使得区块链具备了更广泛的应用空间。

区块链技术的应用主要集中在区块链技术与传统行业的结合上，也就是"区块链＋"商业模式创新。因为区块链技术是一种记录和验证交易的方式，所以它可以广泛应用于各个领域，如供应链管理、电子票据、智能合约、物联网等方面。应用区块链技术，会具有交易数据的不可篡改、去中心化的交易验证、高透明度和可追溯等优势。

在出版领域，该技术主要用于知识产权和版权的保护。

1. 去中心化的内容分发

区块链技术可以提供去中心化的市场和分发平台，为作品的创建者和消费者提供交易和分发的基础设施，出版企业可以将作品的版权和内容信息记录在分布式账本上，实现去中心化的内容分发。作者可以直接将作品发布到区块链上，并自主管理版权和分发。这样可以减少中间商，避免版权纠纷，提高作品的可追溯性和透明度。

2. 自动化的版权保护

区块链技术可以通过智能合约等机制实现自动化的版权保护。作品的版权信息可以通过数字化水印等方式与区块链绑定，确保作品的原创性和完整性，如果有人试图篡改作品内容或伪称自己为原创，区块链上的哈希值会发生变化，就可以证明作品的原创性和真实性。同时，区块链的去中心化性质也可以防止侵权行为，成为出版企业强大的版权保护工具。

3. 透明的支付和结算

区块链技术可以实现快速、安全和透明的支付和结算。出版企业可以通过智能合约设定作品的销售价格和分成模式，支持即时结算和追踪销售数据。这有助于降低交易成本，提高效率，并确保作者和出版商的收益被准确分配和记录。

4. 可信的数据验证和溯源路径

区块链技术可以提供可信的数据验证和溯源路径。出版企业可以利用区块链技术追踪和验证读者的购买记录和阅读行为，为市场洞察和目标定位提供数据支持。同时，区块链技术还可以帮助出版企业通过记录交易和作品使用的信息，追溯作品的生产和流通过程，追踪和证明侵权行为，并提供基于区块链的证据来解决版权纠纷。目前，已有部分地区利用区块链技术开展版权登记工作，通过将版权信息、作品内容的哈希值与作者的身份相关联，并记录在区块链上，为作品的版权确权提供可靠的证据。这样一来，即使遭遇版权纠纷，作者也可以通过区块链上的记录来证明自己对作品的所有权。

5. 众筹和去中心化的融资模式

区块链技术还可以为出版企业提供众筹和去中心化的融资模式。通过发行加密货币或代币，出版企业可以吸引读者和投资者参与作品的创作和推广，实现众筹和社区共建。这种模式不仅可以吸引额外的融资，还可以加强读者和作者之间的联系。

然而，需要注意的是，区块链技术并不能完全解决版权保护的问题，特别是跨国界的纠纷。它仅为一种技术工具，需要与法律法规相结合，才能确保有效的版权保护机制的建立和实施。

（三）虚拟现实技术与元宇宙的利用

虚拟现实技术是一种通过电脑和传感器等设备模拟现实世界的技术，通过创造出逼真的虚拟环境，使用户"身临其境"般地感受和互动。在企业商业模式创新中，虚拟现实技术可以为企业提供全新的体验和互动方式，可以帮助企业创造沉浸式的产品展示和营销场景，提供虚拟培训和模拟环境，降低成本、减少风险。此外，虚拟现实技术还可以改变传统的协作方式，使企业能够在线上进行远程会议和协同工作，提高工作效率和灵活性。

虚拟现实技术在出版实践中具有巨大的应用潜力，可以为读者带来全新的阅读体验，丰富出版机构的创作和出版形式。随着虚拟现实技术的不断发展和普及，它将为出版行业注入新的活力，并推动出版方式的创新与企业的转型。

1. 虚拟学习和教育

虚拟现实技术为出版企业提供了更具互动性和沉浸感的学习和教育方式。通过虚拟现实技术，出版企业可以创建虚拟的学习环境，为学生提供实践操作和实验的机会，使学习过程更加生动和有趣。在仿真训练中，学生可以在虚拟环境中进行各种操作和实践，提升实际操作的技能，却不必承担真实情境中的风险。如高等教育出版社负责建设运营的国家虚拟仿真实验教学项目共享平台"实验空间"，汇聚全部学科专业，覆盖各个层次高校，直接服务于学生和社会学习者，截至 2020 年，已积累了 2000 余个实验项目，覆盖了 41 个专业类中的 255 个专业和 1561 门课程。

2. 虚拟图书馆和数字化阅读

通过虚拟现实技术，出版企业可以创建虚拟图书馆，提供虚拟的书库和图书馆环境。读者可以通过虚拟现实设备进入虚拟图书馆，浏览数字化书籍和文献，与其他读者进行交流，使阅读变得更加社交化。

3. 虚拟阅读体验

虚拟现实技术可以为读者提供沉浸式的阅读体验。读者可以通过虚拟现实设备进入虚拟的阅读环境,在书中的场景里与书中角色互动,使阅读过程更加生动有趣。此外,虚拟现实技术还便于出版物添加丰富的音频、视频和动画等多媒体内容,为读者提供更丰富的阅读体验。

4. 虚拟出版物和创作工具

虚拟现实技术可以让创作者和出版机构探索新的出版形式和媒介,如虚拟出版物。以虚拟现实技术为基础的数字期刊、电子书或交互式阅读应用程序,通过增加沉浸感和交互性,可为读者创造全新的阅读体验。

5. 虚拟展览和展示

虚拟现实技术可以为出版企业提供展示和展览的新方式。通过虚拟现实技术,出版企业可以创建虚拟的展览空间,展示图书、艺术品、历史文物等。读者可以通过虚拟现实设备看展,无须实际到场,这带来了更加灵活和多样化的展览体验。

由虚拟现实技术和其他相关技术构建的元宇宙是一个无边界、多维度的数字空间,人们可以在其中以虚拟身份进行交互、创造和探索。同时,元宇宙的进一步发展也将推动虚拟现实技术的创新与进步。两者相互促进、相互融合,共同构筑了一个真实与虚拟交织的全新世界。

首先,虚拟现实技术能够给用户提供"身临其境"的沉浸式体验,这种身临其境的体验是元宇宙的核心所在,它能够让人们参与其中并与其他用户互动,创造一种真实而又丰富多样的体验。其次,虚拟现实技术能够打破现实世界的限制,创造出更加广阔、多样化的虚拟空间。在元宇宙中,人们可以自由地探索各种场景和环境,参与各种活动和交互,并与其他用户共同构建一个全新的数字世界。最后,虚拟现实技术还可以提供高度个性化的体验,根据用户的需求和喜好进行定制,每个人都能在元宇宙中找到自己的位置和乐趣。虚拟现实技术作为元宇宙的基石之一,可以为人们创造一个更加丰富和自由的数字世界,为人们带来全新的体验。

总而言之,虚拟现实技术与元宇宙相结合,可以为用户提供沉浸式、互动性和创造性更强的体验。它们共同为社交、商业、教育、旅游、艺术等领域提供了新的发展和创新空间。随着技术的不断进步和应用的不断拓展,虚拟现实技术和元宇宙的发展将为人们带来更加丰富和多样化的虚拟体验。

(四) 下一代移动互联网的应用

下一代移动互联网,也称为 5G 移动互联网,是指在目前第四代移动互联网(4G)基础上发展的下一代无线通信和网络技术。它拥有更高的频段、更大的带宽和更快的传输速度,以及更低的延迟和更强的可靠性。下一代移动互联网的发展将带来更多创新和智能化的应用,如智能城市、智能家居、虚拟现实、增强现实、无人驾驶等。同时,它也将推动数字经济的发展,促进各行各业的数字化转型和创新发展。

下一代移动互联网的重要性在于它将为人们提供更智能、便捷、个性化的服务,促进数字经济发展,提升社会的包容性和普惠性。首先,随着物联网、人工智能和大数据等技术的快速发展,下一代移动互联网能够更好地实现设备之间的互联互通,带来智能化的生活和工作体验。这使得人们能够更加便捷地管理和控制各种设备,提高工作效率,创造更加智能的生活环境。其次,下一代移动互联网将为用户提供更加丰富、个性化的服务。通过更高速、更可靠的网络连接,用户可以获得更多的信息资源、娱乐内容,更便捷地进行社交互动,满足个性化的需求。再次,下一代移动互联网还能够促进数字经济的发展。它通过提供更多便利的支付、物流和金融服务,加速各行业的数字化转型、创新创业和经济增长。最后,下一代移动互联网有助于提升社会的普惠性和包容性。通过降低信息获取和使用的门槛,下一代移动互联网使更多人能够参与社会经济和文化活动,减少数字屏障,实现更加广泛的社会发展和个体机会平等。

下一代移动互联网为出版企业提供了多种机遇和应用场景,如数字内容传播、个性化推荐与阅读体验定制、线上教育与培训等,为出版行业带来了创新和发展的更多可能性。

1. 数字内容传播

下一代移动互联网的高速和高容量特性,使得出版企业能够更快速、更高效地传播数字内容。如出版企业可以通过下一代移动互联网搭建云阅读平台,将数字图书、期刊等内容存储在云端,用户可以通过下一代移动互联网实时下载和阅读这些内容,无须长时间等待。出版企业还可以建立移动出版平台,让读者可以在各种场景中更方便地阅读数字内容,进一步突破阅读的地域和场景限制。这样,出版企业可以有效扩大读者群体并拓展市场。

2. 营销渠道创新

下一代移动互联网使得出版企业可以使用更多的渠道进行营销和推广。如出版企业可以利用下一代移动互联网举办虚拟图书展览等,为读者提供在线参观书展或图书出版企业的机会;还可以为读者建立在线阅读俱乐部或社区等,让读者参加在线读书会、作家访谈、读者分享会等活动,与其他热爱阅读的人分享心得、交流观点。

3. 个性化推荐与阅读体验定制

出版企业能够利用下一代移动互联网的数据分析和智能算法来分析用户的浏览历史、兴趣和行为，为读者提供个性化的图书推荐和定制化的阅读体验，有助于提高用户满意度和忠诚度。

4. 数字出版创新

下一代移动互联网技术的发展为数字出版带来了更多创新的机会。出版企业可以通过与技术公司合作，利用人工智能、区块链和大数据等新技术，推出新型的数字出版产品和服务，以满足用户的需求。

5. 线上教育与培训

下一代移动互联网的高速和低延迟特性是线上教育和培训的基础。出版企业可以构建在线学习平台，推出高质量的电子学习教材、培训课程，提供虚拟实验室和模拟实践环境等，为用户提供便捷的学习和培训服务。

6. 数据分析与市场趋势预测

下一代移动互联网技术拥有收集和分析大规模数据的能力。出版企业可以利用这些数据来了解用户行为和喜好，了解市场需求并预测未来的出版趋势，从而提出更有针对性的产品策划，作出更符合实际的市场决策。

随着下一代移动互联网技术的普及，出版企业将迎来更多商业模式创新的机遇。如实时交付内容，提供更快的下载速度和更丰富的阅读体验，通过个性化内容推荐提高用户黏性，实现跨平台内容共享等，并与电信运营商、科技公司等合作建立新的商业伙伴关系，开拓新的商业模式和收入来源。

三、跨界合作与内容创新

跨界合作指的是不同行业、领域之间的合作与合作方式。在跨界合作中，不同企业或组织以合作的方式共同开发、生产、销售产品或服务，共享资源和知识，实现共同的目标。跨界合作可以跨越行业界限，将不同领域的专业知识和经验相结合，从而达到创新、互补和共同发展的目的。跨界合作在不同领域间建立了紧密的关联，促进了资源共享、技术创新和市场拓展。企业通过跨界合作，不仅可以整合各方优势，提高自身的竞争力，还可以创造更有创意和独特性的产品与服务。跨界合作已经成为当今商业领域中一种重要的创新和合作方式，为许多企业带来了新的机会和突破。

在快速发展的数字时代，出版企业面临着前所未有的挑战和机遇，跨界合作成为推动出版企业商业模式创新的重要途径。跨界合作可以带来新鲜的思维和创意，为出版企业带来新的资源和技术，从而打破传统出版模式的限制。通过与其他行业的伙伴合作，出版企业可以创造出更具吸引力、多样化的产品和服务，满足不断变化的读者需求。此外，跨界合作还能够拓展出版企业的市场空间，让出版与其他行业共享受众和客户群体，扩大出版企业的影响力，增加市场份额。更重要的是，跨界合作可以促进知识交流和创新，通过融合不同领域的专业知识和经验，推动出版企业在数字化时代的发展和变革。通过与其他行业的伙伴的合作，可以激发出版企业的创新和创造能力，实现更快速、更灵活的发展。

（一）出版与影视、 游戏、 音乐等行业的合作

如今，出版与影视、游戏、音乐等行业之间的跨界合作已成为一种趋势。这种合作不仅能够带来更多的商业机会，丰富各行业的创作内容，也能够满足不同受众的多样化需求。一般来说，出版与影视、游戏、音乐等行业的跨界合作包括以下几种形式。

1. 作品/故事改编

出版企业可以和影视、游戏行业的企业合作，比如将畅销小说、经典文学作品等改编成影视剧或游戏。例如，"盗墓笔记"系列小说被改编成了电视剧和手机游戏等，进一步丰富了这个品牌的娱乐形式，满足了消费者的多元化需求；同时，这些改编作品也扩大了"盗墓笔记"系列的影响力，提升了品牌的知名度和商业价值。

2. 资源共享和授权

出版企业可以和影视、游戏、音乐行业的企业进行资源的共享和互相授权，如将畅销的电影或游戏改编为图书、在有声书中加入音乐等。

但是，不同行业之间存在运作模式、商业模式和市场需求的差异，品牌形象的冲突，以及对版权和知识产权认识的分歧。如出版行业注重文字、内容传达和艺术表达，而影视、游戏和音乐行业更注重视听效果和娱乐体验，要在此基础上进行跨界合作，很可能会出现理解偏差、目标不一致和资源调配不当等问题。因此，在跨界合作时要注意以下几点。

第一，版权和授权的合法是跨界合作的重中之重。在合作过程中，需要明确版权归属，并通过合法的授权方式获得授权。这样可以保护合作双方的权益，避免版权纠纷的发生。

第二，考虑不同行业的目标受众并满足其需求是跨界合作的关键。出版、影

视、游戏、音乐等行业的受众群体可能存在差异，因此在合作中需要充分了解目标受众的喜好和需求。只有精准定位目标受众，才能创作出符合受众口味的作品，提升作品的吸引力和市场竞争力。

第三，要确保故事和内容能够适应不同的媒体。无论是将小说改编成电影，还是将文学作品改编成游戏，都需要考虑如何在不同媒体上呈现作品的故事情节、场景和角色等。这需要细致思考和灵活操作，以确保作品在不同媒体上都有较好的观赏效果，能够引发读者、观众的情感共鸣。

第四，保留原作的核心元素并引入创新也至关重要。在跨界合作中，保持原作的独特魅力和精髓非常重要，但同时也需要引入合适的创新元素，以创造新鲜感和刺激感。这样可以在保留原作精华的基础上，创造出更具创新性和时代感的作品。

第五，协作沟通要顺畅。出版公司、影视公司、游戏公司、音乐制作公司等相关方要建立良好的沟通和合作机制，明确合作的目标、方式和时间。高效的协作和沟通才能确保合作顺利推进并达到期望。

第六，有效推广营销是跨界合作的重要环节。作品完成后，需要进行有效的推广和营销，将作品推向市场。各合作方可以共同宣传，借助不同媒体和渠道，吸引更多的关注。精心布局和策划的营销活动，可以帮助作品获得更大的影响力，增加市场份额。

总之，出版与影视、游戏、音乐等行业的跨界合作，要确保与合作伙伴有共同的目标与愿景，加强沟通与协作，制定详细的合作计划和实施策略，强化品牌管理，提升企业形象，并确保版权和知识产权的使用合规、能得到有效保护。这样，各方才能够更好地发挥各自的优势，取得合作的成功。

（二）跨媒体内容的创作与传播

跨媒体内容的创作与传播指的是将原始内容在不同媒体平台上进行创作和传播，以满足不同受众的需求。它将内容从单一媒体转化为多媒体或跨媒体形式，以使其产生更广泛的影响。原始内容可以通过改编、扩展或重新打包等形式进行重新创作，也可以在不同的媒体平台上以不同的形式和呈现方式传播，例如将小说改编成电影、电视剧、游戏等不同的媒体形态。通过跨媒体内容的创作与传播，原始内容可以在不同媒体形式之间衔接和延展，带来更深入、多元化、全方位的体验。它为创作者提供了更多的灵活性和创作空间，并且为受众提供了更多形式的内容消费、参与方式。

通常来说，跨媒体内容的创作与传播具有以下特点和优势。

（1）多元的媒体形式。通过跨媒体创作，可以将内容以多样化的形式呈现，受众可以选择更符合他们喜好和习惯的形式来参与和体验。

（2）提高用户参与度。跨媒体内容可以充分利用不同媒体平台的参与和互动机制，吸引更多用户参与和互动，提高用户的参与度和满意度。

（3）扩大影响范围。通过在多个媒体平台上传播，跨媒体内容可以覆盖更广泛的受众群体，增强影响力和提高传播效果。

（4）增加商业价值。跨媒体内容可以在不同媒体平台上获得更多的收入，创造更多的商业价值，实现跨媒体开发和深度融合。

目前，跨媒体内容的创作与传播在出版业中呈现出多样化的状态。通过数字阅读、跨媒体 IP 改编、社交媒体互动、数据驱动的个性化推荐、跨媒体合作与跨界合作，出版企业和作者积极适应数字化时代的变革，利用多媒体形式和在线平台进行内容传播，并探索新兴技术的应用，实现了内容的多元化、读者参与度的提升和商业空间的拓展。随着技术和读者需求的不断发展和变化，跨媒体内容的创作与传播在出版业中将发挥更重要的作用。

（三）利用新技术推动内容创意与生产

内容创意与生产的主要内涵是通过创造和创新，为受众提供具有吸引力、独特性和能产生情感共鸣的内容。它要求深入了解受众需求与兴趣，通过多样化的媒体形式和故事叙述方式，打造出能激发受众情感的独特内容产品。内容创意与生产强调创造与制作的过程，要运用各种技术和工具，以最佳的方式呈现高质量的内容。从提出概念到实际制作，内容创意与生产都以满足受众多样化的需求为目标。

随着数字化和互联网的快速发展，传统出版行业面临着巨大的挑战。在这种背景下，内容创意与生产以其创新性和独特性，为出版企业带来了新的商业机遇。

首先，内容创意与生产通过创造有独特价值的内容，使得出版企业在竞争激烈的市场中脱颖而出。通过创新的故事叙述、多媒体形式和多样化的体验设计，内容创意与生产提供了更丰富、更吸引人的内容，吸引了更多的读者和消费者。

其次，内容创意与生产推动了出版企业的数字化转型和多平台发展。随着互联网的普及，读者和消费者对渠道的需求越来越多样化，出版企业也需要通过数字化平台和新媒体渠道来传播和推广内容。内容创意与生产充分利用互联网、社交媒体、移动应用等新兴技术和平台，帮助出版企业在不同平台上更好地传播和推广内容产品。

最后，内容创意与生产也鼓励出版企业与其他行业进行合作与创新。通过跨界合作，出版企业可以与影视、游戏等行业的企业展开合作，将传统的内容进行多媒体形式的拓展与延伸。这种商业模式的创新不仅能够开拓新的市场，还能够带来更广泛的影响力并增加收益。

出版企业利用新技术进行内容创意和生产，关键在于积极探索和应用创新的技术和方法以满足读者不断变化的需求，提供更好的阅读体验。通过与技术供应商和专业团队合作，出版企业可以抓住机遇，实现内容创意水平和生产效率的提升。

（1）虚拟现实（VR）和增强现实（AR）技术：VR和AR技术可以为读者提供交互式的阅读体验。出版企业可以开发虚拟阅读器或增强现实应用程序，并添加更多的视觉和声音元素，使读者能够与书籍内容互动。

（2）人工智能（AI）和机器学习（ML）技术：AI和ML技术可以帮助出版企业实现内容生成和编辑过程的自动化。使用自然语言处理和图像识别算法，可以为作者提供即时的编辑建议，并帮助编辑人员快速找到相关内容。

（3）数据分析工具和技术：利用数据分析工具和技术，出版企业可以更好地了解读者的喜好和需求，有针对性地开发和推荐内容。数据分析还可以帮助企业优化供应链和生产过程，提高效率并降低成本。

（4）数字内容：出版企业可以更广泛地运用数字形式推出产品和服务，以满足现代读者的需求。这种形式能够提供更多的交互和多媒体元素，并且可以更方便地分发和更新。

（5）内容管理系统（content management system，简称CMS）和协同工具：通过使用CMS和协同工具，出版企业可以更好地管理内容创作和编辑流程。这些工具可以提高工作效率，并提供版本控制和审阅功能。

（6）远程工作和虚拟团队：出版企业可以利用远程工作和虚拟团队的功能，招募更多的创意人才和专业人士。结合协同和沟通工具，出版企业还可以实现全球范围内的合作和创意生成。

（7）社交媒体和营销工具：利用社交媒体和营销工具，出版企业可以更好地推广其内容产品。社交媒体可以为出版企业连接更广泛的受众，开展更直接的互动，帮助建立读者群体并提高其品牌忠诚度。

总之，内容创意与生产对出版企业商业模式的创新是以更好地满足读者需求、提高效率并实现可持续发展为目标的，出版企业也深刻理解了创新对满足读者的需求和保持自身竞争力的重要性。

四、产品营销创新

产品营销创新是指企业不断尝试和探索新的市场策略和方法的过程，如在产品设计、定价、推广和销售等方面不断采取新的策略以满足市场需求，打开新的市场等。它是企业保持市场竞争力和提高业绩的重要手段。在实践过程中，需要重点关注以下几点。

（1）创新性：产品营销创新强调对现有市场策略和方法作出改进，可以引入新的思路、方法和技术来打造独特的市场竞争优势。

（2）顾客导向：产品营销创新以满足顾客需求和期望为目标，可通过分析市场需求、竞争对手以及顾客反馈等信息，为顾客提供独特的产品或解决方案。

（3）多元化：产品营销创新可以表现在多个方面，如产品功能、设计、包装、定价策略、推广手段等的创新。它不仅仅包括产品的创新，还包括与之相关的各个环节和策略的创新。

（4）风险与回报：产品营销创新可能面临一定的风险，如技术、市场、竞争等方面的风险。然而，成功的创新往往伴随着巨大的回报，如市场份额的增加、品牌价值的提升、企业竞争力的增强等。

（5）持续性：产品营销创新需要有持续的创新能力和灵活性，以适应市场和顾客需求的变化。只有持续创新，企业才能保持竞争优势并实现持续增长。

从价值链的角度来看，出版企业可以通过提供独特和个性化的产品来吸引消费者，并与之建立情感上的联系；从供应链的角度来看，出版企业可以开发新的分销渠道和产品，如线上平台、数字内容等，以适应数字化时代的阅读和消费习惯。这是一个动态的、多元化的过程，能为企业带来可持续的商业价值，但需要企业具有创新意识、市场洞察力和灵活性。因此，通过重塑和优化价值链，出版企业可以实现更高效的内容创作、生产和分发，提高竞争力和市场响应速度。这意味着它获得了更好的内容质量和更快的上市时间，能更好地满足读者的需求并增加市场份额。同时，通过优化供应链，出版企业可以减少库存和运输成本，并更容易管理、预测市场需求。此外，直接与读者建立联系的分销渠道，也为出版企业提供了更多收入和盈利机会。

对出版企业的商业模式创新而言，产品营销创新应当从价值链和供应链入手，提高效率，降低成本，增强创收能力，保持竞争力并持续发展。

（一）营销模式与盈利模式的创新

传统出版产业的营销模式以传统的销售模式为基础，渠道主要为书店、超市等，一般通过展示图书和提供销售服务来吸引读者。这种营销模式的主要优势在于稳定和可靠。

传统出版流程往往受出版者控制，而基于数字媒体的出版则较少受出版者控制。随着数字出版的迅猛发展，传统出版的营销模式和盈利模式受到了较大冲击。特别是纸价的飙升、印刷成本的提高，给传统出版企业的发展带来了压力。传统出版企业转型的需求更加迫切，必须推出多维度、立体化的产品，提升综合出版能力。

据 2013—2017 年发布的全国新闻出版业基本情况的相关报告，全国 580 多家出版社每年推出的新书呈井喷之势，但退货率居高不下。库存占用了出版社大量资金，造成传统出版企业经营风险和成本日益增加；而线上渠道的打折、促销等活动，直接导致传统出版企业利润减少、生存受到威胁，已经伤及了传统出版企业的命脉。

传统出版企业在产品、市场定位、业务系统、组织结构和功能、投资模式、成本结构以及营销模式上，同质化十分明显，营利模式也基本一致，主要依赖图书销售收入。长期以来，出版企业管理者追求收入增长和增加市场份额，出版企业普遍扩大了规模和产能，这导致图书品种数急剧增加，竞争加剧，图书生命周期越来越短，库存压力越来越大，加上上下游市场秩序的失范，图书销售的利润不断减少。

有研究者总结了传统出版产业的盈利模式。除了出版物销售模式外，还有六种模式：版权收入、会展/服务收入、培训/考试收入、广告收入、品牌以及新技术盈利模式。具体来说，除出版物销售模式外，更符合传统出版产业实际的盈利模式可归纳为三种：一是版权收入模式；二是广告收入模式；三是衍生产品和服务收入模式。

版权收入模式在出版行业较为常见。版权的使用方式有多种，比如一本图书，可以授权给影视制作公司改编为影视作品，转载权可授予报刊、网站等媒介，品牌标识使用权可以开发或贴牌，制作各种衍生产品如玩具、文具、服饰等。迪士尼通过对米老鼠、唐老鸭等卡通形象的全方位版权资源开发，成为"媒体帝国"，是版权经济的经典范例之一。

广告收入模式多为报刊、媒体所用，并不适合图书，这主要是因为图书刊登广告有政策限制。

衍生产品和服务收入模式主要以出版社品牌和资源的深入挖掘为基础。许多出版企业有不少好的品牌，但其品牌价值开发往往停留在同类产品的同质扩张层面。以品牌和资源为核心，在不同领域和不同产品的外延上进行拓展，比如开发文创产品、会展、培训等多种衍生产品和服务，是出版企业突破单一营利模式、获得多种收入流的有效途径。

新时代出版产业的营销模式更加注重数字化和网络化。新时代的出版企业主要通过网络平台进行销售，包括自营平台和第三方平台；同时，要通过提供多样化的内容和优质的服务来吸引用户。这种营销模式的主要优势在于有灵活性和创新性。

技术与内容的融合是出版业发展的必由之路。技术为内容的传播提供途径和载体，但内容才是传播的核心，要树立内容为本、技术为其所用的原则。随着云计算、大数据、移动互联网、人工智能、虚拟现实、增强现实、二维码技术等信息技术的发展，"两微一端"（微博、微信及新闻客户端）的盛行，新一轮出版业态的重构迅速开展起来。出版企业除了打通线上线下的融通渠道，还可以依托大数据，持续为受众提供精准服务，提升产品融合度及受众黏性。2019 年 6 月 6 日，工业和信息化部正式发放 5G 商用牌照。在 5G 技术的大背景下,出版企业的业务不再局限于文字内容产品的生产传播,而是将文字、音频、视频等各种形态的内容产品统一布局,加大了新媒体、融媒体产品、平台、接收终端的开发创建力度。2019 年,人民融媒传播有限责任公司首次推出了运用三维码技术制作出的 VR 融媒图书,无须佩戴 VR 眼镜即可感受三维视觉效果。

微博、社区、微信等新兴平台,已成为出版机构必不可少的营销渠道。微博让书业信息的传播及时而有针对性,可第一时间在此发布新书消息。出版企业可借助微博"大 V"的号召力、粉丝的忠诚度,说书、评书、聊书、荐书,扩大图书的传播和影响力,进而拉动图书销售。微信作为最热门的社交信息平台之一,已成为重要的营销渠道。一些出版社与出版营销人员开通了个性化微信公众号,将用户集中起来,围绕目标读者进行图书的开发、宣传推广、销售。社区已是出版人、读书人、写书人和爱书人聚集的网上俱乐部。例如,新浪微博和豆瓣网等,针对性强、互动性好,可以在此对新书自由发表看法,制造话题,引起关注。社群是基于共同价值观和兴趣而形成的圈子。在微信等自媒体平台兴起后,以亲子阅读和教育为主题的社群迅速崛起。一些出版企业围绕社群进行图书的营销,并拓展到开展培训、亲子活动等,实现了产品、渠道和终端的全线贯通。

基于新技术的数字出版盈利模式,为传统出版拓展了无限空间。从理论上来说,内容有多少种数字表现形式,就意味着有多少种盈利的方式。目前数字出版的盈利形式主要有手机出版、网络游戏、数字期刊、电子书、数字报纸(网络版)、网络广告,收入来源主要有在线销售收入、广告收入、版权收入、增值服务收入、付费下载收入、合作分成、销售分成、在线检索收入、会员费用等。随着数字出版的发展,传统出版企业也会不断拓展利润来源,完成数字化转型。

1. 教育出版盈利模式的创新

我国传统教育出版的产品销售模式较为单一。从产品内容上看,目前纸质教材、教辅图书的销售依然是教育出版企业利润的重要来源。但是,在新的数字出版生产模式之下,传统教材、教辅图书能够以新的出版和销售形式来提高其价值。在实践中,通过链接更为丰富的教育内容,极大地提高了教材、教辅图书的内容价值,提升了消费者对产品内容的价值获得感,很好地推动了纸质图书的销售,并且起到了巩固市场、提高市场占有率的积极作用。此外,教材、教辅图书是各个教育阶段学习者的刚需,用户对价格的敏感度相对较低,通过调整定价策略,将增值的数字内容的价格并入纸质图书的定价中,可直接实现内容的盈利。这一部分数字内容的收入尚无法从传统纸质图书的销售额中切分出来,但这种做法已经突破了原有的单一纸质产品的销售模式。在这样的模式中,教材、教辅图书的销售额增长,数字资源和平台建设起到了不可忽视的支撑作用。除纸质图书销售外，教育出版企业可基于丰富的内容资源库，通过多种形式的产品内容开发，向学生、家长、教师等提供更加多元化的产品和服务，如提供海量数字教育精品课程。除售卖内容产品之外，提供培训服务也成为盈利方式之一。面对用户多样化的内容需求，出版企业还可提供按需印刷和课程定制服务，以内容的按需整合来进一步提升资源利用率，开拓新的盈利模式。

从销售渠道上看，目前，教育出版产品的销售以新华书店的发行系统销售为主，系统销售的教育产品价格相对规范，服务比较完善，质量也能得到更好的保障。相比而言，教育产品通过零售、电商、馆配等渠道销售得较少。近年来，虽然各教育出版企业顺应发展潮流，积极与当当、京东等电商平台开展多元合作，少数大型出版企业还努力搭建自己的网络销售平台，如文轩网、博库网等，但它们大部分仅是对传统的新华书店发行系统销售渠道的补充，未能形成规模效益。主要原因在于当前电商模式普遍以高定价、低折扣来促进销售，而系统销售的教育产品价格比较敏感、折扣相对规范，不太适合现阶段的电商销售模式。未来，教育出版企业应该加大力度开发专门的电商教育产品，与传统系统销售的产品形成差异；同时，应积极建设自营电商平台，规范折扣，做好线上营销，形成多渠道销售的模式。

2. 专业出版盈利模式的创新

在互联网环境下，海量资源免费提供，许多用户认为免费获取资源是天经地义的，付费意识薄弱，以致许多互联网服务企业为了保证客户群体的规模和稳定，不得不向客户免费提供资源。一些企业为了盈利甚至将客户资料（个人信息、关注点、消费倾向等）倒卖给广告商、游戏运营商等。

目前专业出版典型的商业模式是在线平台服务和期刊商业化运作、基于知识结构定制的数据库打包。与商业杂志面对的广泛的客户群体及多元的广告商不同，学术期刊主要靠图书馆及其他研究机构的订购实现市场价值、获得利润。在这些有科技含量或专业领域知识的出版产品得到业界认可之后，这些产品的提供商凭借内容资源占有的权威地位，会快速抬升价格。价格的上升会导致销售量的锐减，为了应对这种不利局面，出版企业采取了将期刊打包为数据库的方式，直接向图书馆或研究机构出售数据库。而因为科研需求，停订数据库会对科研工作造成巨大的阻碍，图书馆等机构只能接受数据库出版商的"霸王条款"，基本没有还价的空间。

中国知网、社会科学文献出版社等规模较大的内容提供商是以自有内容或与其他内容提供商分成等方式建立数据库的，以此为专业人士提供信息服务。知识产权出版社的中外专利数据库服务平台每年有 2000 多万元的收入。[①]

2012 年提出的"并""转""改""留"四字方针，目的就是促成学术期刊和科技期刊的商业化运作。但是由于期刊出版管理制度尚未革新，科学的期刊评估标准没有建立，商业出版机构与科技期刊的合作还不成熟，期刊的商业化转型比较缓慢，带有公益属性的学术期刊的市场化道路更是波折重重。而国外的学术出版是从成熟的市场环境中脱胎的，经历了一系列的并购、重组，规模化和集约化程度较高。

除了以上两种商业模式，一般的专业出版还是套用大众出版的商业模式，主要有以下几种。

（1）内容收费，即直接收费模式。一种是阅读器付费下载内容，亚马逊的 Kindle、飞利浦下属公司开发的 Readius 等都属于这种形式；另一种是在线付费阅读形式，内容提供商有偿提供网络原创内容，收费方式为部分付费＋会员费。阅文集团旗下的起点中文网、云起书院、潇湘书院、红袖添香等网络原创平台等就应用了这种形式。

（2）广告模式。出版企业为用户提供内容产品，用户接收广告，出版企业收取广告投放费用。与之类似的典型代表是谷歌的广告模式，以强大的搜索功能吸引大量用户，从而吸引广告商，其收益主要来自广告。

（3）增值服务收费模式。内容提供商通过提供出版物之外的延伸服务，比如信息的再加工、按个人需求定制产品等来满足读者更深层次的需求。

以上这些模式是目前专业出版企业广泛采用的商业模式，但媒介融合的发展已对专业出版的商业模式提出了新的要求，立足于专业出版的商业模式还需要进一步实践和探索。

3. 大众出版盈利模式的创新

市场环境变化推动企业对原有的商业模式进行变革，分析当前大众出版的发展情况，其数字出版盈利模式主要包括以下四种。

第一，版权盈利模式，是出版物生产经营者通过一定途径向消费者出售数字内容并收取费用的一种模式，主要有两种类型：一是利用各种渠道对现有产品如电子书、数据库、电子期刊、网络原创文学作品等进行展示、推广并将数字内容销售给读者，一些传统出版商以及亚马逊、盛大文学等企业都有这方面的业务；二是利用委托开发和授权方式对有版权的内容进行跨行业、跨领域的增值开发，可与传统出版社进行线下联合出版，也可与网络游戏、动漫制作和影视制作等企业合作改编和

---

① 陈丹. 我国出版社数字出版发展策略及商业模式探析［J］. 出版发行研究，2009（11）：20-22.

制作产品，实现版权的多样化盈利。

对于拥有一定版权资源的企业，在数字化初期选择此模式能获得一定先发优势；但是它缺乏创新性，如果企业单纯依靠此模式，随着竞争程度加剧，极有可能遭遇发展瓶颈。

第二，基于免费内容的第三方盈利模式。针对盗版资源容易获取、用户付费习惯尚未形成的大环境，基于免费内容的第三方盈利模式非常有竞争力。它依靠免费提供数字出版内容来吸引大量读者、聚集人气，通过引入第三方，采用如植入网络广告或提供交叉补贴等方式获得资金回报。由于网络广告具有低成本、广泛传播等特点，许多商家愿意支付广告费用，在免费数字出版物中植入广告来宣传和促销，读者则在免费获取内容的同时接收广告信息。交叉补贴则是将配套、兼容、互补的产品或服务捆绑销售，使消费者既节省成本又能获得更大的使用价值，继而提高购买意愿，此方式对于大众数字出版来说是适合的。[①] 比如电子阅读器生产商在出售阅读器的同时赠送一定数量的电子书以促进销售，并由部分销售所得承担电子书的成本。

面对当前消费者为内容付费意愿低的现实，以免费内容换取高用户规模并获得相应价值回报是可行的；但免费终非长久之计，它低估甚至忽视了内容资源的价值，影响了创作者的积极性，长久来看不利于行业发展。

第三，移动出版增值服务盈利模式。伴随5G技术的发展和应用以及智能终端的普及，移动出版增值服务无疑是出版企业的最佳选择之一。它充分考虑了移动用户的应用需求，不再只对内容资源进行简单的数字化处理，而是研发高附加值的个性化移动出版产品，通过移动互联网进行传播，开拓移动应用市场。而且，目前各种移动终端尤其是智能手机的用户群体庞大，分众性很强。这有利于商家深入挖掘不同用户的需求，为个性化推介、按需定制等后续精细化服务奠定坚实基础，市场潜力巨大。

这一模式满足了移动阅读市场的需求，发展前景广阔，目前已取得了一些初步成果。比如日本创新发展手机出版，结合漫画文化和手机文化潮流推出手机漫画，并加入音效等，辅以专用的漫画阅读器，大大提高了移动阅读用户的满意度。在我国，部分运营商也正在进行此方面的尝试。他们对移动阅读的消费趋势进行了深入的分析，以便提供更高品质的出版物，并根据用户需求进行推介，但是成效还有待验证。值得一提的是，高品质移动出版增值服务的提供通常需要多方合作，利益分配必须公平合理。

第四，自助出版服务盈利模式。自助出版服务盈利模式是技术进步与作者的个

---

① 黄丹俞. 基于图书馆 2.0 的数字出版［D］. 上海：华东师范大学，2009：12-15.

性化需求共同推动的结果。在网络时代，面对海量的由用户创造的内容，自助出版的业务重心在为作者提供强大的出版、销售平台，或者说编辑出版、网络营销等专业化服务。这是共赢的模式：通过自助出版，商家既能获得可观利润，又能丰富自身的内容资源，从而吸引更多读者；而作者可借助出版商或服务商的品牌力量、出版运作经验以及先进的技术平台快速出版电子作品，打响知名度，并获得经济收益。

近几年，自助数字出版发展迅速，越来越多的人开始关注并选择这一出版模式，包括许多知名作家如斯蒂芬·金、J. K. 罗琳等。这一模式成功的关键在于服务完善、操作便捷以及给予作者较大的自由度；但利润分成须合理，要顾及各方。需要提醒的是，为保障和提升平台的品牌价值，自助出版物的质量必须进行必要的把控。

（二）延伸价值链的出版实践

出版的价值链指出版过程涉及的各个环节和参与方。价值链的主要环节包括内容创作和策划、编辑和校对、设计和排版、印刷和制作、销售等。在每个环节中，不同的参与方如作者、编辑、设计师、印刷厂、经销商和零售商等都扮演着重要角色。整个价值链的目标是通过各个环节的努力，为读者提供优质的内容和产品，满足读者需求，实现商业价值。每个环节都相互依赖，任何一个环节的缺失或不到位都可能影响整个价值链的运作和产品质量。因此，了解和优化出版的价值链可帮助企业提高效率、优化产品品质和提升市场竞争力，是出版企业成功的关键。

出版企业可以通过延伸价值链在数字化时代保持竞争优势。出版企业可以通过添加更多的产品和服务，尤其是数字化内容和技术解决方案，来拓展企业的业务、增加利润。延伸价值链的策略有推出数字化出版物、在线平台、自助出版服务，进行市场营销和推广等。通过这些方式，出版企业可以更好地满足读者和作者的需求，增加销售额和利润。

出版企业在延伸价值链方面可以采取以下几种方法。

（1）推出数字化产品和服务：将传统纸质出版物转化为数字内容，并利用互联网和移动技术向读者提供在线阅读和下载的服务。这样可以降低生产和分发成本，并且更好地满足现代读者对便捷和多样化阅读方式的需求。

（2）建立在线平台：出版企业可以创建自己的在线平台，提供多样化的内容和服务，如电子书店、数字图书馆、作者自助出版平台、读者社区等。通过这些平台，企业可以直接与作者、读者和其他利益相关者互动，提高销售量。

（3）提供个性化推荐和定制化服务：利用数据分析和人工智能技术，出版企业可以深入了解读者的兴趣、偏好和行为，进而为读者提供个性化的内容推荐和定制化服务。这样可以提高读者的满意度，促进销售，为企业带来更多的商业机会。

（4）提供多元化的内容产品：除了传统的图书出版，出版企业还可以丰富内容形式和拓展领域，如扩大数字化期刊、教育出版、多媒体内容等方面的业务。通过发布多样化的内容，企业可以吸引更广泛的读者群体。

（5）跨界合作与授权：出版企业可以与其他行业、品牌和平台合作，进行跨界授权和推广，以扩大影响力和增加市场份额。如与影视制作公司合作将作品改编成电影或电视剧，与品牌合作推出联名图书，等等。这种合作可以拓展内容的传播渠道，提高品牌曝光度，增加收入。

（6）教育和培训服务：出版企业可以设立写作培训机构、组织出版工作坊、举办行业会议等，提供教育和培训服务。这些活动不仅可以向作家和读者传授专业知识和技能，也可以提高企业的品牌知名度和影响力。

以新华文轩集团为例，一方面积极开展图书的品牌授权，挖掘优秀图书内容的价值，打造衍生产品和品牌形象，如通过授权出版经典童话故事的阅读绘本，推出与角色、主题相关的周边产品——玩具、游戏、文具等；另一方面，积极进行跨界合作，拓展出版业务链条，如与动画、影视等行业的企业合作，将优秀的图书作品改编为动画片、电视剧、电影，通过与影视作品联合推广，实现了图书与影视互补发展，提高了作品的知名度和销售额；除此以外，新华文轩集团还通过版权交易和教育服务等方式，将出版业务与其他行业深度融合，延伸了价值链。总之，该集团不仅提供了多元化的产品和服务，也提高了品牌的影响力，在市场竞争中保持了竞争优势。

（三）优化供应链的出版实践

出版产业中的供应链包含一系列的活动和流程——出版物的创作、制作、分销、零售。它包含与作者、编辑、设计师、印刷厂、批发商和零售商等各个参与者的合作和协调，以确保出版物高质量、高效率地被生产和销售。供应链的优化可以提高出版业的生产效率、降低成本，提升出版企业的竞争力。

出版业是一个易受时间和市场需求影响的行业，优化供应链可以大幅降低成本，并提高生产和交付速度，这样出版企业才能够更灵活地应对市场需求和变化，更快地推出新产品。同时，优化供应链能够提高出版产品的定制化水平，满足读者的个性化需求并打造更具竞争力的产品。此外，供应链优化还可以促进企业与作者、设计师和市场渠道的紧密合作，增强创新和合作能力，推动商业模式的创新和进步。

第一，与供应商建立紧密的合作关系是优化供应链的关键。与印刷厂、纸制品供应商等建立长期稳定的合作关系，可以确保供应链的高效运作。合作伙伴之间的信任和紧密配合，能够有效减少交流和沟通的时间，提高生产和交付的速度。

第二，优化物流和仓储管理也是优化供应链的重要措施。通过合理规划仓储布局、加强库存管理和物流动态调度，企业能够减少物品储存和运输时间，提高产品的快速交付能力。有效的物流管理能够减少产品滞留在仓库中的时间，提高供应链的灵活性。

第三，引入数字化技术是优化供应链的重要途径。利用数字化技术和电子商务平台，企业能够更快地与合作伙伴共享信息。在线订单处理、电子支付和快速电子传输文件等手段可以大大减少和降低信息传递、处理的时间和成本，提高供应链的效率。

第四，自动化生产和流程优化能够帮助企业优化供应链。采用自动化设备和流程优化技术，可以减少人工干预，提高生产效率和质量，缩短生产周期。

第五，简化出版流程是优化供应链的重要手段。通过简化出版流程，减少不必要的环节，企业可以更快地应对市场变化，加快产品上市的速度。

第六，与其他行业的企业进行跨界合作也能够帮助企业优化供应链。通过与其他行业的企业合作，共享资源和技术，企业可以加快产品开发和上市的速度。跨界合作可以有效地优化供应链，并且为企业带来更多的创新和发展机会。

凤凰出版传媒集团与印刷厂、纸制品供应商等建立了长期稳定的合作关系，共同推动供应链的优化。凤凰出版传媒集团开发的数字化出版平台，拥有在线订单处理、电子支付和文件传输等功能，实现了与合作伙伴快速的信息交流，提高了供应链的效率。同时，凤凰出版传媒集团引进现代化的出版设备和流程管理技术，实现了生产过程的自动化和高效化。出版社内部也进行了出版流程的优化，简化了决策流程，缩短了产品的上市时间。

可以看出，优化供应链是实现出版企业商业模式创新和提高竞争力的重要举措，可以使企业更快速、更高效地提供个性化的产品或服务，从而提高其竞争力。

（四）全球化与数字化的出版实践

传统出版产业的全球化和数字化程度相对较低。传统出版企业主要通过出版高质量的书籍来吸引读者，而这些书籍往往只在本地市场销售，印刷、发行等环节对盈利的影响较大，而这些环节大都是人工操作的。

出版产业的数字化发展到目前主要经历了三个阶段。第一个阶段是二十世纪七八十年代，这个阶段的数字化主要体现在编辑加工、印制等环节使用了数字化技术加工手段，如电子文稿、方正排版、激光照排等，大大提高了出版效率；第二个阶段是二十世纪九十年代至二十一世纪初，随着计算机技术、现代通信技术、互联网技术的发展，录音带、录像带、CD 光盘、VCD 光盘、DVD 光盘、电子书、电子期刊等数字出版物开始进入市场，并逐渐完成从电子出版向网络出版的转型；第三个阶段是二十一世纪初至今，2006 年，数字出版被国家列为新闻出版业"十一五"发展规划重点工程，在之后的十几年中，数字出版、数字印刷、动漫、网络游戏等产业的规模不断扩大，进入以电子书、数字图书馆、网络游戏、动漫等为主要形式的数字出版时期。

传统出版产业的全球化和数字化，主要停留在技术层面，以实物出口、版权输出、国际出版项目为主。传统出版产业在国际出版市场的输出量较小，在国际出版市场上的占有率不高。

新时代出版产业的全球化和数字化程度则较高。新时代的出版企业主要通过数字化出版和网络销售来盈利。数字化出版可以让图书内容在全球范围内传播，而网络销售可以在全球范围内销售图书。新时代的出版企业主要通过数字化和自助出版等方式来实现全球化和数字化，全球化和数字化的主要优势在于其具有灵活性和创新性。

全球化尤其是经济全球化使中国进入了一个前所未见的国际经济大循环，这个大循环的直接影响就是文化全球化。对外开放推动了中国与外部世界的互动，它意味着中国文化成为开放和互动的全球化文化网络的一个组成部分。数字出版业最重要的特性就是数字技术推动了文化资源的全球共享，这对中国数字出版业而言，是一个巨大的机遇，因为这意味着中国的出版业可以在全球数字出版技术的浪潮中进行资源重组和产业布局，抢占行业发展制高点，实现新的飞跃；同时，这也是中国出版业面临的一个巨大挑战，因为中国出版业的改革发展面临着一系列历史和现实的问题，数字出版技术在全球发展的迅猛态势及其对中国出版业的影响尚未被国内出版业充分认识，一些历史遗留问题有待解决，发展举措有待完善。

据中国产业研究院《2022—2027 年中国数字出版行业市场深度调研及投资策略预测报告》分析：中国数字公共文化服务体系将日益健全，数字化阅读方式日益多样，成为助力全民阅读工作的重要力量。2021 年国民数字化阅读方式（网络在线阅读、手机阅读、电子阅读器阅读等）的接触率为 79.6%，三成以上的成年人有听书习惯。有声读物不仅拓展了人们的阅读场景，也为老年人、视觉障碍者的阅读提供了极大便利。电子阅报栏（屏）、有声读书墙等数字阅读终端出现在书店、商场、学校、企事业单位、医院等场所，为在全社会形成爱读书、读好书、善读书的浓厚氛围作出积极贡献。作为文化惠民工程的重要载体与抓手，数字农家书屋建设持续推进，智能化建设水平不断提升，电子书报刊、有声读物等数字资源供给日益丰富，它们在培养农民阅读爱好、提升农民科学文化素质、丰富农民群众精神文化生活等方面发挥积极作用，为促进乡村文化振兴、助力共同富裕注入了强劲动力。

数字出版"走出去"不断深入。响应"一带一路"倡议、构建人类命运共同体等国家战略，依托"丝路书香出版工程""经典中国国际出版工程""中国当代作品翻译工程"等重大工程项目，数字出版成为讲述中国故事、传播中国声音和展现中国形象的重要载体，"走出去"迈出稳健步伐。电子书、数据库、网络文学、有声读物、游戏等一批优秀数字出版产品走出国门，并逐渐形成了产品走出去、版权走出去、品牌走出去、企业走出去、模式走出去的格局，海外传播力、影响力不断增强，实现了从作品、平台到模式的全方位输出，在构建中国话语和中国叙事体系中表现突出。

1. 新时代中国出版业国际化转型的几种模式

自 2000 年提出"走出去"战略后，我国出台了一系列政策支持出版业走向国际市场，我国出版业国际化的步伐加快，国际化转型模式更加清晰多样。出版业的国际化转型是建设社会主义文化强国的迫切要求。随着经济全球化的不断深入，人们的价值观念更加多元，各种文化相互碰撞交融，国与国之间的竞争在很多时候体现为不同文化之间的竞争。尤其是改革开放以来，海外出版企业加快了进入我国出版市场的步伐，并不断发展壮大，我国出版业的发展面临新的挑战。同时，要增强国际竞争力，我国出版企业必须走出国门，融入全球经济。出版业国际化转型是我国出版业融入全球经济的重要手段，目前，我国出版业国际化转型有以下四种模式。

（1）图书商品贸易模式。图书商品贸易模式是指图书出版企业把在本国编辑出版的图书出口到另一个国家的模式，可细分为直接贸易模式和间接贸易模式，是国内出版企业初涉海外图书市场时的首选模式，具有国际参与程度低、风险小的特点。

图书商品直接贸易模式是指国内出版企业把我国已经出版的图书通过国外代理商或经销商直接销售给国外读者，或者把国外已出版的图书通过国外分公司或子公司转售给我国在国外的代理商或经销商的一种图书商品贸易模式。在图书商品直接贸易模式中，由于海外图书市场的调研、销售渠道的开辟、营销策划方案的制定等都需要国内出版企业的参与，国内出版企业能借此机会及时准确地了解海外图书市场的信息，并根据海外图书市场的需求及时调整经营策略，不断积累国际化经营管理经验，提高在国际市场的竞争力。

图书商品间接贸易模式就是利用图书进出口公司或其他中间商把我国已经出版的图书输出到海外，也可以将国外出版的图书进口到国内。图书进出口公司拥有丰富的操作经验和广泛的销售渠道，能够在短时间内迅速把图书推向海外市场，把满足我国读者需求的图书进口到国内，为我国出版企业在海外寻找合作伙伴节省时间和精力，在图书市场调研、图书销售渠道开辟方面节省大量的费用。在图书商品间接贸易模式中，图书出版企业并不直接与海外图书市场发生联系，不用参与具体的经营管理，没有任何风险。国内出版企业可以通过出口图书在国际图书市场上的反馈不断调整出口图书的内容，以提高其销量。

但是，由于文化背景、接受习惯、思维方式等方面的巨大差异，国内出版的图书很难满足国外读者的需求，采用图书商品贸易模式的国内出版企业想在国际市场获得进一步的发展面临重重困难。

若采用图书商品直接贸易模式，国内出版企业需要独立承担市场调研、销售渠道开辟、营销策划方案制定等方面的费用；通过国外代理商或经销商进行图书商品贸易，图书的进出口业务在很大程度上就容易受到他们的制约；如果在国外设立分公司或子公司进行图书商品贸易，又需要强大的经济实力和一批熟悉国际图书市场的专门人才。

若采用图书商品间接贸易模式，出版企业又无法及时了解出口图书的海外销售情况，更谈不上积累海外图书市场经营管理经验，这严重制约了国内出版企业在海外图书市场的发展。

（2）版权贸易模式。版权贸易是指在版权许可、版权转让与版权代理过程中产生的贸易行为。按照涉及的作品的载体不同，版权贸易可以分为图书版权贸易、音像版权贸易、影视版权贸易、广播版权贸易、软件版权贸易等。在国际交往日益密切的今天，版权贸易对各个国家的影响越来越大，成为国际贸易的热点。

版权贸易是我们学习国外先进的科学技术和管理经验的重要渠道，可以帮助我们了解国际政治、经济、文化情况，有利于不同文化的交流。同时，中国文化要走向世界以增强影响力，版权贸易是必不可少的手段。国内的一部分出版企业没有足够的资金进行国际化经营，对于他们来说，版权贸易就是风险小、可行性大的国际化转型方式。版权贸易模式能够节省图书商品贸易过程中的运输费等，避免商品贸易中的贸易壁垒。通过版权引进，我们可以学习国外先进的科学技术、管理经验等，了解国外发展现状，拓宽视野，取长补短，不断发展壮大自己。图书版权输出能够使出版企业以较少的资源迅速获得一定的经济利益，避免了参与国际化经营的风险。版权输出后，国内出版企业不需要参与出版物的发行、推广与销售，其出版物就能进入其他国家的主流销售渠道，出现在更多读者的面前。

但是，版权贸易在促进我国出版市场发展的同时，也存在一定的问题。如图书版权贸易繁荣的背后是文化与价值观的多元碰撞，这改变了一部分中国人的价值观念、行为方式，从某些方面上来说，不利于中华优秀传统文化的传承。另外，正是由于版权输出后出版企业无须参与海外营销、发行等，所以国内出版企业根本无法及时了解海外市场的反应，部分输出海外的图书并没有产生多大的影响。还有，虽然图书版权输出能够给出版企业带来一定的经济利益，但是我国输出版权的收益与引进版权的支出相差太远。我国图书在国外出版的版税通常只有6％或7％，多数在

5000 美元以下，一般对方只预付一两千美元，但是引进版权要支付的版税却高得多。

（3）国际合作出版模式。国际合作出版是指不同国家的出版机构共同在世界范围内开展出版物的编辑、排版、印刷、发行等活动，合作完成其中某一个或某几个环节。国际合作出版的形式多样，按照合作过程中的职责分工不同，国际合作出版主要分为海外发行上的合作、选题编辑的合作、全过程的合作几种类型。按照合作层次，国际合作出版又可分为单本图书的合作、系列图书的合作两种。

国际合作出版能使中国的出版物进入世界市场，实现合作双方的优势互补，实现双赢。国际合作出版能够解决图书商品贸易、版权贸易中存在的部分问题，如中外读者在阅读习惯、思维方式、语言等方面存在差异，但对合作出版的图书进行本土化改造，就会吸引更多读者。在国际合作出版中，我们不但可以利用对方的营销发行渠道使中国图书打入世界图书市场，为我国出版企业节省开拓销售渠道、进行市场调研等的费用，还可以学习国外出版企业先进的工作经验，使我国出版企业在图书编辑、印刷、发行等方面的水平逐渐与国际接轨，提高国际竞争力。此外，国际合作出版能够分散出版风险，实现出版资源的优化配置，生产出更有价值的产品，为双方带来更多的利益。

通过国际合作出版，虽然国内出版企业的品牌得到了推广，但是其版权资源也在流失。在国际合作出版中，国外出版机构成为图书中文版权的共同拥有者，甚至有可能获得国内出版社的图书中文版权；而且，随着国际合作的不断加深，国外出版机构对我国图书市场的了解也越来越深入，一部分国外出版机构凭借其雄厚的资金和成熟的运作模式，抢占我国出版市场的图书资源，对我国出版单位进入国际市场造成了威胁。

（4）海外投资模式。海外投资模式是指出版企业在海外设立出版机构、开展出版业务的方式。我国出版业的海外投资包括在境外设立分支机构，并购、参股国外的出版企业，在海外成立合资公司等形式。

由于各国的政治制度、法律制度、文化习俗、市场环境等存在差异，我国出版物在进入国际市场的过程中将面临很多问题。海外投资模式能够在一定程度上突破这些局限，实现与国际接轨的目的，让我国的出版品牌为更多的外国读者所知。国内出版企业参与海外投资后，可以充分利用海外的出版人才进行选题策划或经营管理，或者与海外的出版单位合作，深入了解海外出版市场，建立一批真正了解海外市场、读者需求的出版企业。

通过在海外建立出版企业，我国出版机构能够及时了解海外图书市场的信息、海外读者的需求，可以有针对性地策划选题，有效进入海外图书销售的主渠道。同时，我国在海外的出版机构可以聘用当地的专业人员，这在一定程度上减少了由语言、文化的差异引起的问题。通过在海外建立出版企业进行本土化经营，我国的出版企业可以学习海外先进的管理经验，更深入地了解海外图书市场的信息，积累更多的海外出版经验，为国内出版企业在国际市场上不断发展壮大创造条件。

但是，这种模式也会产生一定的问题。由于国内的出版理念、出版制度、市场需求、销售渠道等与海外不同，要取得长远发展，海外出版机构必须聘请当地的出版专业人才开展本土化经营，聘请太多的外国人进行经营管理活动，海外分社将面临被外国人控制的危险。在海外从事生产经营活动，会面临比国内更大的货币风险、市场风险、政治风险及经营风险，撤出海外市场的障碍较多、成本较高。同时，海外分社日常的管理和运营费用都比较高，国内资产规模小的出版企业难以承担。

推动中华文化走出国门、走向世界，实施我国出版业的国际化转型是社会发展的必然要求，也是我国建设文化强国的必然选择。由于不同出版企业在规模、资金等方面存在巨大差异，国内出版企业要结合自身实际，选择适合自己的国际化转型模式。在我国出版业国际化转型的过程中，出版资源丰富的出版企业可以选择版权贸易模式或国际合作出版模式；出版能力强的出版企业可以选择图书商品贸易模式；熟悉国外出版市场且外向型出版经营人才较多的出版企业可以选择海外投资模式。

2. 文化全球化视野下的中国数字出版业

伴随着经济全球化和互联网技术的迅猛发展，中国出版业与国际的交流互鉴不断深入，产业发展进入了国际化运作的新阶段。在文化全球化视野下，许多传统出版企业开始理性面对数字出版，探寻更为完善的商业模式。其主要活动包括强制引入第三方监控机制，开启多元化盈利模式，培养用户数字阅读习惯，营造数字出版消费氛围，如提供"碎片化"内容、提供物美价廉的数字阅读器等。传统出版业开始从自我主导产业链条转向集成合作，形成产业链各个环节有机协调的合力；开始注重利益分配模式，促进内容提供商与技术提供商的合作共赢；在技术上，合理协调技术标准，减少行业发展内耗，实现传统出版内容资源与数字出版内容资源的互利互补；在数字出版人才的培养上也加大了投入。

这是一个文化融合的时代，未来出版产业的国际贸易将进一步促进文化的交流互通，出版合作将向更多元化的产业合作方向发展——这也是当今国际出版业发展的整体趋势。

（1）国际化运作驱动投资布局。国外出版企业在国际化经营方面有数百年的经验，国内出版企业通过与国际出版企业建立合资公司，开展深层次合作，可以更快地了解其优势，更好地观察、学习、借鉴其先进的国际化运作经验、管理体制、市场模式等。

（2）完善"走出去"产品线。"走出去"是国际化发展的基础，中国出版要"走出去"，应从推广内容和产品开始。这需要建立面向海外市场的调研、选题策划、国内外作者合著、翻译、编辑、出版、市场营销的全面的国际化出版模式。

（3）培育国际出版人才。出版业的国际化发展，离不开强有力的人才支持。出版业作为知识密集型产业，人才是发展的关键。出版企业要全面推进人才强企工程，实现人才强社、人才兴业；打造适应企业新时期发展的选、用、育、留人力资源管理体系，吸引、选拔、培养、激励人才，确保人才数量足、结构优、素质高，不断增强企业的核心竞争力；培养一批具有全球视野、熟悉国际出版产业运作以及具有国际营销理念、开拓创新意识的人才，以提升企业的国际出版能力。

（4）推动版权"走出去"。创新和发展是做好版权工作的关键，版权贸易的形式、授权的方式都应灵活多变。除了传统的整本书授权外，内容碎片化授权、纸书内容授权其他形式出版、电子资源授权等多种授权模式都可以有效利用。

（5）扩大品牌的国际影响力。品牌的国际影响力与其内容和产品的"走出去"效果密切相关，目前中国的出版企业与国际一线出版公司相比，影响力尚有差距，需要借助与国际著名出版公司合作以及出版精品著作积累口碑。

3. 各国出版产业数字化发展基本趋势

当今社会，尽管世界政治、经济格局不断变化，但是数字技术，尤其是人工智能技术的迅猛发展势不可当。数字化作为一种新型生活、生产方式，国家、各级政府、企业和学校等的运行及治理方式，已经深刻影响了数字出版产业发展，并推动着世界各国的数字产品、技术应用和商业模式等不断变化。

（1）数字出版技术应用不断更新迭代，迈向数智化发展的新纪元。目前，各国的跨国出版公司、数字出版企业和科技公司等都在大力寻求从纸质阅读向融媒体阅读发展，有声阅读得到快速发展。同时，融合文字、音频、视频、动画、游戏、VR、AR 等多种媒介形态的数字出版物也层出不穷，富媒体产品赢得越来越多读者的青睐。大数据、云计算、区块链、AR、MR（Mixed Reality，混合现实技术）、VR、机器学习、神经网络等新技术尤其是人工智能方面的新技术在出版领域被广泛应用，元宇宙、ChatGPT、虚拟数字人、数字藏品等为各国数字出版开拓了新空间。

（2）大数据赋能数字出版全流程，商业模式不断创新发展。国际数字出版产业的发展，主要依靠大型跨国出版公司和相关科技公司的推动。美国教育出版三大巨头培生教育集团、圣智出版集团和麦格劳-希尔教育集团，科技巨头亚马逊公司、苹果公司、谷歌公司等跨国公司都掌握大量数据。它们对这些数据进行智能化整合和处理，为数字内容生产、分配、流通、消费各环节赋能，构建了大型数字出版与消费服务平台。数字出版大数据也进一步推动了国际出版业融合向纵深发展，以数据赋能出版全流程、全产业链的协同转型，内容要素、生产要素、渠道要素、机构要素不断融合，商业模式和利润增长方式不断创新，产业链和价值链不断重塑。

（3）数字出版日趋平台化，马太效应加剧。目前，独立包装销售的数字出版产品越来越少，绝大部分数字产品都在网络平台销售。无论是各国本土企业还是跨国公司，都重视数字化平台建设，着力打造以平台为载体的产品数据资源库。仅西班牙的数字阅读平台就有亚马逊、苹果、Casa del Libro、24Symbols、Kobo、Lektu、Nubico、Storytel 等。出版产业以内容为王，数字化平台能够为数字出版创新发展提供更多内容资源。同时，一些平台积累了大量消费者资源，形成巨大的消费场域。头部平台优势日益显著，马太效应凸显，成为平台升级和形成新的商业模式的基础。平台化有利于规模发展，但也会对内容制作和消费用户形成霸权，如何规范平台健康和可持续发展是各国出版业面对的共同问题。

可以看出，全球数字出版产业发展经历着孕育、发生、发展一系列变化，这一过程并非一帆风顺的。新技术为各国数字出版产业带来了新的发展契机，各国政府纷纷制定数字化发展战略，大力推动数字产业发展。但各国数字出版产业的受众需求不同，各个细分领域发展不均衡、不稳定，跨国公司抢占先机并占据市场主体地位，对平台依赖性强，盗版、成本控制、数字鸿沟等问题制约着数字出版的进一步发展。由此，国际数字出版发展的总体趋势可总结为"四化"：数字出版内容的本土化、数字出版产品的人工智能化、数字出版营销的社区化、数字出版阅读和使用的大平台化。

当今世界处于百年未有之大变局，人工智能技术的飞速发展引发了新一轮科技革命和产业变革，出版产业数字化、智能化发展成为必然趋势。"十四五"期间，我国进入高质量发展阶段，数字出版产业不仅要带动国内出版产业的高质量发展、高速度发展，更要在国际数字出版市场的激烈竞争中争取一席之地。《中华人民共和国国民经济和社会发展第十四个五年规划和 2035 年远景目标纲要》指出，要"加强对外文化交流和多层次文明对话，创新推进国际传播，利用网上网下，讲好中国故事，传播好中国声音，促进民心相通""建设中文传播平台，构建中国语言文化全球传播体系和国际中文教育标准体系"。我国数字出版产业应该对标国际数字出版领域先进国家的产业政策和管理模式，优化产业政策和管理措施，助推出版企业数字出版事业高速发展；各个出版企业要对标国际具有竞争优势、抢得市场先机的跨国出版集团、科技公司等，打造技术创新、内容创新、产品创新、资源创新的高质量数字出版创新矩阵，大胆应用人工智能等新技术，拓展媒介融合的深度与广度，有效应对数字出版发展中可能面临的各种问题，全面提升数字出版产品的核心价值和国际传播力，在讲好中国故事、推动中国出版在"走出去"方面大展宏图。

　　总之，传统出版产业和新时代出版产业在商业模式分类、对象、核心战略、营销模式、全球化与数字化等商业要素上存在着明显的差异。传统出版产业更加注重出版高质量的书籍，在稳定性和可靠性上更具优势；新时代出版产业则更加注重数字化和网络化，全球化和数字化程度更高。

第五节　新时代出版企业商业模式创新的实施路径与推进策略

　　探索和确定出版企业商业模式创新的实施路径是至关重要的。如今，出版行业的竞争日益激烈，企业需要不断创新以适应快速变化的市场、满足客户不断变化的需求。确定商业模式创新的实施路径，可以帮助企业设定明确的目标和发展方向，确保资源的合理配置和项目的顺利推进。同时，它也为企业提供了一个全面审视内外部影响因素、评估风险和机会的框架，以便更加系统和有序地进行商业模式创新。探索商业模式创新的实施路径是企业不断开拓和试验新的商业模式的过程。企业只有深入研究市场趋势、客户需求和竞争对手的行动，发现新的机会和有潜力的创新方向，才能更好地把握创新机遇、规避风险，保持市场竞争力，实现可持续发展。

一、商业模式创新的实施路径

（一）商业模式创新的实施步骤

　　确定出版企业商业模式创新的实施步骤，有助于企业全面了解市场环境和竞争对手，明确创新目标和重点领域，推动创新项目的开发和实施，并保持对市场的敏感，成功实现商业模式创新。

1. 环境分析

　　环境分析包括内部环境分析、外部环境分析。内部环境分析包括对企业的资源、能力和现有商业模式的评估；外部环境分析则是对行业趋势、客户需求和竞争对手的状况进行的研究。

2. 创新战略制定

　　基于环境分析的结果，企业需要制定创新战略。这包括明确商业模式创新的目标和关键领域，以及设计相应的执行计划。这个阶段的核心是确定创新的方向和重点。

3. 创新团队组建

企业需要专门的创新团队，该团队需由具有专业知识和经验的人员组成。这个团队负责推动商业模式创新的实施，并参与决策和项目的执行。团队成员需要具备创新思维和跨部门协作的能力。

4. 创新项目的筛选和开发

在创新团队的指导下，企业需要进行创新项目的筛选和开发，包括激发创意、评估项目可行性、制定项目计划和投入资源等。企业应该鼓励员工提出新的创意和建议，并积极评估和实施有潜力的创新项目。

5. 创新项目的实施和监测

一旦确定了创新项目，经过充分的准备和测试后就可以开始实施——执行项目计划、进行资源配置和市场推广等。同时，企业还需要建立有效的监测和评估机制，对创新项目进行跟踪和评估，及时调整和改进创新策略。

6. 接收反馈并调整

创新是一个持续的过程，企业应该保持敏感，接收来自市场和客户的反馈，并根据反馈结果调整和优化创新项目和商业模式，以更好地满足市场需求、实现商业目标。

上述实施步骤搭建了一个基本的实施框架，但在实践中，实施路径可能因行业和企业的具体情况不同而有所差异。因此，企业在具体实施过程中应根据自身实际灵活调整、优化。

（二）商业模式创新的关键环节与问题解决

出版企业商业模式创新的各个关键环节相互关联，企业要全面考虑市场需求、竞争环境和资源，还需具备不断学习和改进的能力。具体来说要做到以下几点。

1. 开展市场调研和需求分析

通过市场调研和需求分析，出版企业可以深入了解目标受众的需求、消费行为和喜好，确定市场的需求以及潜在的创新机会。

2. 识别和筛选创新机会

在充分市场调研的基础上，出版企业需要识别和筛选创新机会。这可以通过评估现有的产品和服务的局限性，寻找未被充分利用的资源和市场空白来实现。创新机会应该基于企业的核心能力、目标客户和市场趋势来判定。

3. 设计和重塑商业模式

确定创新机会后，出版企业需要设计或重塑商业模式。商业模式设计涉及目标客户、价值主张、收入模式、成本结构、渠道和合作伙伴等方面，出版企业可以尝试不同的模式创新，如定制化服务、数字出版、增值服务等，以满足不断变化的市场需求。

4. 实施和执行

商业模式创新的实施和执行涉及产品开发、市场推广、渠道建设、组织结构调整等方面的工作，出版企业需要制定详细的实施计划，确保创新的顺利推进。

5. 监测和评估

在商业模式创新的实施阶段，出版企业需要建立监测和评估机制，对创新模式的效果进行跟踪和评估，这可以通过关键绩效指标设定和定期报告来实现。这有助于企业了解创新模式的适应情况，并为其进一步的改进和优化提供指导。

6. 持续创新和改进

商业模式创新是一个持续的过程，出版企业应该保持对市场变化和竞争动态的敏感，不断探索新的创新机会，并及时调整和优化商业模式。

二、商业模式创新的推进策略

企业商业模式创新的推进策略至关重要。

首先，推进策略为企业提供了明确的方向和目标。在商业模式创新的过程中，企业要清楚地知道自己的目标，以便采取相应的战略和行动。推进策略确保了整个创新过程的有效性，并为企业提供了实现商业模式创新的蓝图。

其次，推进策略促成了企业内外部创新力量的合作与协调。商业模式创新需要不同企业、不同部门的紧密合作，以确保创新能够在各个方面得到有效执行。推进策略在整个创新过程中能起到协调各方利益的作用，推动团队、合作伙伴和供应商的协同工作，从而促进商业模式创新的整体发展和落地。

再次，推进策略为企业变革和创新文化提供支持。商业模式创新需要改变企业的思维方式和工作方式，推进策略通过激励员工的创新能力和思维，打造了支持创新的文化氛围。这种文化有助于培养员工的创新意识和创新能力，推动他们积极参与商业模式创新。

最后，推进策略整合了相关资源，提供了必要的支持和资源保障。商业模式创新需要充足的资源，包括资金、人力和技术等。推进策略确保了资源的合理配置和有效利用，为商业模式创新提供了必要的支持和保障，从而提高了商业模式创新的成功率。

出版企业推进商业模式创新的策略是相互关联的，共同推动出版企业实现商业模式的创新，提升其市场竞争力和可持续发展能力。具体来说，出版企业推进商业模式创新的策略包含以下内容。

（一）领导层的决策与支持

领导层的决策和支持是实现商业模式创新的基础。领导层需要认识到商业模式创新的重要性，并提出明确的创新目标；同时提供足够的资源和支持，包括资金、人力和技术等，使创新能够顺利进行。

首先，领导层的决策能够为商业模式创新提供明确的方向和目标。在出版企业中，领导层通过对行业变革和市场趋势的深入分析，看到商业模式创新的重要性，并制定相应的方案，为整个创新过程指明方向，确保企业在商业模式创新中持续取得成果。

其次，领导层的支持是商业模式创新的关键驱动力。在投入资源上、在组织中传递出对创新的重视和鼓励，就是领导层支持的积极意义。这种支持能够帮助员工克服困难，激发其创新动力。

再次，领导层的参与和沟通能够有效推动商业模式创新。领导层的积极参与和交流，能够让其及时了解项目进展、解决问题，推动创新项目的顺利进行；同时提供指导，有必要时及时调整战略，以适应市场的变化和需求。

最后，领导层的决策与支持还能够打造创新的企业文化。领导层的支持传递出重视创新的信号，激励员工积极思考和尝试新的商业模式。这营造了一种鼓励创新和实验的环境，让商业模式的创新能够顺利实施。

总之，领导层的决策与支持在出版企业商业模式创新中扮演着关键的角色：指引着创新的方向，提供了所需的资源，推动了创新的进展，打造了鼓励创新的企业文化。

（二）组织文化的建设与变革

组织文化的建设与变革是推动商业模式创新的关键。创新产生于鼓励冒险和尝试的文化氛围中，企业应该倡导创新思维和实践，鼓励员工提出新想法、试验新方法；同时，打破传统的层级障碍，打造开放、协作和鼓励创新的文化。出版企业要积极适应市场需求的变化，通过组织文化的建设与变革来推进商业模式创新。

1. 激发创新和变革意识

组织文化的建设与变革可以激发员工的创新和变革意识。出版企业通过打造开放、鼓励探索与创新的文化，刺激员工发挥创意，提出新的商业模式创新点子，并鼓励他们试错、学习和适应变化，为企业商业模式创新助力。

2. 增强应对市场变化的能力

组织文化的建设与变革能够帮助出版企业增强应对市场变化的能力。随着科技和出版行业的不断发展，市场需求和读者行为也在快速地变化。通过组织文化的建设与变革，出版企业可以培养和组建灵活的、有应变能力的团队，使其能够及时识别市场动态，理解读者需求，并据此调整、创新商业模式。

3. 促进组织内外的有效协作与合作

组织文化的建设与变革能够促进出版企业内部和外部之间的有效协作。在商业模式创新的过程中，出版企业需要与作者、读者、供应商等不同的利益相关方建立良好的合作关系。通过营造强调合作和共享价值观的组织文化，企业能够积极与各方沟通、合作，共同推动商业模式的创新与实施。

4. 提高品牌价值和取得竞争优势

组织文化的建设与变革有助于提高出版企业的品牌价值和取得竞争优势。通过打造积极向上、注重质量和创新的文化，企业能够提升内外部利益相关者对企业品牌的认可度和好感度，这有助于提高企业的市场地位，提高读者的忠诚度，并在激烈的市场竞争中取得竞争优势。

5. 培养高效团队，吸引优秀人才

组织文化的建设与变革有助于出版企业培养高效团队和吸引优秀人才。通过打造以员工发展和成长为导向的文化，企业能够吸引和留住优秀人才，并激发其潜力和创造力。有了高效的团队和优秀的人才，才能够更好地推动商业模式的创新和

实施。

（三）创新团队的构建与培养

构建和培养创新团队是推动商业模式创新的重点。企业需要吸引和培养具有创新能力和实践经验的员工，这可以通过建立人才引进机制、提供培训和发展机会等来实现。此外，国家新时代人才培养战略提出了培养创新型人才的要求，即要培养具有创新创业精神和实践能力的人才。出版企业可以培养团队成员的创新思维和能力，组建有多元化背景和专业知识的团队，以帮助企业适应时代的变革，为商业模式创新提供源源不断的动力。

1. 汇聚多元人才

创新团队的构建与培养有助于汇聚有不同背景、专业知识和思维方式的人才。这种团队的成员拥有不同的创新思维和想法，能够从不同的角度看待问题，可以为企业提供更多元化的、创新的问题解决方案。

2. 打造协作与合作的文化

创新团队的构建与培养有助于打造协作与合作的文化。商业模式创新往往需要多个领域、岗位的密切合作。通过构建与培养创新团队，企业能够打破部门间的壁垒，促进团队成员之间的协作与合作，加快商业模式创新的进程。

3. 激发创新和创造力

创新团队的构建与培养能够激发团队成员的创新和创造力。通过鼓励团队成员自由表达、独立思考，可以激发创新团队提出更多的创新想法和解决方案。团队成员之间的互动和合作可以启发彼此，激发出创新的火花。

4. 促进持续学习与知识分享

创新团队的构建与培养有助于促进团队成员的持续学习与知识分享。商业模式创新需要时刻关注行业动态和市场变化，并及时学习、分享最新的知识与经验。通过建立学习型团队和知识分享机制，企业能够促进团队成员的学习和个人成长，提升团队的综合素质和能力。这样的团队更有可能发现商业模式创新机会，并能够快速适应不断变化的市场环境。

5. 孵化和实施创新项目

创新团队的构建与培养有助于孵化和实施创新项目。这些团队通常由具有创新思维和领导能力的人才组成，能够有效地推动创新项目的落地和实施。创新团队可以承担从创新点子的提出到有效商业模式落地的所有工作，做到全程参与并推动创新项目的开发和实施。

（四）创新资源的整合与利用

创新资源的整合与利用是实现商业模式创新的核心。创新资源的整合与利用的目的是将不同类型的资源整合，以创造新的商业价值和竞争优势。企业应积极寻找和整合外部资源，包括与科研机构、合作伙伴和供应商合作，获取前沿技术和市场信息等。同时，企业还应灵活利用内部资源如知识产权、数据和品牌优势等来推动创新。通过整合和利用这些创新资源，企业能够更好地满足市场需求，并提供差异化的产品和服务。具体来说，创新资源的整合与利用的价值有以下几点。

1. 拓展业务范围

出版企业可以通过整合多种资源，例如人才、技术、资本和市场等，扩大其业务范围。通过引入不同领域的资源，出版企业可以进一步提高创新能力和市场适应能力，从而在不同的市场和媒介上推出更多样化的产品和服务。

2. 优化生产过程

创新资源的整合与利用可以推动出版企业优化生产过程。例如，引入新技术和自动化系统，可以提高出版的效率和质量，降低成本。此外，整合供应链资源可以优化材料采购、印刷和配送等环节，能够更快速、高质量地交付产品。

3. 提升产品质量，开发创新产品

通过整合与利用创新资源，出版企业能够提升产品质量和推出更具创新性的产品。例如，组建优秀的编辑团队，拓宽作者和艺术家的合作渠道，以及引入新技术和工具等，都可以帮助企业提升出版物的内容质量，推出更吸引读者的创新产品。

4. 提高市场竞争力

创新资源的整合与利用能够提升出版企业的市场竞争力。通过整合市场调研和消费者数据等资源，企业可以更好地了解市场需求和读者喜好，从而推出更具市场竞争力的产品和服务。同时，整合营销和销售资源可以帮助企业在市场中更好地宣传和销售自己的产品，形成差异化优势。

5. 支持商业模式创新

创新资源的整合与利用为出版企业的商业模式创新提供了强有力的支持。通过引入新的资源并整合现有资源，企业可以基于新的商业模式来开发新的产品和服务，探索新的市场机会，并在竞争激烈的市场竞争中保持优势。

创新资源的整合与利用在出版企业的商业模式创新中发挥着不可替代的作用。通过合理整合和充分利用多种资源，出版企业能够提升产品和服务的商业价值，保持竞争优势。

参 考 文 献

一、 专著

[1] Christensen C M. The Innovator's Dilemma：When New Technologies Cause Great Firms to Fail ［M］. Boston，MA：Harvard Business School Press，1997.

[2] Allan Afuah，Christopher L Tucci. Internet business models and strategies：Text and Cases ［M］. Boston：Mc Graw-Hill，2001.

[3] Hamel Gary. Leading the Revolution：How to Thrive in Turbulent Times by Making Innovation a Way of Life ［M］. Boston，MA：Harvard Business School Press，2002.

[4] 李振勇.商业模式——企业竞争的最高形态 ［M］. 北京：新华出版社，2006.

[5] 魏炜，朱武祥. 发现商业模式 ［M］. 北京：机械工业出版社，2009.

[6] 代海涛. 企业战略管理 ［M］. 北京：中国农业大学出版社，2011.

[7] 陈光锋.互联网思维：商业颠覆与重构 ［M］. 北京：机械工业出版社，2014.

[8] （美）尼尔·波斯曼. 技术垄断：文化向技术投降 ［M］. 何道宽，译. 北京：中信出版社，2019.

二、 期刊论文

[1] Kaplan R S，Norton D P. The Balanced Scorecard—Measures That Drive Performance ［J］. Harvard Business Review，1992 （1-2）.

[2] Rayport J，Sviokla J J. Exploitng the Virtual Value Chain ［J］. Harvard Busi-

ness Review，1995（11-12）.

[3] Applegate，Lynda M，Janis Lee Gogan. Electronic Commerce：Trends and Opportunities [J]. Harvard Business School Background Note，1995（7）.

[4] Timmers P. Business Models for Electronic Markets [J]. Electronic Markets，1998，8（2）.

[5] Mahadevan B. Business models for Internet-based E-commerce：an Anatomy [J]. California Management Review，2000，42（4）.

[6] Linder J C，Cantrell S. Changing Business Models：Surveying the Landscape [J]. A Institute for Strategic Change，2000（1）.

[7] Raphael Amit，Christoph Zott. Value creation in e-business [J]. Strategic Management Journal，2001（6）.

[8] Magali Dubosson - Torbay，Osterwalder A，Pigneur Y. E-business Model Design，Classification and Measurements [J]. Thunderbird International Business Review，2002（1）.

[9] Ulaga W. Capturing Value Creation in Business Relationships：A Customer Perspective [J]. Industrial Marketing Management，2003，32（8）.

[10] 黄卫伟. 生意模式与实现方式 [J]. 中国人民大学学报，2003（4）.

[11] 罗珉，曾涛，周思伟. 企业商业模式创新：基于租金理论的解释 [J]. 中国工业经济，2005（7）.

[12] Christensen C M. The Ongoing Process of Building a Theory of Disruption [J]. Journal of Product Innovation Management，2006，23（1）.

[13] 李曼. 略论商业模式创新及其评价指标体系之构建 [J]. 现代财经（天津财经大学学报），2007（2）.

[14] 欧阳春花. 平衡计分卡修正及其评价指标体系的构建 [J]. 审计与经济研究，2008，23（5）.

[15] 原磊. 商业模式分类问题研究 [J]. 中国软科学，2008（5）.

[16] 陈丹. 我国出版社数字出版发展策略及商业模式探析 [J]. 出版发行研究，2009（11）.

[17] 刘卫星，丁信伟. 基于六维平衡计分卡的商业模式评价体系构建 [J]. 工业技术经济，2010（12）.

[18] Alexander Osterwalder，Yves Pigneur，Chirstopher L Tucci. Clarifying business models：Origins，present，and future of the concept [J]. Communications of the Association for Information Systems，2010（6）.

[19] Henry Chesbrough. Business Model Innovation：Opportunities and Barriers [J].

Long Range Planning. 2010，43 (2-3).

[20] Rai A，Tang X. Leveraging IT Capabilities and Competitive Process Capabilities for the Management of Interorganizational Relationship Portfolios [J]. Information Systems Research，2010，21 (3).

[21] Yoo Y，Henfridsson O，Lyytinen K，et al. Research Commentary—The New Organizing Logic of Digital Innovation：An Agenda for Information Systems Research [J]. Information Systems Research，2010，21 (4).

[22] 王晓明，谭杨，李仕明，等. 基于"要素—结构—功能"的企业商业模式研究 [J]. 管理学报，2010，7 (7).

[23] 张敬伟，王迎军. 商业模式与战略关系辨析——兼论商业模式研究的意义 [J]. 外国经济与管理，2011，33 (4).

[24] 林春培，张振刚，薛捷. 破坏性创新的概念、类型、内在动力及事前识别 [J]. 中国科技论坛，2012 (2).

[25] Yoo Y，Boland R J，Lyytinen K，et al. Organizing for Innovation in the Digitized World [J]. Organization Science，2012，23 (5).

[26] 魏江，刘洋，应瑛. 商业模式内涵与研究框架建构 [J]. 科研管理，2012，33 (5).

[27] 薛捷. 破坏性创新理论述评及推进策略 [J]. 管理学报，2013，10 (5).

[28] Kallinikos J，Aaltonen A，Márton A，et al. The Ambivalent Ontology of Digital Artifacts [J]. Management Information Systems Quarterly，2013，37 (2).

[29] 彭彦. 传统出版企业的数字化盈利之路：路径依赖与产业链延伸的博弈 [J]. 出版发行研究，2014 (10).

[30] Reypens C，Lievens A，Blazevic V，et al. Leveraging Value in Multi-Stakeholder Innovation Networks：A Process Framework for Value Co-Creation and Capture [J]. Industrial Marketing Management，2016，56 (7).

[31] 孙庆生. 让出版事业与人工智能共舞 [J]. 中国出版，2017 (17).

[32] 王晓光. 人工智能与出版的未来 [J]. 科技与出版，2017 (11).

[33] 吴晓波，赵子溢. 商业模式创新的前因问题：研究综述与展望 [J]. 外国经济与管理，2017，39 (1).

[34] 张新新，刘华东. 出版＋人工智能：未来出版的新模式与新形态——以《新一代人工智能发展规划》为视角 [J]. 科技与出版，2017 (12).

[35] Nambisan S. Digital Entrepreneurship：Toward a Digital Technology Perspective of Entrepreneurship [J]. Entrepreneurship Theory and Practice，

2017，41（6）.

[36]   Amit R，Han X. Value Creation through Novel Resource Configurations in a Digitally Enabled World [J]. Strategic Entrepreneurship Journal，2017（9）.

[37]   Autio E，Nambisan S，Thomas L D，et al. Digital Affordances，Spatial Affordances，and the Genesis of Entrepreneurial Ecosystems [J]. Strategic Entrepreneurship Journal，2018（3）.

[38]   Warner K S R，Wäger M. Building Dynamic Capabilities for Digital Transformation：An Ongoing Process of Strategic Renewal [J]. Long Range Planning，2019，52（3）.

[39]   吴志海，邓婷燕. 数字出版产业链构成要素及合作模式研究 [J]. 情报探索，2019（2）.

[40]   喻国明，曲慧. 边界、要素与结构：论 5G 时代新闻传播学科的系统重构 [J]. 新闻与传播研究，2019，26（8）.

[41]   张骁，吴琴，余欣. 互联网时代企业跨界颠覆式创新的逻辑 [J]. 中国工业经济，2019（3）.

[42]   Kohtamäki M，Parida V，Gebauer P，et al. Digital Servitization Business Models in Ecosystems：A Theory of the Firm [J]. Journal of Business Research，2019（11）.

[43]   张艳，王秦，张苏雁. 互联网背景下零售商业模式创新发展路径的实践与经验——基于阿里巴巴的案例分析 [J]. 当代经济管理，2020（12）.

[44]   Singh A，Klarner P，Hess T. How do Chief Digital Officers Pursue Digital Transformation Activities? The Role of Organization Design Parameters [J]. Long Range Planning，2020，53（3）.

[45]   侯圣慈，黄孝章. 国家数字出版政策导向探析 [J]. 北京印刷学院学报，2020，28（3）.

[46]   黄先蓉，常嘉玲. 融合发展背景下出版领域知识服务研究新进展：现状、模式、技术与路径 [J]. 出版科学，2020，28（1）.

[47]   郎彦妮. 推进标准体系建设　助力出版融合发展 [J]. 传媒，2020（19）.

[48]   刘洋，董久钰，魏江. 数字创新管理：理论框架与未来研究 [J]. 管理世界，2020，36（7）.

[49]   孙新波，苏钟海，钱雨，张大鹏. 数据赋能研究现状及未来展望 [J]. 研究与发展管理，2020，32（2）.

[50]   于殿利. 后疫情时代的出版 [J]. 出版发行研究，2020（6）.

［51］　张叶婷. 比较视野下传统出版与数字出版融合发展路径探究［J］. 东岳论丛，2021，42（9）.

［52］　刘锐. 升维创新：后疫情时代中国图书出版产业发展进路［J］. 编辑之友，2021（3）.

［53］　马蓝，王士勇，张剑勇. 数字经济驱动企业商业模式创新的路径研究［J］. 技术经济与管理研究，2021（10）.

［54］　裴长洪，刘洪愧. 构建新发展格局科学内涵研究［J］. 中国工业经济，2021（6）.

［55］　钱雨，孙新波. 数字商业模式设计：企业数字化转型与商业模式创新案例研究［J］. 管理评论，2021，33（11）.

［56］　任翔. 后疫情时代的数字生态共建：2020 年欧美出版产业发展评述及展望［J］. 出版广角，2021（2）.

［57］　张斌. 论数字出版产业链的形成与演化［J］. 出版广角，2021（5）.

［58］　赵京桥. 信息技术变革下的商业模式演进［J］. 商业经济研究，2022（6）.

［59］　中国数字出版产业年度报告课题组，崔海教，王飚，等. 2021—2022 中国数字出版产业年度报告——"十四五"开局之年的中国数字出版（摘要）［J］. 出版发行研究，2022（11）.

［60］　周蔚华，陈丹丹. 2021 年中国出版融合发展报告［J］. 科技与出版，2022（5）.

［61］　朱小妮，赵玉山. 从"出版大国"到"出版强国"：新时代中国出版业的发展战略与路径规划［J］. 科技与出版，2022（7）.

［62］　田仁碧，邹雪. 新媒体时代短视频传播表征与启示［J］. 电影评介，2022（13）.

［63］　包振山，常玉苗，万良杰. 数字经济时代零售商业模式创新：动因、方法与路径［J］. 中国流通经济，2022，36（7）.

［64］　崔保国. 中国传媒产业十年发展的成就与生态之变［J］. 传媒，2022（21）.

［65］　方奇凤，向永胜. 商业模式创新的动因、路径与类型：理论回顾与整合分析框架［J］. 企业经济，2022，41（10）.

［66］　方卿. 新时代出版业发展的新要求、新目标、新任务与新举措——对《出版业"十四五"时期发展规划》的几点认知［J］. 出版科学，2022，30（2）.

［67］　李森. 赋能新时代出版业深度融合发展——基于《关于推动出版深度融合发展的实施意见》的观察与思考［J］. 中国出版，2022（10）.

［68］　桂栗丽. 文学作品中"融梗"行为的合理边界［J］. 出版发行研究，2022（7）.

［69］　毕唯乐. 隔离与联结：从后疫情时代的情感结构看元宇宙［J］. 文艺理论研究，2023，43（1）.

[70] 刘禹. 区块链技术对版权保护的新探索 [J]. 出版广角, 2023 (6).

[71] 苗争鸣, 尹西明, 陈琪. 后疫情时代数字技术的负责任应用体系 [J]. 上海交通大学学报 (哲学社会科学版), 2023, 31 (5).

[72] 王芳, 张新新. 数字出版标准治理: 概念界定、现状成效与优化路径 [J]. 出版广角, 2023 (9).

[73] 阎晓宏. 数字经济中的版权力量 [J]. 中国出版, 2023 (8).

[74] 中国新闻出版研究院全国国民阅读调查课题组, 魏玉山, 徐升国. 第二十次全国国民阅读调查主要发现 [J]. 出版发行研究, 2023 (3).

三、 学位论文

[1] 郭斌. 基于核心能力的企业组合创新理论与实证研究 [D]. 杭州: 浙江大学, 1998.

[2] 曾涛. 企业商业模式研究 [D]. 成都: 西南财经大学, 2006.

[3] 黄丹俞. 基于图书馆 2.0 的数字出版 [D]. 上海: 华东师范大学, 2009.

[4] 曹萍. 我国出版产业链研究 [D]. 北京: 北京印刷学院, 2011.

[5] 张玉洁. 我国城市报台全媒体转型中的问题与发展对策——基于齐鲁电视台及楚天都市报全媒体运作实践的研究 [D]. 武汉: 华中科技大学, 2015.

[6] 李文瑛. 图书内容质量标准构建研究 [D]. 北京: 北京印刷学院, 2017.

[7] 朱泽菁. 数字版权管理法律规制研究 [D]. 武汉: 中南财经政法大学, 2020.

四、 电子资源及报纸

[1] 田红媛. 魏玉山最新解读: 出版业"十四五"规划和以往相比有哪些变化? [N]. 中国出版传媒商报, 2022-01-11.

[2] 国务院. 国务院关于印发"十四五"数字经济发展规划的通知 [EB/OL]. (2022-01-12). https://www.gov.cn/zhengce/zhengceku/2022-01/12/content_5667817.htm.

[3] 卢迪, 庄蜀丹. 以先进技术推动媒体深度融合 [N]. 中国社会科学报, 2022-04-28.

[4] 新华社. 中共中央办公厅 国务院办公厅印发《"十四五"文化发展规划》

［EB/ OL］．（2022-08-16）．https：//www. gov. cn/zhengce/2022-08/16/content ＿ 5705612. htm.

［5］　中国互联网络信息中心（CNNIC）．第 50 次《中国互联网络发展状况统计报告》〔EB/OL〕．（2022-08-31）．https：//www3. cnnic. cn/n4/2022/0914/ c88-10226. html.

［6］　新华社．习近平复信希腊学者〔EB/OL〕．（2023-02-21）．http：//www. xinhua-net. com/politics/leaders/2023-02/21/c ＿ 1129382028. htm.

［7］　中国信通院．中国数字经济发展研究报告（2023 年）〔EB/OL〕．（2023-04-27）．ht-tp：//www. caict. ac. cn/kxyj/qwfb/bps/202304/P020230427572038320317. pdf

［8］　工业和信息化部．2023 年通信业统计公报〔EB/OL〕．（2024-01-24）．https：// www. miit. gov. cn/gxsj/tjfx/txy/art/2024/art ＿ 76b8ecef28c34a508f32bdbaa31 b0ed2. html.